国家出版基金项目
NATIONAL PUBLICATION FOUNDATION

马千里　刘小堽　编著

刘眀道
年谱

河南文艺出版社
·郑州·

图书在版编目(CIP)数据

刘盼遂年谱／马千里,刘小埕编著. --郑州:河南文艺出版社,2024.5

ISBN 978-7-5559-1626-0

Ⅰ.①刘… Ⅱ.①马…②刘… Ⅲ.①刘盼遂－年谱 Ⅳ.①K825.5

中国国家版本馆 CIP 数据核字(2024)第 000199 号

刘盼遂年谱

Liu Pansui Nianpu

出 版 人　　许华伟
策划编辑　　刘晨芳
责任编辑　　马　达　丁晓花
特邀编辑　　赵建新

书籍设计　　吴　月
责任校对　　殷现堂
责任印制　　陈少强

出版发行	河南文艺出版社	印　张	25.25
社　　址	郑州市郑东新区祥盛街27号C座5楼	字　数	339 000
承印单位	河南瑞之光印刷股份有限公司	版　次	2024 年 5 月第 1 版
经销单位	新华书店	印　次	2024 年 5 月第 1 次印刷
开　　本	700 毫米 × 1000 毫米　1/16	定　价	98.00 元

谨以此书纪念刘盼遂先生

并告慰生前为刘先生遗著出版而努力的聂石樵、童庆炳先生

刘盼遂先生像（1928 年在燕京大学任教时）

国立清华大学研究院第一届毕业摄影（后排左三为刘盼遂。冯永轩旧藏）

刘盼遂先生像（20世纪30年代在清华大学任教时）

刘盼遂先生像（1949 年在北师大任教时）

刘盼遂先生在居之安书房（20 世纪 60 年代在北师大任教时）

与冯永轩书信一通

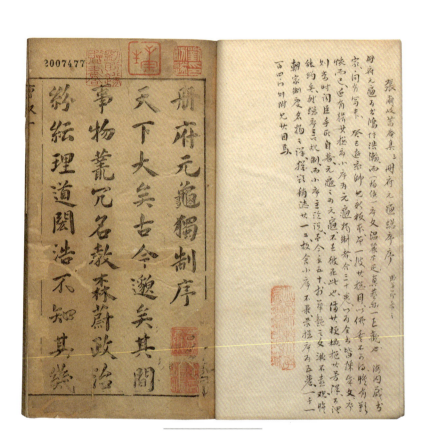

《册府元龟独制》上刘盼遂先生墨迹

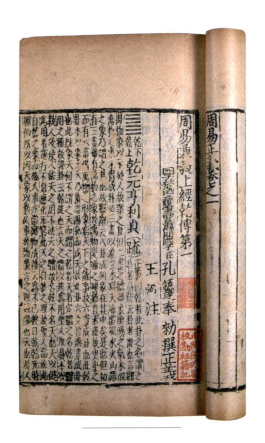

旧藏"宋本十三经"书影

傅論校箋凡例

世說劉注乃書四百八十餘種記載特詳多唐宋人所不見之

書最致證家稱同荊慈與三國志裴注並仲鄰注尤等異松

注中采時賢青獻之餘在不別柤化之卅

一唐王自注語　又尋篇作意在瓦官寺中潛注云講未與作

意最後一向言莫見關慶析罪本比知惟一本有之故取以周

世又析初聚別文為評如云云廣為康王之名知此注誤為康

王元文也

二非芳禮原注為後人校訂誤瀾入原注中卅　董暹篇王大

《世说新语校笺》手稿首页（北师大图书馆藏）

百鹤楼藏书印蜕集

编者按：先生为藏书名家，所藏古籍，皆有其印，惜原印今皆不存。编者十余年来所见先生藏书，不下千册，暇时刻意搜集，录其印蜕，但供学人参照耳。

刘盼遂印（白文）

镏盼遂钵（白文）

刘盼遂（白文）

刘盼遂（白文）

刘盼遂（朱文）

刘盼遂印（朱文）

刘盼遂印（朱文）

刘盼遂印（朱文）

盼豨（朱文）

盼遂（白文）

刘盼遂读书记（朱文）

息县刘盼遂藏（朱文）

百鹤楼（朱文）

息县百鹤楼藏（朱文）

息县刘氏藏书（白文）

郾国镏氏百鹤楼藏书（白文）

目
录
contents

序

　　刘盼遂先生毕生从事文字音韵之学，尤服膺于段玉裁及王念孙、王引之父子。考校集外佚文之余，又汲汲为段、王撰写年谱。二谱体例迥殊，其中《王石渠先生年谱》多考证之语，亦多感慨之词。今以《刘盼遂年谱》对照王谱，遥想二公生平志业，可资比较者，亦犹刘孝标比迹冯敬通，有三同四异焉。

　　王从戴震受经，尽得其传，又长期追随朱筠，结忘年之契；刘则负笈清华，涵泳深弋，遍礼王国维、梁启超、陈寅恪等导师。游于上庠，亲炙名家，此一同也。王尝入幕赴皖，旋即还都，自道不胜外任，愿供京职；刘则一生践履未至江南，在北平沦陷后仍坚拒南下。疏越人事，不好游历，此二同也。王以著述自娱，凡所著述，约近百种；刘亦醉心著述，仅校笺批注，即有十七种。志向早立，遍校群籍，此三同也。

　　三同之外，复有四异。王谨慎持重，不尚游谈，刘则谈机锋利，亦庄亦谐，且善吹箫，技惊四座，此一异也。王生逢右文之世，一生未罹劫难，刘则迭经清帝逊位、军阀混战、日寇侵华、"文化大革命"，屡陷窘境，颠沛失所，此二异也。王获终寿考，颐养天年，刘则劫后不复，惨遭毒手，生命定格在"文化大革命"之初，此三异也。王精力所萃，以《广雅疏证》名世，刘则忧填沟壑，虽有壮猷，却赍恨失盼，美志不遂，此四异也。

　　王念孙逝世八十年后，方有刘盼遂为其衰辑佚文，撰写年谱，阐幽抉微，剔垢磨光。刘盼遂逝世才五十年，即有马千里、刘小埕二位先生为其汇编著述，搜罗佚篇，著述集既成，年谱亦脱稿。 其间异同，抑又何辨焉？ 犹有可述者，刘先生为王念孙撰谱之时，虽有王静安之死，隐寓世纷，然运化方兴，斯文不坠；而千里兄为刘先生撰谱之时，东欧战局未定，神州大疫方殷。 千里兄居家隔离三十余日，手不停披，孜孜不倦，成就此谱，必可告慰刘先生于九泉之下。

序末复系一铭，以重悼斯旨：立雪清华，人师环立。 讲席燕园，去来缘契。 众中独箫，如诉如泣。 宗仰郑许，其功未济。 段王五种，平生所系。 方之石渠，三同四异。 楼名百鹤，鹤飞楼弃。 所称居安，终遭凶逆。 冠盖满京，此宅长寂。 挚友千里，感于意气。 数阅寒暑，成谱匪易。 正道行空，何虹不霁。

是为序。

王京州于广州暨南

辑谱说明

一、本谱以编者十余年前所撰《刘盼遂先生年谱简编》一文为基石，订正讹谬，增补新见材料而成。

二、全谱以公历为时轴，而所涉文献多有用夏历者，遇此情况，皆换算为公历。

三、关于清华学校研究院之创建、发展与终结，当今学者多有研究，且颇为详备，本谱只叙述与先生密切相关之内容。

四、涉及先生主要学术著作时，只作内容概述，因笔者参与整理之《刘盼遂著述集》皆已收录，读者欲作专业研究，自可查阅该集。

五、可系年之诗词、书信、题跋，以及一二《著述集》失收之佚文，若与先生经历、思想密切相关，则尽量收录全文。

六、学人日记、新闻报道及回忆录等若与先生较有关联，则适当节引原文。

七、编者对相关事项之分析考察，皆以按语形式出现，且仅代表个人观点。

八、谱中所涉人物众多，一一作简介则稍显烦冗，且先生师长、友朋、同事、弟子多著名学者，为当今学人所知，不须于此耗费笔墨。只以注释形式，介绍与先生有交往或关联而当今学人未必熟悉者。

九、先生早年好古文奇字，其文章中有大量刻意使用的异体字、避讳字等。本谱征引时，尊重其用字习惯，除将一般繁体字改为简化字外，异体字、避讳字等尽量保留。

十、谱中征引出版物原文时，必照直而录，适当节引，不改词形文法。 遇明显错字则径改，不出注；遇脱漏之处，考其文意，尽量以"〔 〕"随文补出。

十一、征引出版物原文时，尽量注明其题名、出版时间、卷期（版次）等必要信息。 谱后不设"参考文献"，因所参考之文献已于正文内标清也，不须重赘。

十二、所引文献资料原文中漫漶不清、无法辨别之字，暂以"□"代替。

清光绪二十二年丙申（1896）
至民国十七年戊辰（1928）

清光绪二十二年丙申（1896）　先生一岁

10 月 30 日（夏历九月二十四日），生于河南省息县卢家集刘套楼村（今淮滨县芦集乡白营村刘套楼）。

刘套楼之刘氏先人情况，刘长文先生（先生之弟刘铭恕先生长子）所撰《刘铭恕先生传略》一文有述：

> 据上代人口碑相传，祖上系山西移民，某祖上曾于滹沱河勤王有战功，被封为滹沱将军，因感恩于滹沱河神，在家乡历代建庙祭祀。明代时官至四品，任职京城兵马司，后因事抄家，遂将家乡之宅（原在淮河南之张湾，今属潢川县）向北迁至今处，并盖楼一座。由于其楼形制为楼中套楼，遂称"套楼"，该楼后被捻军焚毁，村子因楼得名。[1]

刘氏后人称此明代先人为"刘兵部"，其名今不详，其墓早被盗掘，墓志不存。

明清两代，刘氏为本乡一大族，有良田两三千亩。族中字辈自先生曾祖以下八代为"继、化、家、铭、立、成、泽、志"[2]。

先生祖父名化德，其兄弟共五人，化德行五，娶村西里余梁滩梁氏为妻。兄弟分家时，化德分得三间屋、一头驴、数亩地。后因售

---

[1] 刘长文：《刘铭恕先生传略》，《刘铭恕考古文集》，郑州：河南人民出版社，2013 年，第 1637 页。

[2] 据刘套楼刘氏"立"字辈刘立金老先生口述。采访时间：2023 年 4 月 30 日。

酒而致富，买地二三百亩。 知读书之必要，乃延聘本乡名士教授子弟读书。

化德有子三人：长子家仁，又名绍虞，字际唐，又字际堂，是为先生之父；次子家义，1949 年后去世，卒年八十；三子家礼，中年而卒，年约五十。

先生之父家仁，约生于同治九年（1870），自幼在私塾读书，并考中秀才。 家境殷实，旋赴开封大梁书院深造，准备进一步考取功名。后因科举取消而返乡，以教授私塾为业，并偶管村社事务。[①] 晚年笃信佛教，亦好诗文，有诗集而未传。 今仅见其所作《和章献子同学潢桥篇》诗一首，系刘盼遂先生 1934 年在河南大学任教时门人征得后刊发（见本谱"民国二十三年"条，第 163 页）。 际堂先生弟子有当地名士徐振、吕慈泉等。 其生平事迹，亦可从乡邦文献中窥见一二：

《徐振传略》一文记道：

> 芦集刘际唐老先生，是一位热心帮助青年学习的长者。徐振虚心向他学习，经过几年努力，在古典文学领域里有很大收获，这为他以后教学和写作奠定了厚实的基础。[②]

《民国时期豫皖边境的佛教活动》一文记道：

> "金华堂"的活动是每天晨昏和中午三次诵经。……不仅农民要求入会，连农村的知识分子也纷纷参加。其中，参加"金华堂"活动的有：

---

① 刘铭恕：《刘铭恕自传》，稿本，未刊。据稿中刘铭恕先生自道"今年九十"推测，此自传作于 1999—2000 年。

② 徐维道、孙秀峰：《徐振传略》，中国人民政治协商会议河南省淮滨县委员会文史资料科编：《淮滨文史》第 2 辑，1986 年，第 13 页。

…………

刘攀瑞,北京大学甲骨文教授,曾留学日本,住距趸子四公里的刘套楼村;

刘书瑞,刘攀瑞之弟,南京金陵大学甲骨文教授,曾留学日本,亦住刘套楼村;

刘继唐,刘攀瑞之父,清末举人,擅长诗词;

吕慈泉,息县县参议员,住吕前楼村,刘继唐之门徒,师徒之间常有诗词唱和。[①]

编者[②]按:文中"刘攀瑞""刘书瑞"即刘盼遂、刘叔遂兄弟,"刘继唐"即"刘际唐",盖方音相近而误记。所谓兄弟二人参加乡间佛教活动事,亦当属家人挂其名而已。

先生之母李氏,约生于同治十一年(1872),刘套楼村北里余李楼人。生子六人:男四,女二,先生其长也。

二弟铭慰,生年不详,1927年左右被杀,详情不知。先生《百鹤楼诗存》中有《哭舍弟铭慰》一首,诗曰:

家书剖处旅魂惊,此夕鸰原有哭声。

路断旧乡惟梦入,时荒人命比鸿轻。

书能补过怜周处,弟任侠尚气,常赴人不平。近更折节读书,恂恂如书生,而竟不免。贼不哺肥奈长平。弟被系后,予出营救。乃伯淮之函未达,而新市之耗已传矣。伤哉! 长平,赵孝字,见《后汉书》。

最是关怀北堂上,白头为尔涕纵横。[③]

---

① 萧明臣口述、刘绪德记录:《民国时期豫皖边境的佛教活动》,中国人民政治协商会议河南省潢川县委员会文史资料委员会编:《光州文史资料》第4辑,1987年,第137、138页。

② 本书"编者"均指作者。

③ 刘盼遂:《哭舍弟铭慰》,《励学》第2期《百鹤楼诗存》,1928年11月,第73页。

三弟刘铭慈，居本乡，20世纪50年代去世。①

幼弟刘铭恕（1911—2000），字叔遂，早年曾就读于中国大学、北平师范大学研究院和日本早稻田大学，为著名敦煌学家。先生兄弟姊妹之中，唯先生与铭恕二人走出河南，考入高等学府，并成为著名学者，即民国学界所言之"刘氏兄弟"。

两妹名字、生平不详。

先生尤怜爱其十一妹（本族排行），在其《百鹤楼诗存》中有《题十一妹写真》一诗，诗曰：

> 眼同水玉肌同冰，十岁女郎见胡甸反。岈棱。
>
> 欲向名园托乌鹊，可堪惊起护花绳。②

先生本名铭志，字昐遂，以字行。后因人多误认"昐"字为"盼"字，直改为盼遂，故民国文献涉及先生之名时常"昐遂""盼遂"互见。

先生曾自道改字之事，其北师大的学生刘世友（1956级）回忆：

> 刘老讲的是《古代文学作品选》。一个小老头儿，身穿中式对襟小白褂儿；头发快脱光了，突出的前额，几乎映出光亮来；戴着老花镜。他微笑着走上讲台，操着浓重的河南口音，自我介绍："息县刘盼遂。"一边说着，转身在黑板上写出来，又说："其实，我本来叫刘昐遂，因为人们常误读为盼，所以干脆从俗，改为盼了。嘿

---

①据刘套楼村刘氏同族"立"字辈刘立轩、刘立金两位老先生口述。采访时间：2023年4月30日。

②刘盼遂：《题十一妹写真》，《励学》第2期《百鹤楼诗存》，1928年11月，第73页。

嘿……"很随便,挺幽默。①

乡人因先生行大,又多直称其为"刘大"。 先生在清华国学院读书时,"刘大"之号也曾传于院内,同学中亦有称先生为"刘大"者,有仿古人名字排行的意味。 如吴其昌有《袝孟襄阳送别刘大赴任教授》诗、冯国瑞有《宿刘大盼遂宅》诗等。

先生家乡息县为一古县,在清代是光州属地,与光州、光山、固始、商城并称"光州五属"。 先生颇有桑梓情结,早年曾撰《光州先贤传》《光州方言征故》(今皆佚),平日作文常署"息县刘盼遂";今见其藏书印中亦有与息县有关者四方,包括朱文"息县百鹤楼藏"(如清乾隆燕禧堂刻本《字林考逸》上所钤)、朱文"息县刘盼遂藏"(如清康熙十九年通志堂刻本《仪礼集说》所钤)、白文"鄝国镏氏百鹤楼藏书"(如民国五年上海商务印书馆石印本《吴清卿书〈说文解字〉建首》上所钤)、白文"息县刘氏藏书"(如清光绪吴县谢氏刻本《烬余录》上所钤)等。

先生著述中也多次提及息县,如他在《评日本大宫权平著〈河南省历史地图〉》一文中曾如此介绍息县的民风:

> 息县处于光、光、固、商四县北鄙,体格自较四县坚强,性格亦较犷暴;然以方之正阳、新蔡以北诸郡县,则固脆弱轻滑多矣。在汝宁府境内,固不能称雄自肆以无敌称,而况于荆、河之间乎? 觇国者不能切实从事于民性、物产、风土之实况,而徒采摭一二歌谣善言,断章取义,盖未有不蹈"息县打家"之覆辙也。又南五县有一歌云:
>
> 光州的城墙,光山的婆娘,固始的文章,息县的牌坊,商城的

---

① 刘世友:《忆刘老》,田岚主编:《师恩难忘》,呼和浩特:远方出版社,1998 年,第 4、5 页。

衣裳。

此亦足显暴五县特色。①

"百鹤楼"为先生自取之斋号,先生在清华国学院读书时,其师梁启超曾为之题榜,成一时美谈。 先生中年之后,亦尝自称"鹤叟""盼公",常见其藏书题跋落款。

编者按:百鹤楼之斋号,自先生青年时即有之。何以名百鹤? 而今不可确解。一说:先生故乡,在淮河之北,濒临湿地,百余年前,羽族众多。晚春斜阳,先生读书庄上,倦而调箫独奏。忽有百十只白鹤飞来,盘桓于楼头,因自命其斋曰"百鹤楼"。此说略有诗意,然尚待考证。

先生自幼随际堂先生在私塾中读书。 际堂先生除诗词外,亦好文言小说,喜读《世说新语》,在先生儿时常将其"抱着膝上,为说书中故事,姗味熙若"②。

先生自幼好古文奇字,其《上秦宥衡先生书》曾记述曰:

> 盼遂幼禀庭训,畜情篇翰。诗赋杂文,辄见义类。《楚辞》《萧选》,略上于口。益以性能强记,尤怜恢憰。每一文出,奇字奥义,阘阘行间。耆宿为之结舌,陋儒为之却走,辄以樊宗师相比挈。③

先生晚年曾回忆,在他20岁以前,主要读三本书:《三字经》《纲鉴总论》《通鉴辑览》。 他说:

> 当时一般人是不大重视这三本书的,但我不同,认为这三本书

---

① 刘盼遂:《评日本大宫权平著〈河南省历史地图〉》,《禹贡》第4卷第4期,1935年10月,第85、86页。

② 刘盼遂:《世说新语校笺叙》,《文字同盟》第11号,1928年2月,第31页。

③ 刘盼遂:《上秦宥衡先生书》,《实学》第3期,1926年6月,第57页。

虽是"普通",但只要掌握了它们,就可以帮助自己了解中国历史的基本线索。①

20 岁之前曾作《声谱》《称谓古今通考》《尔雅诂训定说》等，见其《鄅王刘厉学叙齿引》等文所述，皆未刊，今佚。

清宣统三年辛亥（1911）　先生十六岁

在私塾中读书。

10 月 10 日，幼弟铭恕生。

民国五年丙辰（1916）　先生二十一岁

是年，赴开封，请人补习功课，准备投考新式学堂。此期间得识时在开封任教的修武名师张鸿声②。张氏与际堂先生有旧，先生因拜

---

①《社会科学处举行部分老教师座谈会从自己切身体会畅谈治学经验》，《师大教学》第 423 期，1961 年 12 月 26 日，第 2 版。

② 张鸿声(1867—1933)，字胪卿，号双柳先生，河南修武人。光绪十二年中秀才。后厌烦八股，不愿继续考取功名，以塾师为业，为修武县"四大塾师"之一。民国后曾任覃怀中学国文教习、河南省临时议会议员、北京《黄钟日报》副刊编辑、《日日新报》编辑、河南开封省立一中国文教员、《修武县志》纂修、沁阳省立十三中学国文教员、私立培元中学教员、焦作工学院国文教授等职。一生从事教育事业，甚得人望。生平事迹以其自订《双柳老人年谱》叙之最详。

张氏为师。

是年，幼弟铭恕入私塾读书。①

民国六年丁巳（1917）　先生二十二岁

春，考入河南省立第二中学（今开封市第五中学前身）。校址当时在开封大纸坊街。该校为中州中学中的翘楚，"传为全国八大名中之一"②。当时中学新生从春季入学，"学制为四年，即二二制。第一学年和第二学年学习初中课程，从第三学年开始，分文理科，学高中课程"③。教员多前清科举出身或各省优级师范毕业。同级学生百余人，后来著名者，有曹联亚（即曹靖华）。与同校高年级学生王祝庆④一见如故，结为友朋。先生《鄢王刘厉学叙齿引》一文记此事曰：

> 及冠奉庭训，求友汴京，得识汜水王祝庆多三于第二中学，一见如故交。王君雅好读史，四史九通，如瓶写水；下笔论古，如老吏折狱，屹不可易，盖有史学而兼具史裁者也。⑤

① 刘长文：《刘铭恕先生年谱》，《刘铭恕考古文集》，郑州：河南人民出版社，2013 年，第 1651 页。

② 开封市教育志编委会编：《开封市教育志（1840—1985）》，郑州：中州古籍出版社，1991 年，第 244 页。

③ 开封市第五中学编：《百年名校：开封市第五中学》，2004 年内印本，第 10 页。

④ 王祝庆，生卒年不详，字多三，以字行，河南汜水人。早年就读于河南省立第二中学，后考入北京大学史学系。毕业后曾在河南大学附中等校任教。

⑤ 刘盼遂：《鄢王刘厉学叙齿引》，《实学》第 5 期，1926 年 8 月，第 59 页。

民国七年戊午（1918）　先生二十三岁

在河南省立第二中学二年级读书。

民国八年己未（1919）　先生二十四岁

在河南省立第二中学三年级读书。 学校分文理科，先生入文科班，按该校班级次序为 1920 届丁班。①

五四运动起，省立二中为河南运动重镇。 该校教务长韩席卿（早年曾师从冯友兰之父冯台异）与当时在开封他校任教的冯友兰、嵇文甫、魏烈臣、徐旭生等人成立心声杂志社，社址在青云街冯友兰住处，"介绍中外新思想、新潮流，传播新学，提倡民主"②。 同级甲班学生曹联亚等创办"青年学会"，编辑《青年杂志》，写白话文。 小先生一届（1921 届乙班）、后为历史学家的尚钺亦是当时河南学生运动负责人之一。 先生因不喜白话文，未参与校内白话文运动。

时曹联亚所在班级国文教员张星蔚③反对白话文，教务长韩席卿站

---

① 开封市第五中学编:《开封市第五中学校友名录》,2004 年内印本,第 7 页。

② 开封市第五中学编:《百年名校:开封市第五中学》,2004 年内印本,第 13 页。

③ 张星蔚(1871—1939),字维元,河南长葛人。光绪二十七年河南乡试举人。民国后曾任河南省议会议员、河南省立第二中学教员等职。

在"青年学会"一边,"将张某调换到其他班级教课"①。 张星蔚被调换到的正是先生所在班级。 先生因擅长骈文、诗词,颇得张星蔚赞许,故先生日后将张星蔚视为知遇恩师。

是年,与本乡梁氏完婚。 梁夫人为普通农家女子,性温和,本无名,后先生因于诗词中每见"河梁秋色"句,为夫人起名为梁秋色。

民国九年庚申(1920)　　先生二十五岁

在河南省立二中四年级读书,至年末从河南省立第二中学毕业。

先生在河南省立二中读书共四年,国文、历史较好,数学则较弱,学习成绩属班级中游。 先生之弟刘铭恕亦曾直言,先生在省立二中读书时,"算数老是跟不上"②。

11月8日(夏历九月二十八日)辰时,长子立一生。

民国十年辛酉(1921)　　先生二十六岁

本年春至秋,先后投考北京大学、武昌高师、南京高师等校,未

---

① 韩蕴清:《五四时代曹靖华与韩席卿的一段往事》,开封市第五中学编:《百年名校:开封市第五中学》,2004年内印本,第83页。

② 刘铭恕:《家兄刘盼遂先生遗事》,《河南文史资料》1994年第4辑(总第52辑),第73页。

获取。 投考北京大学时，访河南省立二中校友、时即将从北京大学史学系肄业的王祝庆，又与河南省立二中校友（1917 届丙班）、时在北京大学国文系读书的许诣端①结识，相见恨晚。 三人因谈中州古今学术，立志发扬光大。 先生后在《鄢王刘厉学叙齿引》一文中曾记述此事曰：

> 辛酉秋，再求友于燕都，得识淮阳鄢诣端正斋于北京大学，恨相见晚也。鄢君学赋于杭州张孟劬，问诗于顺德黄晦闻，窥其所作，眠靓的丽，建安、天监之遗也。其佳者，往往不减任彦升，命名才也。时适多三肄业于北京大学史学系在焉，三人者因思历史、辞赋、小学之科皆中州故物也，而不自收拾，听其拨落陨越，邻千余禩矣。吾侪婡生兹土，既游太学，得所师承，缅文献之中丧，伤涂聖之无闻，箕裘绳武，谋赞绪此丕丕基者，固吾侪之分内事，而无容旁贷者矣。②

又投考山西大学，被该校预科录取。 按该校规定，预科学制为二年，学生预科毕业成绩合格后可转为本科生。

秋，正式到山西大学读书，入预科一部（文科）。 该校本科国文科教师亦承担预科一部教学，故得识江瀚（叔海）、郭象升（允叔）、黄侃（季刚）诸名师。 尤其听黄侃授课时，获益匪浅。 先生有意从事语言文字学之研究，实发端于此。 时先生已撰成《光州方言征故》《古今称谓字通考》各一卷，以之求教于江瀚和黄侃。 先生在《上秦宥衡先生书》中对此有记述：

---

① 许诣端(1891—1952)，字正斋，河南商水人。早年从河南省立二中毕业后考入北京大学国文系，参加过五四运动。1922 年毕业后，历任河北保定育德中学、河南省立开封高中、省立淮阳师范学校、商水县一中等校教员。参商水县地方志编纂委员会编：《商水县志》，郑州：河南人民出版社，1990 年，第 462 页。

② 刘盼遂：《鄢王刘厉学叙齿引》，《实学》第 5 期，1926 年 8 月，第 59 页。

肄中学竟版业,转入太原,得从江叔海、黄季刚二先生游,始窥其汉学径遂,而文字形音义之书尤所耽悦。于古今体势之蝉嫣,方言代语之贸化,音义转变之㞣爪,类能伦脊穆若,制割六理,稠适㛹俪,粲若白黑。循是著成《光州方言征故》《古今称谓字通考》各一卷,间有阐发,若出神授。质诸江、黄二先生,皆谓足与观诂训之会通,追杨、郭之芳躅。然私心未敢自信,臧之箧衍,祕不示人。①

编者按:当今学人述及先生投考山西大学缘由时,归之于黄侃当时正在山西大学任教,先生因仰慕黄侃学问而前往投考。此亦有所据,见先生弟子回忆。先生早年服膺于章、黄之学,冀问学于章太炎、黄侃门下。但先生入山西大学后不久,黄侃便因家事等原因离开该校,先生未能多得教诲。待先生入清华学校研究院时,适黄侃到北师大任教,因常进城旁听黄氏讲授《文心雕龙》等课程,先生正式成为黄门弟子,实在彼时。

又按:先生对郭象升亦较为佩服。曾见先生旧藏《四唐人集》(长沙叶氏影印汲古阁本)卷六《读诸家诗》"辞赋文章能者稀,难中难者莫过诗"句上有其朱笔眉批一句:"盼遂游并时,曾以'难中难'对'味外味',大为允叔师称赏。"郭氏曾撰《张仲景姓名事迹考》一文,最初发表在1926年山西《医学杂志》上,先生读后很受启发。后先生在燕京大学任职时,作《补后汉书张仲景传》一文,1936年刊于燕大《文学年报》第2期。在北师大任教某年,有山西学生考入,先生得知后,便问道:"你可知道郭象升先生,可曾读过他的书?"当这位学生作肯定回答后,先生便高兴地赞扬起郭先生的学问。事见先生学生的回忆。

---

① 刘盼遂:《上秦宥衡先生书》,《实学》第3期,1926年6月,第57页。

民国十一年壬戌（1922）　先生二十七岁

　　在山西大学预科一部读书。

　　与同科山东菏泽人李景俊、同宿舍四川营州人张皑等同学交好。先生在《中原一首赠张皑》中曾叙述他与同宿舍张皑的亲密关系，诗曰：

> 　　就中所严异，允在营山张。吐辞驾秋涛，落笔粲春英。大斧遇盘错，谦然斩鸡肋。名理指不至，用《世说·文学》篇语。长啸响凝梁。与我居同舍，澈夜语浪浪。苦茗烦招呼，得句待平章。机云分瓦廎，俨乃弟若兄。[①]

　　是年，幼弟铭恕入息县芦集乡龙王庙小学读书。[②]

民国十二年癸亥（1923）　先生二十八岁

　　春夏，在山西大学预科一部读书。

---

① 刘盼遂：《中原一首赠张皑》，《实学》第 2 期，1926 年 5 月，第 69、70 页。
② 刘长文：《刘铭恕先生年谱》，《刘铭恕考古文集》，郑州：河南人民出版社，2013 年，第 1651 页。

春，与同学郑小春、张皑、庞镜塘、王骥、李景俊、邱宗鼎、武文、邓爥、洪海、杨建泉等人，以"整理国故、发扬文化"为宗旨，共同创建山西大学国学研究社，并计划编辑刊物。 先生在该社任编辑一职。 关于该社创建过程，先生在《中原一首赠张皑》一诗中有相关记述：

中原乱无象，戎索荡旧常。佉卢替仓史，鳞介易冠裳。论语摧为薪，宁言羲与皇。杖策叹世者，睠顾盡焉伤。异军起太原，仪容何赫煌。郑邓州郑小春。张雪崖也。庞菏泽庞镜塘。王黄岩王骥志千。李，菏泽李景俊冠千。邱黄陂邱宗鼎峙生。武许昌武文。邓菏泽邓爥。洪黄岩洪海陆东。杨南充杨建泉子渊。矢志揆文教，畜意扫搀枪。共结读书社，隐若待敌强。缥缃十万卷，金鼟垂琳琅。显傻复幽讨，往往截紫鲸。国运系学脉，远胜于佳兵。裹幸余小子，抠衣侍末行。晨昔聆道论，沈疴起膏肓。①

当年山西出版的《来复》杂志第 271 号《政教述闻》栏目有关于此国学研究社的报道:

国学研究社成立

山西大学学生邱、张诸君,近鉴欧风澎湃,国故垂沦,山西为古学策源地,大学生犹应独任其责。爰组织国学研究社,共事研习,为世风倡。校内曾聘请江叔海、李亮公诸先生为导师;省内曾聘请郭允叔先生为导师;海内名宿,曾聘请黄季刚、黄晦闻诸先生为导师。兹录其宣言及简章如下:

---

① 刘盼遂:《中原一首赠张皑》,《实学》第 2 期,1926 年 5 月,第 69 页。此国学研究社成员已知者情况如下:张皑(1892—1980),字雪崖,四川营山人。曾先后就读于北京大学、山西大学。在校期间曾任新共和学会出版股编辑主任,在《新共和》第 4 号上曾发表《淮南子哲学》一文。后任国民党二十八军秘书长、茂县县长、时事新刊发行人等职。1949 年后任四川省人民政府委员、民盟四川省委常委等职。庞镜塘(1900—1977),原名孝勤,山东菏泽人。1921 年考入北京大学,又转学至山西大学。后参加国民革命。历任黄埔军校教官、国民党北平党部整理委员、国民党中央组织部秘书长、国民党山东省党部主任委员等职。解放战争时被解放军俘虏。1960 年被特赦,任沈阳市政协委员等职。王骥(1900—1940),字志千,浙江黄岩人,幼年丧父,后随其父王翰屏的门生柯璜到太原读书,入山西大学法政系。曾任国民政府内务部科长、国民党河南党务特派员办事处秘书、河南省政府民政厅科长等职。抗战时因救灾劳累过度,病殁于任上。李景俊,生卒年不详,字冠千,山东菏泽人,山西大学 1922 届预科毕业,1923 年加入新共和学会。后归菏泽。曾任教于菏泽山东省立第六中学。其他事迹待考。李景俊是刘盼遂先生好友,多有书信往来。刘盼遂先生曾作《与李冠千书》(甲子八月二十八日),刊于《实学》第 4 期,详后文。邱宗鼎,生卒年不详,字峙生,湖北黄陂人。善诗词,著有《扪天阁稿》。邱宗鼎是黄侃在山西大学时的得意弟子,《蕲春黄先生遗诗》录有黄侃寄赠邱宗鼎诗《寄怀峙生太原》《暮雨忆邱生》《秋日寄怀峙生曹州》三首。刘盼遂先生后来在清华编辑《实学》第 4 期时刊发邱宗鼎《抵曹作寄惕生绳于》一首,另《述愁赋》一篇。武文(1898—1971),字英亭,河南许昌人。曾在山西大学、国民党党务学校就读。在山大读书期间曾任新共和学会书报股主任。后历任国民党河南省党部委员、江苏省江浦县县长、西康省党部委员兼书记长、河南省党部书记长等职。1949 年去台湾。洪海(1893—1976),字陆东,浙江黄岩人。1920 年考入北京大学中文系,又转入山西大学。在山大期间与张皑同任新共和学会出版股编辑主任。后历任国民党中央党部译电秘书、浙江省党部委员、南京特别市党部委员、国民党第四届中央监察委员、司法行政部代理部长等职。1949 年去台湾,曾在东吴大学任教。其他几位国学研究社成员生平事迹待考。

宣　言

挽近变乱，道术沦裂。殊学西逝，国闻踰衰。狂狷者流，矜驱血气。奉新异为瑰宝，斥旧贯为痟残。铤而走险，扬其虐猷。败政诬俗，祸莫巨焉。间有嗜学之士，复多屈于时会，鄙弃师承，独骋巧思，功用寡矣，侈言钩通。或抽精义而得其糟粕，或董故书而误解音训，或别流派而殽杂失绪，或讲大体而湫隘贻诮。条贯既昧，区囿谁察？游说无根，终焉晦塞。盖未辩学术之津途，而不明大道之筌蹄也。吾侪不幸，际兹昏乱。伤国故之遭阨，痛微言之蒙谗。闵时流之行述，慨神州之陆沈。故联集同志，组织学社，且复远求大师，庶访硕彦。冀以通文学之正轨，知传授之渊源。穷岁月以寻斠，互策属以孟晋。务期得其真宰，解彼纷蔽。咨非标榜以要誉，将起古籍于一综焉。华夏虽微，典型未坏。苟能弘道，斯文可兴。邦人君子，盍来甄勖。

简　章

（一）定名。本社定名为山西大学国学研究社。

（二）宗旨。本社以整理国故、发扬文化为宗旨。

（三）组织。本社暂分经学、小学、历史学、诸子学、诗文学五门。

（四）社员。凡本校同学赞成本社宗旨者，经二人以上之介绍，得为本社社员。

（五）职员。本社职员，分总务、编辑二部。

　　（甲）总务部。设干事、副干事、庶务、会计各一人，文牍二人，各门主任一人。

　　（乙）编辑部。设编辑一人，特别编辑若干人。编辑五人，由各门主任兼任。

（六）选举。全体职员，每年改选一次。

（七）导师。凡海内宿彦及本校教授，赞成本社宗旨、乐为指导者，得请为导师。

（八）时间。本社开会时间,分三组。

（甲）讲演。每周请导师讲演一次。

（乙）研究。每周每门开职员会一次。

（丙）常会。每二周日曜日开会一次。

（九）方法。由各门量情分订。

（十）社费。每年每人纳会费洋一元。

（十一）出版。本社出版物,另具详章。

（十二）筹款。本社经常费,以社员所纳之社费为定款。出版费及特别费用,临时捐募。

（十三）本社设于山西国立大学校内。

（十四）附则。本简章有不适宜处,得有社员五人以上之同意,提出修改。①

5月,与张皑、杨建泉、吴恪、董桂藩、杨冰、庞镜塘、李景俊、武文、洪海、张润生、朱宝芳、邓燿、王晋丰、赵兴权、武缵绪、牛续管、张复贵、李赞熙、吴中等20人一同加入山西大学新共和学会。该学会以"交换知识,研究学术"②为宗旨,会员主要是赞成该会宗旨的该校学生和毕业生,名誉会员则聘请海内名师。 当月28日,新共和学会召开特别茶话会,欢迎新入会之会员。③

6月5日,山西大学新共和学会召开选举会,对学会组织机构进行调整,其中,先生友朋武文为书报股主任之一,洪海、张皑为出版股编辑主任,庞镜塘为经理主任之一。 新聘江瀚等10人为学会名誉

---

① 《政教述闻:国学研究社成立》,《来复》第 271 号,1923 年 10 月 21 日,第 10—12 页。

② 国立山西大学新共和学会编:《新共和》第 1 卷第 1 号,1921 年 12 月,第 202 页。

③ 山西大学纪事编纂委员会编:《山西大学百年纪事》"1923 年"条,北京:中华书局,2002 年,第 86 页。

会员。①

　　夏，将从预科毕业，待直接转入本科。旋因国学研究社刊物刊布打倒军阀之评论，当局令山西大学惩处。校方以"违反校规"为名，对国学研究社数名涉事成员进行处罚，其中先生被取消升入本科资格。先生幼弟刘铭恕在《家兄刘盼遂先生遗事》中则记道：

　　　　为时不久，和山东、浙江的几个语文较好的同学组织诗社。学校以为触犯校规，开除他们，并解散诗社。走投无路，回家自学。②

　　编者按：今《山西大学百年校史》一书曾提及先生一次，言："1923年学校新共和学会的活跃分子预科学生刘盼遂，1925年考入了清华国学研究院，成为古文字学、音韵学、训诂学的专家，执教于河南大学、北京师范大学。正是山大严谨的学风，为同学们进一步的发展提供了条件。"③

　　秋，离校归乡，同学张皑等送别。临行前张皑赠商务印书馆石印本《吴清卿书〈说文解字〉建首》一部，书衣题：

　　　　盼遂仁兄存念。十二年秋八月，弟张皑赠。

　　先生归乡后，暂随其父在私塾内教书并务农。

　　冬，经同学李冠千介绍，赴山东菏泽，应聘于山东省立第二女子师范学校，讲授国文。该校原为南华女塾，是年经山东省政府下令改为此名，任命山东教育界名士卢松岭为校长，"并派来一批大学毕业学

---

　　①山西大学纪事编纂委员会编：《山西大学百年纪事》"1923年"条，北京：中华书局，2002年，第86页。

　　②刘铭恕：《家兄刘盼遂先生遗事》，《河南文史资料》1994年第4辑（总第52辑），第73页。

　　③山西大学校史编纂委员会编：《山西大学百年校史》，北京：中华书局，2002年，第47页。

生任教，同时拨款资助建设，扩大招生。 对原来的女塾四班学生加以编班整顿，又扩招两班，共为六个教学班。 学校正式纳为国家教育计划，隶属于山东省教育厅，为三年制初级师范"①。

编者按：该校于20世纪30年代改名为"山东省立第五师范学校"，抗战全面爆发后解体。旧址在今菏泽市张油坊街，原建筑已不存。

民国十三年甲子（1924）　先生二十九岁

春夏，在山东省立第二女子师范学校任教。

4月18日（甲子三月十五日），作《中原一首赠张皑》一诗，追忆在山西大学与张皑等友朋创立国学研究社、相期十年后与张皑在峨眉读书的经历，表述离怀。 诗末云：

> 嗟余羁行役，无计豫供张。时予正课国文于山东第二女子师范。
> 引领望并门，烟树正苍苍。
> 思心若晋水，日夜流未央。
> 仰古怀陈雷，与君得同庚。
> 天禀澹泊怀，又与君颉颃。
> 期当十年后，相与投绶章。
> 考槃峨眉阿，风雨共寒檠。
> 搜奇跨羽琰，解字注《凡将》。

---

① 菏泽地区教育局教育志办公室编纂：《菏泽地区教育志（1840—1985）》，1992年内印本，第235页。

偿我读书愿,佚老用《庄子·大宗师》语。发国光。

渊路有赠言,我则寻旧盟。雪崖有约刘盼遂读书峨眉山诗。

歌此作久要,亮君绁无忘。

微怀积忧患,欲语摧中肠。

凭醉一操翰,拔剑起傍皇。①

8月末（孟秋之杪），经人推荐到曲阜，转任山东省立第二师范学校国文教员。该校在曲阜孔庙东侧，清末为山东巡抚杨士骧创办的"曲阜县官立四氏初级完全师范学堂"。1914年，"山东省长蔡志赟整顿学务，将曲阜师范与岱南道立兖州、沂州、济宁、曹州四处师范合并，定名为'山东省立第二师范学校'，设于曲阜师范原址。时人习称'曲阜二师'"②。

蒋协力《山东省立第二师范校长范明枢印象》一文曾略及当年曲阜二师的师资情况：

当时的学生,约有十余班。任教的老师,有张中立、明如水、乌世漳、宋明鹭、刘盼遂、朱子方、兰升鳌、冯思白、屠月三等,多为当时的知名之士。礼堂上的校训是"智、仁、勇"三字。③

编者按：该校旧址在今济宁学院初等教育学院院内,原教学楼、礼堂保存较好,为全国重点文物保护单位。《曲阜师范学校校史（1905—1949）（征求意见稿）》（1984年油印本）第258页《已知教职员工表》将先生在曲阜二师的任教时间误作"1931前后。张郁光校长时期国文教

---

① 刘盼遂：《中原一首赠张皉》，《实学》第2期，1926年5月，第70页。

② 石奎：《曲阜师范学校简史》，济宁市政协文史资料委员会编：《济宁文史资料》第9辑《济宁教育要览》，1992年，第16页。

③ 蒋协力：《山东省立第二师范校长范明枢印象》，中国人民政治协商会议郓城县委员会编：《郓城文史资料（第一集）》，1986年，第132页。

员"，宜改正。

先生初到曲阜，便参观孔庙、孔林等圣地，文思奔涌。 他曾在《与李冠千书》中记述道：

> 孟秋之杪，驾言曲阜。冯轼远眺，凫绎环拱而含苍，洙沂平挹而流玉。滮池漫稻田，渌水发夫容。惊风物之玮璨，叹地灵于人杰。涤麤既竣，爰谒圣殿，则飞宇高甍，霞驭云蔚。楹龙蜿蟺而躩跛，藻井披葩而狎猎。实目眩而神骇，庆难寻而觐缕。正殿之屚，实为碑亭，举岳并出，不可方名。五凤、黄初、史晨、孔宙诸刻于是焉在，业台舆乎唐宋，夏遑论于元明，泱泱乎大观哉！夫噉后蚨锺鼷之发刾韦君，率夏之刌碑索靖，为未大方也。有老柏千章，竦剡后屚。石干铜柯，霜皮膡色，多千五百年屚物也。颎卬顾眄，左右周章。信所谓撷怀旧之蓄念，发思古之幽情者矣。他如后稷庙、复圣庙、少皞陵、至圣林、泮宫、遂泉、鲁灵光殿故址之等，皆足以玄会遂古，与风云而俱驰矣。[①]

先生在山东省立第二师范之授课情形，曾在该校读过书的史学家王毓铨有回忆，节录如下：

> 新校长是宋还吾，新来的老师也都是好样的。我受益最深的有四位老师：刘盼遂先生、陈翔鹤先生、乌世漳先生和校长宋还吾先生。刘先生重古文，陈先生重新文学，乌先生教书法，宋校长教诗词。刘先生在校一年教了我们二文二诗。文章之一是他给友人冠千先生写的一封二三千言的阙里怀古长信，其二是江淹的《别赋》。诗是白居易的《长恨歌》并传和《琵琶行》并序。诗文都极符合刘先

---

① 刘盼遂：《与李冠千书》，《实学》第 4 期，1926 年 7 月，第 50 页。

生的伤感情绪。这二文二诗提高了我们的古文古诗水平，现在我还能背得出几段《长恨歌》《琵琶行》。①

秋，在曲阜购得上海文瑞楼铅印本《汉书补注》一百卷四十册。1936 年秋先生在此书前衬页上追记此事：

> 此书乃甲子秋在曲阜所买，价十二元。丙子季秋之晦记于燕京大学官舍。

9 月 26 日（甲子八月二十八日），作《与李冠千书》。 备陈与李冠千离别数月之思，并抒发在曲阜怀古之情。 书曰：

> 盼遂顿首，冠千足下：别经数月，若弥年载。思子之勤，发为宣也。昔卜子綦敫于索居，玄晖兴怀于秋蒂，别离之情，昔贤所难。矧与足下谊等于袍泽，思飙于埙篪。说诗则笙磬同音，考文则跟肘共辨。虽古之陶陶于永夕，切切于忘形者，由今视之，未能远踰。谓宜长保，以愉我生。而乃居诸迭运，渺尔参辰。秋日可哀，幽怨遥集。能无临清风而思玄度，揽长条而忆张绪哉！ 觏而不见，我劳如何……②

10 月，因故返乡。 途中受天气影响，在安徽寿县正阳关滞留数日。 当时从山东曲阜到河南息县可以先南下到安徽寿县正阳关——正阳关为淮河中游重镇、水陆交通枢纽，再沿淮河西行到息县。 先生在滞留正阳关的 10 月 8 日（甲子九月十日），作诗一首，表达自己的羁

---

① 王毓铨：《王毓铨自述》，高增德、丁东编：《世纪学人自述（第 4 卷）》，北京：北京十月文艺出版社，2000 年，第 30 页。
② 刘盼遂：《与李冠千书》，《实学》第 4 期，1926 年 7 月，第 50 页。

旅惆怅，并题在馆驿墙壁之上。诗曰：

重九后一日正阳关驿旅题壁

风雨欺行客，迟迟滞正阳。

将归足豺虎，欲济失舟杭。

兹世仇尼父，诸生想季长。

故园菊待发，空负采萸囊。①

10月22日（甲子九月二十四日），作《郾王刘厉学叙齿引》一文，记河南古今学术渊源，并与河南同乡友朋许诣端、王祝庆结为异姓兄弟事。

是年作诗词较多，汇为《甲子杂咏》一集。

上年至是年完成《世说新语校笺》初稿，学生请求发表，但遵从家教，未予刊印。先生在《世说新语校笺叙》中说道：

> 癸亥、甲子之际，授徒曲阜四氏学，门人请为刊布。旋奉家教，以孝标所注，富澹博洽，逸足难踪，求为二刘功臣，自非稟新标异则不可，笺校之事殆未容径遂言也。小子发书憬然，因以废阁。②

---

① 刘盼遂：《重九后一日正阳关驿旅题壁》，《实学》第6期，1926年11月，第62页。1935年再刊于武昌《正中》半月刊第1卷第3期《雅音集》时，改"菊待发"为"花正发"。

② 刘盼遂：《世说新语校笺叙》，《文字同盟》第11号，1928年2月，第31页。

民国十四年乙丑（1925）　　先生三十岁

春，在曲阜山东省立第二中学任教。

上年末至是年春，清华学校筹办研究院，以吴宓为研究院主任。

2月，清华学校研究院聘得王国维、梁启超、赵元任、陈寅恪四人为专任讲师，此即学界所谓清华国学院四大导师。《清华周刊》有相关报道：

清华研究院筹备处消息

吴宓先生到校后，经校长聘任为"研究院筹备主任"（前刊作"书记"有误），综理规画研究院各事。研究院筹备处即设于学务处西工字厅。校中并请国文教员卫士生先生佐理一切，已志前刊。兹校中又请前德育指导部副主任兼国文教员戴梦松先生至该处，帮办筹备事宜。至研究院章程及招考办法，吴宓先生已经拟成草案，一俟征集各方意见，商洽妥当之后，即可发表，为期当不远也。

研究院主任（或专任）讲师，已聘定王国维、梁启超、赵元任三先生，屡志前刊。兹校中又函电往德国，聘请陈寅恪先生为主任讲师，连前共四位。……研究院所聘讲师王、梁、赵三先生，皆吾国今日全国仰望之硕学俊彦，今又得陈君，更为美备，研究院之成绩卓著，不难想望。①

---

①《清华研究院筹备处消息》，《清华周刊》第337期"新闻"，1925年2月27日，第44、45页。

3月5日，"校长曹云祥邀请清华学校国文部全体教师和大学筹备委员会全体中国籍委员，举行茶话会，讨论研究院章程及招生办法。……次日，即3月6日，在校长主持下的清华学校校务会议讨论通过了吴宓、王国维等人草拟的《研究院章程》，为国学研究院建立了'照章办事'的规矩准绳"①。

3月13日，《清华学校研究院缘起》与《清华学校研究院章程》刊于《清华周刊》第339期。《章程》中指出，该院的创办宗旨为"研究高深学术，造成专门人才"；科目方面，"开办之第一年，先设国学一科，其内容约为中国语言、历史、文学、哲学等，其目的专在养成左列两项人才：（一）以著述为毕生事业者；（二）各种学校之国学教师"②。

3月中旬起，清华学校在全国各大城市报纸连续发布《北京清华学校招考研究院学员广告》，原文如下：

> 本校今夏开办大学，同时更设研究院，以研究高深学术、造成专门人才为宗旨，注重个人指导及专题研究。本年先办国学一科，已聘王国维、梁启超、赵元任、陈寅恪诸先生为讲师。现定于七月六日起，在北京、上海、武昌、广州四处同时考试，录取研究院学员三十名至五十名（确数视成绩定之），学费、宿费免收，并有奖学金额。投考者之资格：（一）大学毕业生或具有相当程度者；（二）各学校教员或学术机关服务人员；（三）各地自修之士经史小学确有根柢者（均以男生为限）。凡愿投考者，务于五月一日以前函附邮票二十分，向本校招考处索取清华研究院简章及招考规程并履历、证书、表格等件，五月十五日截止报名，逾期概不收受。民国十四年三月，清华学

① 孙敦恒：《清华国学研究院史话》，北京：清华大学出版社，2002年，第25页。
②《清华学校研究院章程》，《清华周刊》第339期"特载"，1925年3月13日，第52、53页。

校启。①

3月21日（夏历二月二十七日）辰时，子立三生。 先生考虑到家庭情况后回乡，旋在邻县潢川（与先生家乡息县卢家集刘套楼仅一水之隔）河南省立第七中学（由民初光州中学改名）任国文教员。 因当年夏即考取清华学校研究院，故在潢川任教时间不长。

5月15日，《清华周刊》刊发新闻，涉及清华学校研究院筹备处公布的第一期考试科目范围和招考处延长考试时间的通知：

> 研究院筹备处　报名投考清华研究院者，日来较前稍为踊跃。筹备处每日忙于审查报考人之资格，等等。
> 日前筹备处发出研究院准考生通告书一纸，指定第三部（专门科学）（一）（二）（三）门之参考书，俾投考者，得有范围，可就此预备。计开：
> （一）经学　王引之《经义述闻》
> （二）中国史　刘知幾《史通》、章学诚《文史通义》
> （三）小学　段玉裁《说文解字注》
> 至考试第一部之经史小学，注重普通学识，不限范围。此第三部之指定，与第一部无涉。
> 招考处　本年招考大学部、研究院学生，因报名手续太繁，邮信往返，颇需时日，故截至上周止，来函报名者尚不多。近几日来，骤然增加，招考处已将报名日期延长至二十五日截止云。②

关于清华学校研究院第一期的考试科目和内容，苏云峰在《从清

---

①《北京清华学校招考研究院学员广告》，《申报》1925年3月15日，第2版。此后数日重复刊载。又见当月天津《益世报》、北京《晨报》等报纸。
②《清华周刊》第347期"新闻"，1925年5月15日，第29页。

华学堂到清华大学(1911—1929)》一书中有考察，据该书：

> 第一届考试分为三个阶段进行：第一阶段考"普通国学"，用简
> 单的问答体，注重普通常识；第二阶段考作文一篇，限二小时；第三
> 阶段为专门学科，原定经学、史学、小学、中国文学、中国哲学、外语
> (英、德、法文择一)、自然科学(理、化、生物择一)、普通语言学八
> 门，考生任择其中三门作答。后为减轻难度，仅以经学、史学和小学
> 三门为范围。[①]

夏，从同学书信中得知清华学校研究院招生，时先生在中等学校
从教已近二年，有意重返高等学府就读，而又符合清华招考条件。在
际堂先生的支持下，先生急赴北京报考。待到京，虽报名截止日期延
长，但延长时限（5月25日）也已逾越。经人介绍，得河南同乡、时
方从西北大学校长职位离职的傅铜及时任清华物理系教授的梅贻琦推
荐，方补上报名资格。[②] 故先生对傅、梅二人皆心怀感激，此后与二
人亦有交往。

报名成功之后，先生便留在北京备考。先生晚年在北师大指导研
究生时，曾介绍过他当时的备考情况，北师大中文系1954级古代文学
专业研究生李修生先生回忆：

> 老师主要讲他考清华国学院的经过。他说：报名后，他就每天
> 泡在琉璃厂看王国维先生、梁启超先生的著作。自己思考先生著作
> 中的主要研究内容、方向，哪些问题是老师的主要成果。那时琉璃
> 厂书多，想看的书都有，而且比图书馆方便，从早到晚，什么时间都

① 苏云峰：《从清华学堂到清华大学(1911—1929)》，北京：生活·读书·新知三联书
店，2011年，第290页。

② 刘铭恕先生《家兄刘盼遂先生遗事》一文亦提及傅铜先生的帮助。傅、梅为连襟。

可以取书,也不用办借阅手续。经过约一个月的准备,他思考的问题竟然与考题相合。

7月6日至8日,在北京法政大学参加清华学校研究院第一期招生考试。今唯见《吴宓日记》有7月8日考试情况的简略记述:

> 晨雨,六时起。七时,随众,乘汽车入城,至法政大学监考。宓及卫君监研究院考生(第六考场)。上午8—10时考中国哲学。10:30—12:30考英文。午饭,由校供备。下午2—5时考论文。①

考试结束后,梁启超、王国维等教授进行了集体阅卷,为了公正起见,所有试卷的名头都用纸条糊上。王国维1925年8月12日在给马衡的信中曾说道:

> 此次考试均用糊名法,因清华夙办留学考试,函托甚多,竞争甚烈,故采用此法。故弟知考取人名单,亦仅较外间早一日也。②

7月27日,清华学校研究院录取新生名单确定。《吴宓日记》当日载:

> 是日,研究院录取新生全榜成。王国维先生在此午饭。共酌定备取人数十名。旋宓提议,改为何、汪二名。夕,五时至六时半,再

---

① 吴宓著,吴学昭整理注释:《吴宓日记》第3册,北京:生活·读书·新知三联书店,1998年,第41页。

② 吴泽主编,刘寅生、袁英光编:《王国维全集·书信》,北京:中华书局,1984年,第418页。

访王先生于西院,决定之。①

　　8月中旬,清华学校研究院第一期录取名单通过媒体正式公布:正取三十人,备取二人。 当月北京《晨报》、上海《申报》等报纸连续刊载清华学校研究院录取新生名单,原文如下:

北京清华学校考收新生揭晓(民国十四年)

　　本校录收新生纯以考卷成绩为定,所有保荐陈请函件一概未与参阅。兹将录取各生姓名开列于下,藉供周知:

　　研究院:刘盼遂、吴其昌、程憬、徐中舒、余永梁、杨鸿烈、王庸、关文瑛、刘纪泽、周传儒、杨筠如、孔德、方壮猷、蒋传官、王镜第、余戴海、高亨、裴学海、李绳熙、杜钢百、闻惕、史椿龄、赵邦彦、陈拔、王竞、冯德清、李鸿樾、姚名达、黄淬伯、谢星朗(以上正取三十名)。何士骥、汪吟龙(以上备取二名)。②

　　此录取名单按成绩排名,先生位列第一,“清华状元”一名自此传矣。 后先生得知,他以骈文所写作文得梁启超、王国维认可,批为满分。

　　初秋,购得《观堂集林》二十卷（乌程蒋氏铅印本）。 于内封上以隶书墨笔记曰:

　　　　民国十四年初秋,镏盼遂买。

———————————

　　①吴宓著,吴学昭整理注释:《吴宓日记》第3册,北京:生活·读书·新知三联书店,1998年,第49页。
　　②《北京清华学校考收新生揭晓》,《晨报》1925年8月11日,第1版。又《申报》1925年8月13日,第4版。以后数日重复刊载。

9月初，正式到清华学校研究院报到就读。研究院第一期主要课程由王国维、梁启超、赵元任和李济担任。据《研究院纪事》记载，该院制度和课程大纲概况如下：

教授及课程大纲

本院现时专任教授，为王国维（静安）、梁启超（任公）、赵元任、陈寅恪先生，讲师为李济（济之）先生。

本院制度，略仿昔日书院及英国大学制。注重个人自修。教授专任指导。故课程方面，分为普通演讲及专题研究二项。普通演讲，为本院学生之所必修，每人至少须选定四种。由教授择定题目，规定时间，每星期演讲一次或二次。范围较广，注重于国学上之基本知识。专题研究，则于各教授所指定之学科范围内，就一己志向、兴趣、学力之所近，选定题目，以为本年内之专题研究。①

王国维在研究院第一期中主要课程为"古史新证""古金文字""《说文》练习"和"《尚书》"；梁启超的主要课程为"读书法及读书示例"和"中国通史"；赵元任的主要课程为"方言学"和"普通语言学"；李济的主要课程为"人文学"。②

在清华的第一年，先生与吴其昌、程憬三人同住一院119号。三人性情、治学方向各有特点，先生喜静，好小学；吴其昌喜动，好宋学；程憬则善思辨，好哲学。因而同学戏称其三人为"三个怪物"，戏称先生为"刘老老"。吴其昌在《程憬小传》中曾记述道：

这是我们公认的，清华园一院一一九号三个怪物：他（编者按：

①《研究院纪事》，《国学论丛》第1卷第1号，1927年6月，第292页。
② 据《清华周刊》《国学论丛》的记载和孙敦恒、苏云峰两位学者的考察。

指程憬)是个马列学者的怪物,我是个程朱学者的怪物,还有个刘老老(编者按:指刘盼遂先生),是个许郑学者的怪物。郑司农、朱侍讲、马教授,不知在一一九号宣了几次战;合纵连横,焦头烂额,多么热闹呀![1]

9月9日,研究院举行开学典礼。 当日下午三时,研究院师生在工字厅举行茶话会。 当月25日出版的《清华周刊》有相关报道:

研究院

▲追纪开学情状　九月九日,研究院开学。午后三时,在后工字厅举行茶话会。到者为研究院全体教授、职员及学生,共约三十人。由主任吴宓先生主席,宣布开会宗旨:为联络情谊并介绍相见。次由梁任公、王静安、赵元任、李济诸先生,相继演说。或明研究院之宗旨,或论治学问之方法,或述个人修学之经验,或言观摩砥砺之有益。次由吴宓先生宣布关于研究院学生杂事若干条,如:(一)陈寅恪先生指导之学科,亦可于此时选为研究题目,先作预备工夫,并通函商询研究之法。(二)研究生亦可在大学及旧制课程中,选习某课,或旁听,但以有关于研究之专题者为限。他部学生亦可在研究院普通演讲课堂旁听,但亦须先与研究院主任室接洽。以及其他规则之类。复由某君提议请梁任公先生演讲旧日书院之情形。历两小时,始散会。[2]

9月14日上午,研究院正式开课。 第一课为王国维讲"古史新

---

[1] 吴其昌:《程憬小传》,《清华学校研究院同学录》,清华学校1927年内印本。转引自夏晓虹、吴令华编:《清华同学与学术薪传》附录影印件,北京:生活·读书·新知三联书店,2009年。

[2]《清华周刊》第24卷第3号(即第352期)"新闻",1925年9月25日,第80页。

证"。 当月 18 日出版的《清华周刊》有相关报道：

> ▲自十四日起研究院实行上课(普通演讲)，是日上午有王静安之"古史新证"，听者甚多云。①

9 月 14 日晚，研究院学生集议。 据《吴宓日记》当日载：

> 是晚，研究院学生集议，(一)欲建议，请将管理规则改宽。(二)欲院中给予博士、硕士头衔。②

编者按：先生对此集议当赞成，故有其后屡次代表学生与吴宓商讨之事。

9 月 15 日晚，研究院同学召开研究院同学会成立大会，并通过同学会简章，选举职员，先生当选为副干事。 当月 18 日出版的《清华周刊》有相关报道：

> ▲本校研究院同学会于本星期二(九月十五)晚间在第一院一一七号教室开清华学校研究院同学会成立大会，公推年岁最长者陈拔君为临时主席，吴其昌君为临时书记，由筹备员王庸君等报告筹备经过，后通过该会简章七条，选举职员。 结果：总干事王庸，副干事刘盼遂，书记吴其昌，会计杨筠如。 遂行散会。③

当月先生与谢星朗、程憬亦被研究院学生推举为校学生会评议部

---

①《清华周刊》第 24 卷第 2 号(即第 351 期)"新闻"，1925 年 9 月 18 日，第 52 页。

②吴宓著，吴学昭整理注释：《吴宓日记》第 3 册，北京：生活·读书·新知三联书店，1998 年，第 71 页。

③《清华周刊》第 24 卷第 2 号(即第 351 期)"新闻"，1925 年 9 月 18 日，第 52 页。

评议员。 次月 2 日出版的《清华周刊》有相关报道：

评议部

▲研究院评议员选定　研究院应举之学生会评议员三人，前已由干事部通知王庸君。顷已来复，谓评议已正式选定为刘盼遂君、谢星朗君、程憬君。至大学部评议员，不日已可举出云。①

9 月 28 日下午，研究院师生在工字厅举行第二次茶话会。 次月 9 日出版的《清华周刊》有相关报道：

研究院

▲茶话会志盛　该院于上星期一，下午四时，在后工字厅举行第二次茶话会，已志前刊。是日到会者，除该院主任、教授、职员外，有曹校长及张仲述、余日宣、庄泽宣、徐志诚、全绍文、戴志骞、陈达、郑之蕃诸先生。首由主任吴雨僧先生报告开会宗旨，大意谓本院此后拟每月举行茶话会一次，所以使彼此愈加明了本院性质，并使学生得教授之精神感化；此次更请校内重要职员，所以互相介绍，使各方关系更加密切，且请诸先生赐教，用期集思广益之意。并简单报告院中琐碎事项。言毕，请到会诸先生演说。旋由主任宣告随意茶点，自由谈话，于是各人离席，个别会谈，至六时半始尽欢而散云。②

9 月底，研究院第一期学生选定研究题目。 先生选定的研究题目为"《诗经》状词通释"，导师为王国维。 次月 16 日出版的《清华周刊》对研究院第一期学生选定研究课题一事有相关报道：

---

① 《清华周刊》第 24 卷第 4 号（即第 353 期）"新闻"，1925 年 10 月 2 日，第 34 页。
② 《清华周刊》第 24 卷第 5 号（即第 354 期）"新闻"，1925 年 10 月 9 日，第 23 页。

研究院

▲研究题目汇录　该院学生对于研究题目,已正式向该院主任室注册,曾志前刊。兹探得各人专门研究题目如下:

姓　名	题　目
吴其昌	宋代学术史
王镜第	宋元明清书院考
何士骥	部曲考
程　憬	上古哲学思想的唯物观
姚名达	章实斋之史学
冯德清	诸史中外国传之研究
李绳熙	诸史中外国传之研究
王　庸	中外交通史(一部分)
周传儒	中国近世外交史
方壮猷	《诗》三百篇之文学的研究
刘盼遂	《诗经》状词通释

…………①

编者按:先生本年的研究课题当有更改,据次年研究院公布的毕业生毕业论文题目,先生毕业论文为《说文汉语疏》和《百鹤楼丛稿》,其中并无有关《诗经》状词的研究论文。

10月3日,"研究院全体学生,由卫士生先生引导进城参观古物陈列所、京师图书馆"②。

10月24日上午,先生与吴其昌等人访吴宓。《吴宓日记》当日载:

---

①《清华周刊》第24卷第6号(即第355期)"新闻",1925年10月16日,第23页。疑该报道中冯德清与李绳熙研究课题有一误。

②孙敦恒:《清华国学研究院纪事》,葛兆光主编:《清华汉学研究(第一辑)》,北京:清华大学出版社,1994年,第289页。

上午,学生吴其昌、刘盼遂等来见,请准刊发研究院杂志一种,由学校担任经费,以表现成绩而资宣传。宓晓以不必发刊之理由,告以教授会议之意旨。谓俟商之各教授,再复。①

10月27日下午,研究院师生举行第三次茶话会。拟不办杂志,酌办丛刊。会后同学娱乐,请先生调箫独奏,吴其昌朗诵《离骚》。次月6日出版的《清华周刊》有相关报道:

研究院

▲第三次茶话会略志　研究院第三次茶话会,于上星期二(二十七日)下午四时,举行于学务处后工字厅,已志前刊。是日到会者,教职员、学生不下四十人,于精致之室中,陈列盆菊,团坐而谭。首讨论创办杂志问题,由主任吴雨僧先生代表教授团意见,谓本院对于此事,曾开教授会议一次,佥谓既有发刊丛书计划,本院教授同学,如有系统佳作,尽可装钉成册,用本院丛书名义单行发刊,若办杂志,则须按期出版,颇嫌板滞云云。继由梁任公教授,申述当日教授会议大意,略谓同人所以主张不办杂志者,其理由:(一)杂志按期出版,对于内容材料,难有把握;(二)同学研究期限,暂定一年,研究时间,已苦无多,若再分心杂志之投稿,尤觉期短之困难;(三)有佳作,可以单行出版,或假团内现成刊物,自由发表。有以上种种理由,故对于杂志一层,拟不办。旋有同学吴其昌、汪吟龙、刘纪泽三君,相继发言,均极诚恳。讨论结束,于发刊丛书之外,亦可酌办丛刊,汇集同学之读书心得,仿前人之《读书杂志》《日知录》等,虽

---

① 吴宓著,吴学昭整理注释:《吴宓日记》第3册,北京:生活·读书·新知三联书店,1998年,第85页。

一言一句,但有价值,亦可付印云。至此,主任宣告问题已告一段落,可以结束。乃请同学刘盼遂君调箫独奏,声韵抑扬,闻者鼓掌不绝;继之则有吴君其昌之《离骚》背诵,时处处能传出作者之精神,尤为难得。时钟鸣六下,乃各用茶点散会云。①

编者按:此次研究院茶话会虽拟不办杂志,酌办丛刊,但汪吟龙、吴其昌及先生等人并未完全认同,固有后来先生等研究院同学7人创办《实学》杂志之事。

11月25日,与王庸访吴宓,请求免考赵元任的普通演讲课。《吴宓日记》当日载:

> 赵元任室中,棚塌,召匠修补。学生代表王庸、刘盼遂来见,请赵元任教授免考。②

12月,《唐写本〈世说新书〉跋尾》一文刊于《清华学报》第2卷第2期。该文认为唐写本《世说新书》的价值有三:一是"足以上探《世说》卷帙之源泉";二是"可以破从来佚文之谬说";三是"可以征注文之增淆"。文末先生亦提到,"至于考订文字之异同",另撰有《唐写本〈世说新书〉举证》一卷。

编者按:此文为现今可查到的先生最早公开发表的学术文章。至于《唐写本〈世说新书〉举证》一卷,当时未刊,其内容应已在后来先生所撰的《世说新语校笺》中体现。

12月16日,与王庸访吴宓。《吴宓日记》当日载:

①《清华周刊》第24卷第9号(即第358期)"新闻",1925年11月6日,第25页。又《吴宓日记》是日亦有此次茶话会的记载。

②吴宓著,吴学昭整理注释:《吴宓日记》第3册,北京:生活·读书·新知三联书店,1998年,第101页。

2—3(点)刘盼遂、王庸来谈。①

12月22日（日长至日），手书《毛公鼎铭》并题记曰："乙丑日长至日，依《攘古录金文》模。盼遂记于清华。"此墨迹后赠清华同学好友冯德清（永轩），今尚存。

12月24日下午，梁启超召集研究院学生十余人开谈话会，为编辑《四库全书续编》目录事。此事梁氏策划有年，先期梁氏亦曾与先生等研究院学生谈过。次年1月1日出版的《清华周刊》对此事有报道：

研究院

▲编辑《四库全书续编》《四库全书》集吾国典籍之大成，但仅及于清初。梁任公教授以有清一代在中国学术史上放一异彩，著述浩瀚，实有续入四库之必要，一以瞻二百年来先贤治学成绩，且便后人整理光大之也，因发起《四库全书续编》编目之事，但此种工程重大，非集数十专门学者，费数年精力不可，乃先约研究院师生试作一部分工作，以为先声。上星期四下午，梁先生召集研究院同学十余人，开一谈话会，结果议定暂分三种步骤：（一）根据旧来《四库全书》之分类，收集材料；（二）材料收得，试为新的分类，编出目录；（三）每人任作一两部书之提要。最后由此十余位同学自由签名分任某一部分之编目，如史部、集部、译书部，等等。闻此项工作明春可以开始，并由任公先生商借京师图书馆等处重要书籍云。②

编者按：数年前曾见先生用清华学校稿纸抄写的清人文集目录数

---

① 吴宓著，吴学昭整理注释：《吴宓日记》第3册，北京：生活·读书·新知三联书店，1998年，第108页。

②《清华周刊》第24卷第17号（即第366期）"新闻"，1926年1月1日，第26页。

页,当为此事而作。但梁氏主持的此项工作中辍。

是年起,计划为《论衡》作校注。 其《论衡集解自序》云:

> 予自负笈清华园,初有志于修正是书。暇日抽读,每遇疑义,随
> 下一签。迨及得其县解,又往往迪然自笑。计自乙丑以还,讫于今
> 兹,此七年之中,铢积寸累,所发正者无虑二三千余事;于仲任之语
> 法及字学,尤反复三致意焉。①

是年,曾在城内新民大学兼授国文课,以补贴生活,为时不长。

民国十五年丙寅（1926）　先生三十一岁

在清华学校研究院读书,并在北京师范大学预科兼职,讲授"国
文讲读""习作"等课程,学生相熟者有靳德峻（极苍）。

1月,《释工》刊于《学衡》第49期（后收录于《文字音韵学论
丛》时改名《释工玉同字》）。 关于《淮南子·道应训》"玄玉百工"
训释,东汉高诱注:"二玉为一工。"清代学者段玉裁认为"工与珏双
声,百工及百珏",朱骏声疑"珏"是"全"之误。 先生认为三者皆
有失,提出了一个新的观点:他通过考察甲骨文"豊""巫"、金文
"全"、《说文》"靈""仝"等字及其偏旁写法,证明"工""珏"
"玉"实为一字,不过是"笔势时见增省"而已。

---

① 刘盼遂:《论衡集解自序》,《国立北平图书馆馆刊》第7卷第1号,1933年2月,第5
页。

1 月 7 日上午，研究院开教授会议，"拟遵照校务会议之办法，并将旧有中国文学之指导范围删去，专作高深窄小之研究"。 当日下午，吴宓召先生与王庸来，《吴宓日记》当日载：

> 下午，召王庸、刘盼遂来，以校务及教务会议之决案告之。①

此后关于研究院的存废、学位、毕业证书等问题，研究院学生与校方多次交涉。 先生作为研究院学生会副干事，常代表同学与院方对话。

1 月 19 日上午，吴宓召先生来谈。《吴宓日记》当日载：

> 上午办公如恒。召刘盼遂来，以油印《意见书》示之。旋学生刘盼遂、程憬等四五人等来见，询对于研究院办法。彼学生之所注意者，不外学位毕业等。惟要求（一）勿改名为国学研究院，（二）聘请教授须得学生同意，则殊使宓为难。上厄于强有力者，中不合于教授，下沮于学生。宓虽欲不辞职，得乎？②

1 月 20 日上午，研究院学生与吴宓就校务会议通过之议案对话，吴宓感觉自己构想的研究院发展规划得不到认可，且管理工作不易，有意辞职。《吴宓日记》当日载：

> 10—12 研究院学生聚集教室中。宓往谈话。宓但详细报告两次校务会议通过之案，及历次教授会之所讨论决定者，而不略加批

---

① 吴宓著，吴学昭整理注释：《吴宓日记》第 3 册，北京：生活·读书·新知三联书店，1998 年，第 123 页。

② 吴宓著，吴学昭整理注释：《吴宓日记》第 3 册，北京：生活·读书·新知三联书店，1998 年，第 130 页。

评,亦不露宓一己之意见。学生复质问宓若干事,宓一一答之。彼学生之所志非高,又多赞成专题研究。固无操纵或利用之心,即管理应付若辈,亦殊不易,益使宓决然有去志矣。①

第二天,吴宓即上校长函,申请辞去研究院主任之职,但经校长曹云祥挽留,暂未卸任。

1月25日下午,先生和王庸作为学生代表,向吴宓提出若干意见。《吴宓日记》当日载:

> 下午,研究院学生公函至,要求二事:(一)普通演讲,下学期即改为选修(意在避免赵元任之功课)。(二)确定研究院毕业资格,可入大学院,并可考留美。
>
> 2—3,刘盼遂、王庸来,谓除公函所要求二事外,并代表学生口头要求毕业文凭上用"清华学校大学研究院"字样。此为全体开会通过者云云。宓当晓以大学二字不能加用之种种理由。但谓毕业文凭中之文字,可俟从长审议云。②

1月26日上午10至11时,研究院开教授会议,经决定,"普通演讲下学期仍为必修"。 吴宓又让卫士生拟稿,对于学生公函要求的第二事——确定清华研究院毕业资格可入大学院并可考留美,"圆通敷衍,浑括承认,而绝不负责。 盖今之学生,喜人以狙公之术对之。苟以诚意相待,直言相告,则怒而为仇矣"。 当日下午吴宓召先生与王庸来,告教授会议决议。《吴宓日记》当日载:

---

① 吴宓著,吴学昭整理注释:《吴宓日记》第3册,北京:生活·读书·新知三联书店,1998年,第132页。

② 吴宓著,吴学昭整理注释:《吴宓日记》第3册,北京:生活·读书·新知三联书店,1998年,第137页。

3—4 召刘盼遂、王庸来，告以教授会议结果，刘谓愿上赵元任课者只有二三人，下学期仍定为必修，恐有不堪之结果云云。①

编者按：当时研究院第一期学员多不愿上赵元任之普通演讲课，先生亦如此。部分学员亦对赵元任有微词，如陈守寔《学术日录》"民国十七年二月二十五日"条："是晚戴君幼和、姚君达人来，为先师王静安先生募捐在清华建筑纪念坊事。梁师已认捐五百元。豫订研究院教授各捐其月薪之半，同学已任事在外者每人二十元。建坊估计大约需费二千元，以奖金五百元亦拨充此费。刻期在王师自沈日告成。教授中唯赵元任不肯出，此人无学问而滥竽院中，且时时有不满意同学处，亦一怪人也。吾常（编者按：赵元任籍贯常州，陈守寔亦常州人）在清代多学人，近乃萧索，余此无聊虎贲，倘亦运会之转变乎？为之一叹。"②

1月29日下午，研究院在工字厅开第五次茶话会。《吴宓日记》当日载：

下午4—6开研究院第五次茶话会于工字厅，纯为年终俱乐。学生多人唱歌、奏乐、说笑话、述故事等。王国维先生背诵八股文一篇，宓亦诵辛词一首，以同助兴。欢欣而散。征之近事，研究院诸生殊幼稚也。③

2月5日（乙丑十二月二十三日），撰成《春秋名字解诂补正》一

---

① 吴宓著，吴学昭整理注释：《吴宓日记》第3册，北京：生活·读书·新知三联书店，1998年，第138页。
② 陈守寔：《学术日录》，复旦大学历史系中国思想文化史研究室编辑：《中国文化研究集刊（第一辑）》，上海：复旦大学出版社，1984年，第427、428页。
③ 吴宓著，吴学昭整理注释：《吴宓日记》第3册，北京：生活·读书·新知三联书店，1998年，第142页。

文。据前序，该文历时五年而成。以王引之《春秋名字解诂》"五体六例"为基础，征引文献，考证《春秋》人物名、字关系共二十九条。

2月6日（乙丑腊月廿四），撰成《甲骨中殷商庙制征》一文。此文先生曾两次修改，以新出土甲骨中数十条卜辞为主要例证，以《逸周书·世俘解》为旁证，从祭法、名号两方面进行考察，认为"殷人六庙之主，为上甲微、报乙、报丙、报丁及示壬、示癸也。庙为太乙所立，后王因而不毁。故殷人为六庙制"。文成后，先生以之请教其师王国维，王国维评价说："就名号考殷制，亦可存一说。"①

2月12日夜（乙丑岁除之夜），撰成《尔雅草木鸟兽虫鱼释例补》一文。该文以王国维《尔雅草木鸟兽虫鱼释例》为基础，"补书中所云未详者若干事；补例中举而未尽者若干事；于本书之外别自补例者三：曰变音例，曰长言例，曰合音例"，并"博稽群籍，加以补疏"。

2月13日（丙寅新正），与吴其昌同赴王国维家拜年。王国维问可有家书，最近读何书等。又往梁启超家拜年，为其"闭户诵经，自强不息"之精神所折服。先生后在《梁任公先生传》一文中记述此事并颇发感慨：

> 丙寅新正，与同门吴其昌诣北苑，为先生贺岁。入见先生独据案高吟，墙内洒如也。予因叹年事德业如先生，于学问似可小憩，而乃闭户精诵，自强不息。吾侪少年乃日颓放靡漫，若无可消遣者，何哉？每侍坐时，教以著述事功，动期效于数十年外，其意若定有一二百岁寿者，从不见有侘傺怅惘之色、喑嚘匈衮之音，盖先生从事孔、

---

① 刘盼遂：《甲骨中殷商庙制征》，《女师大学术季刊》第1卷第1期，1930年3月，第5页。

老、孟、荀、阳明、白沙之学终其身,涵养深,挟持大,愿力弘,以苍生为己任,以斯文为己任,孳孳焉惟为日之不足,又何暇忧老至愁日永哉? 先生少年有别号曰"少年中国之少年",呜呼! 此即先生之自谥欤? 吾侪少年,应如何闻风而兴起孟晋者哉![1]

2月(丙寅正月),撰成《淮南子许注汉语疏》一文。 该文对《淮南子》许慎注中9篇14条原文的汉代语词进行了疏正。

2月,与吴其昌、汪吟龙、闻惕、高亨、杜钢百、余戴海共七人,以"发皇学术、整理国故"为宗旨,正式创办实学社,准备编发《实学》杂志。 3月5日出版的《清华周刊》有专门报道:

研究院

研究院同学刘盼遂、汪吟龙、闻惕、吴其昌等,近组织一实学社,专以潜研实学为宗旨;并将其研究成绩所得,发行《实学》杂志。闻第一期即将出版,内有刘盼遂《春秋名字解诂补正》、杜钢百《中庸伪书考》、闻惕《尔雅释例匡谬》、高亨《韩非子集解补正》、余戴海《荀子字义疏证》、吴其昌《两宋历朔天文学考》、汪吟龙《答章太炎论文中子书》《圆明园赋》等,亦可见其内容之一斑,想同学亦当乐闻此举也。[2]

实学社又确定成员分工:先生任编辑,汪吟龙为经理,吴其昌为文书,杜钢百任交际,闻惕和余戴海任发行,高亨任会计。[3]

《实学》杂志创办之初极为艰难,虽举着"清华大学研究院实学

---

① 刘盼遂:《梁任公先生传》,《图书馆学季刊》第3卷第1、2期合刊,1929年6月,第136、137页。

②《清华周刊》第25卷第2号(即第369期)"新闻",1926年3月5日,第11页。

③《实学》第1期所附《本社职员表》。

社"的旗号，但因之前清华研究院教授会议已经议定不办杂志，所以未获院方支持，资金匮乏。吴其昌《汪吟龙小传》中曾道《实学》办刊之初的艰苦：

> 昔与君（指汪吟龙）共创《实学》时，皆奇穷，各典贷倾囊付梓人。君掷资尤厚，益如洗，上京至不能买车，则与盼遂、惕生等四人步而入。入夜，辗转无可投宿者，君率余及惕生深昏叩桐城邑馆，求一户，三人者拳蜷而聚宿之。将晓，三人者各解囊，得铜币合二十二。去至城根下买煨芋，背立无人处啖之，甘如醴，相视而笑。①

2月中下旬，研究院同学会第一学期职员先生、王庸、吴其昌、杨筠如四人任期结束。研究院同学会选出新职员：正干事杜钢百、副干事谢星朗、书记汪吟龙、会计闻惕。②

2月中旬，梁启超因肾病住院。当月19日，梁启超在病中给研究院同学写了一封信，勉励学生专心治学。当月25日出版的《京报》《顺天时报》等报纸曾刊登《梁任公卧病于德国医院》一文，并附梁氏致清华研究院同学函，原函内容如下：

> 同学诸君公鉴：
> 吾顷卧病德国医院。生平住医院，此其第一次耳。吾蓄病已七八阅月，玩忽不治，以致狼狈，实自取也。医者顷尚不能确指病源，恐住院尚淹时日，或须用手术，则须休养更久也。窃所耿耿者，半年以来，除讲演外，对于诸君学业，直接指导，殊未尽责。方思下半年力图补过，今复抱病，恐一两月间，不能有所尽力，歉仄何可言！

---

① 《清华学校研究院同学录》，清华学校1927年内印本。转引自夏晓虹、吴令华编：《清华同学与学术薪传》附录影印件，北京：生活·读书·新知三联书店，2009年。
② 《清华周刊》第25卷第3号（即第370期）"新闻"，1926年3月12日，第11页。

吾院性质,什九皆恃自动,师长所能补助者,惟在启发兴味,与商榷方法耳。此两月间公开讲演时间,计当益少,诸君亦正可利用之,以精治所业。诸君皆年长能自治,谅必不肯虚掷分寸光阴也。诸君各人所处环境(如家庭关系、生计状况及从前经历等),及将来择业立身志向所在,前此尚未有机会相与咨询,最好能各以一书相告语,俾得周察,以为匡助辅仁之资。休暇入城时,亦不妨过院相访,虽不能剧谈,或坐听高论,亦于病躯有补也。

手此。敬问学益不尽。

启超。十九日①

此后数日,社会各界人士及先生等研究院同学纷纷前往探病。

2月28日,当天出版的北京《益世报》《新中华报》等报刊发报道,介绍梁启超住院情况:

梁启超最近之病状

血管破裂　拒见来宾

梁启超自德国医院致清华研究院学生一函,在各报发表后,连日梁氏之友人及学生等前往医院探视者甚众。但梁氏之病,因现经医生检查,由于微血管破裂,谓宜静养数星期,严戒其言语动作,故自昨日起,已一概谢绝往访之来宾云。②

3月13日,清华校长曹云祥和吴宓先后探望梁启超,并将研究院近日情况告知。梁启超当日又给研究院同学写了一封公开信,并交人带回研究院,经先生之手传示诸同学,信中再次对研究院同学近日运

①《京报》1926年2月25日,第7版。
②《益世报》1926年2月28日,第2张第7版。

动进行劝诫，全文如下：

同学诸君传观：

贱恙经协和诊断，绝非险症，不过一赘疣大如樱桃，生右肾中，肾已半溃，但一割去便无事。顷已定星期二耆然奏刀，再卧养十数日，便复与诸君相见矣。

今日曹校长、吴雨僧先生先后过访，各事一切已悉。曹校长以决意维持本院，诸君所虑，当可冰释矣。委员会所拟，本属一草案，将来讨论余地正多，不劳汲汲也。

昨舍侄廷灿来言，诸君对雨僧先生有激烈举措，吾深所不取，（雨僧已决然辞职，吾虽挽留，意不可回。且闻校长亦已批准。事已过去，不必再说。但此数月内院中行政，负责无人，稍感不便耳。）雨僧人格，亟可尊重。诸君不能了解，甚可惜也。

风潮易发难收，光阴一掷不复。愿诸君立停一切运动，专心精理旧业。两旬以后，相与观摩。

三月　日　启超（旁注：病中不记岁月矣。）协和病榻上

编者按：此信原件当时由先生收藏，后归先生之弟刘铭恕。刘铭恕在《梁启超先生的一封信》一文中将原信内容公开，并记道：

上梁启超先生信一封，旧为家兄盼遂所藏，不知何时归于予。此信虽未涉及到学术问题，但亦一学林之佳话，并藉以可见老一辈人物之嘉言懿行。①

3月15日（丙寅花朝），撰成《跋唐人写韵书二残笺》一文。此

---

① 刘铭恕：《梁启超先生的一封信》，《文献》1999年第4期，第263、264页。

二残笺出自日本大谷光瑞所刊行的《西域考古图谱》,王国维曾在《韵学余说》中收录,订为"唐长孙讷言笺注之陆法言《切韵》",先生在跋中则认为"此二断片殆为陆法言《切韵》原书"。

3月16日,吴宓正式辞去研究院主任一职。《吴宓日记》当日载:

> 次晨复面谒校长,请(一)明令免职。(二)减支教授薪金。并拟就布告底稿,校长照准。……自是宓遂不再赴研究院办公室矣。①

编者按:吴宓从担任研究院筹备主任、正式就任研究院主任到辞职,历一年有余。其辞职之原因,盖其本人对研究院之发展构想与校方、研究院部分教授及学生都有冲突,难以调和。关于吴宓对清华学校研究院之贡献及辞职经过,当今学人多有研究,不再赘述。此只略述吴宓与先生之关系:吴宓辞职前,先生虽多次代表研究院同学与其交涉,不过为同学争取利益而已,从无攻击吴宓之文。吴宓辞职后,先生亦常拜访吴宓,与吴宓之关系亦融洽,故此后《吴宓日记》亦多有先生来访之记录,吴宓主编之《学衡》《大公报·文学副刊》亦曾多次刊发先生诗文。吴宓亦爱先生之才,曾在其他场合对先生颇多赞誉,见本谱下文。吴宓辞职后,研究院主任暂由校长曹云祥兼理,后由教务长梅贻琦兼管。

3月18日,与吴其昌、王庸等清华研究院同学多人参加北京学生、市民举行的"反对八国最后通牒的国民大会",到段祺瑞执政府(今北京市东城区张自忠路3号院)门前请愿。游行队伍遭军警开枪射击,当场死亡47人,伤200余人,是为"三一八"惨案。参加请愿

---

① 吴宓著,吴学昭整理注释:《吴宓日记》第3册,北京:生活·读书·新知三联书店,1998年,第160页。

的清华研究院同学侥幸未受伤。

3 月 19 日，《清华周刊》第 25 卷第 4 号（即第 371 期）刊出。 该期重点发布校内各方面对清华改组以及研究院裁撤问题的见解。 大学部学生张锐的《直截了当斩草除根的取消研究院》、研究院学生孔德的《为研究院名义存废问题敬告学校教职员先生》、吴宓的《研究院发展计划意见书》、梁启超对吴宓《意见书》的回复以及以“研究院同学会全体”名义而作的《否认清华改组委员会破坏研究院宣言》等皆刊登。 吴其昌在吴宓《研究院发展计划意见书》后以按语形式记道：“此次研究院风潮发生之近因，实由于‘清华改组委员会’之改组草案，突然欲将研究院取消所致也。”①道出数月来研究院风波的起因。

3 月 30 日，北京《社会日报》刊登专文，预告清华学校研究院实学社所办《实学》杂志创刊。 全文如下：

实学社发行半月刊
▲将于四月一日出版

> 北京清华学校，自去年创办大学研究院，瞬将一载。所聘导师，如王国维、梁启超等，均为当代魁儒。所招之研究生，亦多海内成学之士。研究成绩，久为国人所属望。现闻该院学生组织之实学社，发生半月刊，定名“实学”，将于四月一日出版云。②

4 月，《实学》杂志创刊号出版。 梁启超题刊名，校长曹云祥题七律四首。 刊前有《本刊启事》（传为先生所作）和《发刊词》（传为吴其昌所作）。《本刊启事》对该刊办刊宗旨、栏目、出版周期等进行了说明：

---

①《清华周刊》第 25 卷第 4 号（即第 371 期）“特载”，1926 年 3 月 19 日，第 5 页。
②《实学社发行半月刊》，《社会日报》1926 年 3 月 30 日，第 4 版。

本刊启事

一、本刊由清华大学研究院实学社创办。篇章概由作者负责。

二、本刊为发皇学术、整理国故起见，海内之士与本刊趣旨相同者，锡以弘著，深所忻愿。

三、本刊暂分特载、专著、文苑三栏，以后审察稿件，随时增补。

四、本刊创办伊始，筹画未周，所冀硕彦魁儒，南铖时锡，庶学术日光，人文蔚起，匪独本刊之幸也。

本刊特别启事

本刊稿件过繁，印刷稍迟，兹增多卷帙，改为月刊。

该期特载为王国维的《黑鞑事略跋》。实学社七人皆有专著刊出，先生专著为《春秋名字解诂补正》。文苑有汪吟龙、闻惕、余戴海、陈曾寿、高亨等人诗文。刊末附"价目表"："每月一册，大洋二角；半年六册，大洋一元一角；全年十二册，大洋二元。"

春，作《清华园春日》诗。诗曰：

> 十载淮南癙负戈，韶华其奈早春何。
>
> 溪光酿出鸭头绿，人意慵于鹬尾罗。
>
> 底事乳莺鸣溜历，谁家红树舞婆娑。
>
> 平生久惯怀孤愤，未抵开正一夕多。①

编者按：末句"平生久惯怀孤愤，未抵开正一夕多"不解为何事。首句"十载淮南"，应是虚指。此诗必然作于先生读书清华时，今暂系此处，待日后考证。

4月，《庄子天下篇校释》《反切不始于孙叔然辨证》二文刊于《清

---

① 刘盼遂：《清华园春日》，《励学》第2期《百鹤楼诗存》，1928年11月，第74页。

华周刊·十五周年纪念增刊》。《庄子天下篇校释》一文，对《天下篇》中19条原文进行校勘、注释。先生在此文中并不拘泥于成说，对章太炎、梁启超及《庄子》古注的一些训释提出了不同意见。《反切不始于孙叔然辨证》一文，认为反切并非从孙炎起始，并胪列"周秦派""东汉派"两派观点，考证"反语之原，实在汉辙之东"，而"孙氏所以独得创反语之名者"，"亦以炎能奏整齐画一之效也"。此文发表后，得到了王国维的表扬。

4月，为《实学》杂志事，曾拜访在京的河南同乡学者秦树声（宥衡）先生。因秦家有客来访，未及深谈。归后，于当月30日（丙寅三月十九日）到秦氏书信一通，此即后来发表的《上秦宥衡先生书》，叙述个人求学经历，并邀请秦氏来清华一游。

编者按：在此书信中先生曾提及"数年前，曾发愤放《陈留耆旧》《华阳士女》之例，先编成《光州先贤传》若干卷"，疑此后发表的《中州民国四先生传略》一文即是其中零篇。又息县刘家与固始秦家有通家之谊，先生在《秦宥衡先生诔》中曾言"予与先生，凤辱通家"，但不知渊源，待考。

4月12日（丙寅三月朔），初撰《跋王贯山〈说文部首表〉》一文。

编者按：王筠《说文部首表》稿本曾藏先生处，今不知去向。

4月25日（丙寅三月十四日）撰成《荀子正名篇札记》一文，并刊于当月30日出版的《清华周刊》"特载"。该文是先生读《荀子·正名篇》的心得，主要对"异形离心交喻，异物名实玄纽""说故喜怒哀乐爱恶欲以心异""所受乎天之一欲，制于所受乎心之多，固难类所受乎天也""凡人之取也……离道而内自择，则不知祸福之所托"四条进行解说。

该期《清华周刊》《新闻·学生团体方面》栏目亦对《实学》第2期内容进行预告，并称："为优待本校同学起见，只减收半价一毛云。"①

①《清华周刊》第25卷第10号（即第377期）"新闻"，1926年4月30日，第3、4页。

5月,《实学》杂志第 2 期出版。 王国维题刊名, 江瀚、梁启超各有题词。 江瀚之题词为七绝二首, 梁启超则在病中录旧诗以赠之。该期出版前, 先生曾将《实学》第 1 期邮寄给他在山西大学的老师江瀚, 请其题词赠文, 其后先生又往江宅谒见。 先生曾在《百鹤楼读书札记》中追记此事曰:

> 长汀石翁江先生,硕学耆德,曾执吾乡藩条。辛、壬之际,先生游太原,盼遂尝从之学问。丙寅春,盼遂在京鸠友人刊《实学》杂志,邮寄求正,方意谓先生并名字不复省记,乃先生遽来诗奖之,有"清华此日多英俊,却喜刘瓛是故人"之句。及进谒,又赠以近刻著书五种,命以校字。①

江瀚所题二诗如下:

题　词

长汀江瀚

儒术中原久失真,一编入手见精神。

清华此日多英俊,却喜刘瓛是故人。谓刘盼遂。

有清考据共争先,创始功偏薄宋贤。《易》辑郑注,《诗》采三家,皆肇于王伯厚,言古韵者亦自吴才老始也。

门户不分公理出,云藿消尽日中天。

该期特载为江瀚的《诗经集说自序》、王国维的《圣武亲征录校注序》和梁启超的《古诗十九首之研究》(梁文开篇"右二十首, 除最末一首外, 皆见《文选》"句后有先生按语曰:"盼遂谨按: 梁师原书迄

---

① 刘盼遂:《百鹤楼读书札记》,《文学年报》第 5 期,1939 年 5 月,第 201 页。

写十九首全文，第二十首为《玉台新咏》所录枚乘古诗《兰若生春阳》一首也。 今以本刊篇卷迫促，未能备录。"）。 实学社成员皆有专著发表。 先生此期专著为《尔雅草木鸟兽虫鱼释例补》，另诗《中原一首赠张皑》。

编者按：据该期杂志附录，实学社成员已明显注意经营销售，"本社职员表"内交际一职已增加研究院同学王镜第。除清华园内外，又在上海、安庆、开封、武昌及北京城内9个书社增加"寄售处"，并在上海等地报刊刊发广告。

5月8日出版的《申报》即刊有《实学》软文广告一篇：

●《实学》月刊第二期出版

北京清华大学研究院学生所组织之"实学社"，发行《实学》月刊，第一期已于四月出版，兹闻第二期即于日内出版，兹志其要目如下：题字（王国维）、题词（江瀚、梁启超），《诗经集说自序》（江瀚）、《圣武亲征录施注序》（王国维）、《古诗十九首之研究》（梁启超）、《毛诗郑笺汉制考》（闻惕）、《尔雅草木虫鱼鸟兽释例读》（刘盼遂）、《名原复音广证》（杜钢伯）、《连绵语根说略》（高亨）、《荀子诗说》（余戴海）、《三统历简谱》（吴其昌）、《西汉赋注》（汪吟龙）、《篆势赋》（汪吟龙）、诗词各若干首。该刊月出一册，定价二角，北京东安市场、劝业场、青云阁、琉璃厂各大书店暨各大学号房，均有出售。上海棋盘街光华书店、武昌察院坡尚德书局、安庆大德堂、各省各大学号房，均有代售。留心国学者，允宜人手一编也。①

另一方面，为补助实学社经费，先生、汪吟龙、闻惕、吴其昌、王镜第又代人刻石作文，代订名人作品。 自该期起在《实学》杂志上

---

①《申报》1926年5月8日，第5版。北京《晨报》等报亦有广告。

登载润例如下：

息县刘盼遂、桐城汪吟龙、蕲水闻惕、海宁吴其昌、开化王镜第

丙寅重订文字刻石润例 补助实学社经费

文 碑铭一百元；传状八十元；寿序八十元；征启、题跋五十元；杂文、短篇另议；骈文、韵语倍直。

字 榜书三尺十元；条幅四尺四元，加一尺加二元；楹联、堂幅倍润；屏幅照加；纨、折扇每面二元；册页、手卷每尺二元；钟鼎篆籀倍润。

刻石 汉尺方寸以内、三分以上每字二元；过大过小另议；碑刻另议；劣石不刻。

收件处：北京清华园邮局转交。北京西京畿道三十四号闻惕生。

北京西城新帘子胡同斋堂煤矿办公处汪衣云。北京各南纸店。

上海有美堂代收转交汪吟龙；法界白来泥蒙马浪路一九一号盛公爽代收。

武昌华中大学邱峙生代收。开封中州大学张翼之代收。

汉口张美之巷磨子桥二十三号李受多①代收。南京东南大学王致敬代收。

杭州江干洋泮桥浙东木业公所詹允明代收。

柯劭忞　马其昶　江　瀚　王树枬　夏震武

罗振玉　章太炎　唐文治　梁启超　吴士鉴　　代订

曹元弼　黄　侃　吴闿生　王国维　陈曾寿

《实学》前两期出版后，梁启超、王国维对学生办刊的态度有所

---

① 邱峙生即先生山西大学同学邱宗鼎。李受多为闻惕同学，二人皆受业于王葆心。由此可见实学社成员当时发动同学友朋力量以进行推广运营。

转变，并先后给予资助。

5月21日出版的《清华周刊》报道：

梁任公捐助《实学》月刊

研究院同学所办《实学》月刊，已出两期，颇为国内学者所赞许。最近并由梁任公先生捐赠大洋伍十元，以资提倡，亦可见梁先生之热心学术矣。①

6月11日出版的《清华周刊》报道：

王静安先生捐助《实学》月刊

研究院同学所办《实学》月刊，颇蒙国内学者赞许。兹闻王静安先生捐助该社大洋二十元，藉资提倡云。②

5月底，实学社致信《东方文化》主编唐大圆。《东方文化》杂志当年第2期有载：

北京清华研究院实学社来函

敬启者，比奉手书，敬悉一是。尊辑《东方文化》，具大知识，发弘誓愿，取精用弘，诚兹世之接引者。幸甚幸甚。敝刊第一期补寄一份乞教，第三期出版在即，亦当寄奉。并希时加指示为荷。

专此，即颂

著安。

清华研究院实学社谨启③

①《清华周刊》第25卷第13号（即第380期）"新闻"，1926年5月21日，第5页。
②《清华周刊》第25卷第16号（即第383期）"新闻"，1926年6月11日，第11页。
③《东方文化》1926年第2期，第18页。

5月31日下午，和研究院同学一道，到松坡图书馆参加张君劢演讲及座谈会，梁启超、张君劢、吴宓等出席。吴其昌、周传儒《梁先生北海谈话记》记此事曰：

先生（按：指梁启超）每于暑期将近时，约同学诸君作北海之游，俯仰咏啸于快雪浴兰之堂，亦往往邀名师讲学其间。去年夏，宝山张君劢先生因事来京，为诸同学讲宋贤名理，盖穆然有鹅湖、鹿洞之遗风焉。①

《吴宓日记》当日载此事：

三时，宓独赴北海松坡图书馆赴梁任公招茶会。席间，梁请张君劢（嘉森）为研究院学生演讲。又请宓演讲，对宓颇加奖饰之词。宓述道德二元之说。四时，参观松坡图书馆内部，并照像（存）。葛丽英女士来，宓介之见任公，约期再谈，宓为翻译。

五时散。宓偕研究生赵邦彦、黄淬伯等回校。②

先生晚年尝对人说起此次座谈会，尤佩服梁启超以带病之躯，为张君劢逐一介绍清华同学时，名字、籍贯、所作专题等无一讹谬，记忆力惊人。会后梁启超、张君劢、吴宓与研究院学生合影留念。

编者按：此照片为目前已知清华学校研究院第一期学员最早合影。至今犹存者，有冯永轩先生之子冯天瑜教授所藏一张。

---

① 吴其昌、周传儒：《梁先生北海谈话记》，《清华学校研究院同学录》，清华学校1927年内印本。转引自夏晓虹、吴令华编：《清华同学与学术薪传》附录影印件，北京：生活·读书·新知三联书店，2009年。

② 吴宓著，吴学昭整理注释：《吴宓日记》第3册，北京：生活·读书·新知三联书店，1998年，第174页。

6月,《实学》杂志第3期出版。 该期由姚华题刊名, 黎元洪、颜惠庆题词。 特载为梁启超的《〈汉志诸子略〉各书存佚真伪表》、王国维的《长春真人西游记注序》、姚华的《钞带清轩遗稿跋》和吴闿生的《与李佑周进士论〈左传〉书》。 实学社诸人皆有专著或诗文发表。 先生该期发表的专著为《春秋名字解诂补正》(续第一期), 文为《上秦宥衡先生书》, 另为梁启超《〈汉志诸子略〉各书存佚真伪表》一文作跋, 附于当期梁文后(后与梁文一同收录于《古史辨》第4册)。

另据该期《经理部启事》:"本刊第一期早已售尽, 因续购者多, 特行再版发售, 预约一千本, 实价大洋一角, 寄费加一, 六月底截止, 七月出书。"知《实学》出版后颇受读者欢迎, 所以对第一期进行了再版。

该期出版后, 实学社亦继续扩大宣传推广工作, 并与友社合作。 研究院另一学生社团弘毅学会主办之《弘毅》杂志自本月出版的第2期起, 每期皆刊登《实学》广告。 7月8日出版的上海《新闻报》也刊发实学社广告:

北京清华大学研究院实学社《实学》月刊第三期出版

内有梁启超、王国维、姚华、吴闿生、刘盼遂、闻惕、汪吟龙、吴其昌、高亨、余戴海、杜钢百、王镜第诸人作品。每期价洋二角,全年二元。代售处:北京各书局,上海光华书局、有美堂,武昌时中书社。总经理处:北京新帘子胡同四十六号汪吟龙。①

6月4日, 在清华学校评议会上, 清华出版委员会报告:承认《实

---

① 《新闻报》1926年7月8日,第1版。

学》月刊、《弘毅》月刊有给予津贴之价值。① 但其后未见校方有实际资金支持。

6月21日，清华学校研究院举行教务会议，评定第一期学生成绩。 先生等16人因成绩较优获得奖学金100元。 孙敦恒《清华国学研究院史话》记述道：

> 6月21日，国学研究院举行教务会议，王国维、梁启超、赵元任和李济出席，梅贻琦主持会议，评定了本届学生成绩，29名学生皆准予毕业，并决议给予成绩较为优良者杨筠如、余永梁、程憬、吴其昌、刘盼遂、周传儒、王庸、徐中舒、方壮猷、高亨、王镜第、刘纪泽、何士骥、姚名达、蒋传宫、孔德等16人奖学金每人100元。②

先生当年毕业成绩为甲五，毕业论文为《说文汉语疏》和《百鹤楼丛稿》③。 其中《说文汉语疏》一文共22500多字，胪举《说文》中所载汉代语词230多条，并加以疏证。

编者按：《百鹤楼丛稿》今不知具体收录何种文章，盖上年至本年所作之《唐写本世说新书跋尾》《释工》《庄子天下篇校释》《反切不始于孙叔然辨证》诸文。

6月25日，研究院举行第一期学生毕业典礼。 据孙敦恒《清华国学研究院史话》，先生等十五人申请继续留校研究一年，后实际到校注册继续研究者有先生、周传儒、姚名达、吴其昌、何士骥、赵邦彦、黄淬伯等七人。④

---

① 清华大学校史研究室编：《清华大学九十年》，北京：清华大学出版社，2001年，第37页。

② 孙敦恒：《清华国学研究院史话》，北京：清华大学出版社，2002年，第61、62页。

③《研究院纪事》，《国学论丛》第1卷第1号，1927年6月，第297页。

④ 孙敦恒：《清华国学研究院史话》，北京：清华大学出版社，2002年，第64页。

7月，《实学》杂志第 4 期出版。 该期刊名由复园（谢凤荪）题写，姚孟振、唐大圆、谷钟秀、汪大燮、姚华 5 人题词。 该期特载为梁启超的《先秦学术年表》、吴闿生的《与李右周进士论〈左传〉书》（续第 3 期）、胡远浚的《庄子齐物论注》，实学社成员闻惕、王镜第、高亨、汪吟龙、吴其昌及先生 6 人有专著发表。 先生的专著为《广韵序录校笺》、文《与李冠千书》、诗《甲子杂咏（抄五首）》。 该期文苑的作者除实学社成员外，还有吴闿生、陈邦炜、唐大圆、陈曾寿、邱宗鼎、姚孟振、唐尔炽等人。

暑假期间，先生返乡，离家已一年矣。《清华周刊》第 383 期载先生暑假通信地址为"河南息县笪集"①。

编者按：今见民国高校通信录所记先生家乡通信处，多用"笪集"而非刘套楼，因刘套楼当时相对偏远，并无邮局，取送书信皆需到淮河对岸笪集（即笪子集，今属潢川县）办理。据《淮滨县志（1951—1983）》"邮政"条："1917 年，息县设三等邮局，乌龙集设邮政代办所。邮路由光州（潢川）发步行班，经临河、淮凤集、长陵集、笪子集、方集、乌龙集、往流集至三河尖。1935 年，邮路改由息县发步行班，经临河、长陵集、笪子集、张庄、乌龙集、谷堆集到往流集。1940 年，邮路仍由息县发步行班，经乌龙集至三河尖。班期往返七至九天，每班仅有平信数十封，挂号信很少。乌龙集每逢集日，将来信放在邮政代办所门前篾箩内，任人挑拿、捎带。去农村送信，收信人要给钱管饭。"②

7月 8 日，陈寅恪正式到研究院报到任职。《吴宓日记》当日载：

十时半，至新宾旅馆，与陈寅恪合乘汽车回校。抵校，进午餐。

①《清华周刊》第 25 卷第 16 号（即第 383 期）"暑假通讯处"，1926 年 6 月 11 日，第 7 页。

② 淮滨县志办公室编：《淮滨县志（1951—1983）》，郑州：河南人民出版社，1986 年，第 485 页。

陈君即住西客厅。

　　下午，陪导陈君至研究院游观。又至赵元任宅中叙谈。……

　　晚九时，陪导陈君访王国维先生。①

　　8月，《实学》杂志第5期出版。该期由黄侃篆书题刊名，特载为王树枏的《尔雅说诗》、胡远浚的《庄子齐物论注》（续第4期）、江瀚的《与郭允叔论〈灵峰集〉书》。先生的专著为《广韵序录校笺》（续第4期），文为《鄞王刘厉学叙齿引》。实学社其他成员闻惕、汪吟龙、吴其昌亦有专著发表。文苑的作者除实学社成员外，还有姚孟振、胡朝宗、吴闿生、江瀚、黄节、陈曾寿、唐大圆、陈邦炜、范任等。

　　先生在《实学》第4、第5两期发表的《广韵序录校笺》一文校勘、笺正《广韵序录》原文27条，采用其师王国维的方法，较为充分地参照了敦煌本、元本等诸本《广韵》，并利用了《日本见在书目》《倭名类聚钞》等当时国内新见文献，对异文、所涉人物做了比照、校勘和分析。附敦煌本《切韵》陆法言、长孙讷言序和式古堂本孙愐《唐韵》第一序，以供学人参镜。

　　编者按：《实学》第5期出版前，研究院第一期学生已经毕业，实学社成员除先生与吴其昌二人继续在校就读、汪吟龙留在北京工作外，其余几人皆奔赴外地谋职，从此天各一方。在实学社和《实学》杂志整个创建和经营当中，汪吟龙是核心成员，且最善经营，故该期"特别启事"注明："自本期起，凡与本社往来订阅一切函件，请寄北京新帘子胡同四十六号汪衣云收。"先生和吴其昌在校内负责编辑工作。实际上，因实学社成员多离校，杂志编印和发行很难如以往一样顺利，衰势已难以避免。

────────

① 吴宓著，吴学昭整理注释：《吴宓日记》第3册，北京：生活·读书·新知三联书店，1998年，第188页。

此后之《实学》，也未能如先前计划按月出版。故汪吟龙本年冬与章士钊书云："吟龙痛吾道之不行，惧斯文之将丧，爰鸠同志，创刊《实学》，类多考订词章之流，专与近代时髦学者背驰。而一二老宿如柯凤荪、王晋卿、马通伯、江叔海诸君子，颇能交口称誉。暑期曾遣同志，持刊就正于章太炎及陈伯严、唐蔚芝诸先生，亦蒙赞许，私心稍慰。比以他事出京，刊务几辍。现方由友人编印，第六期尚未印就。"①

秋，应开封河南中州大学之邀，兼任该校国文系教授。赴开封前，吴其昌集唐人孟浩然诗句成《衲孟襄阳送别刘大赴任教授》一首以送行。诗曰：

> 高论莫能酬，《梅道士水亭》。巴歌和者稀。《泛湘归越》。
>
> 欲寻华顶去，《寻天台山作》。惜与故人违。《留别王维》。
>
> 笑语同今夕，《临涣遇张十一》。芳声闻帝畿。《闻裴传御除豫州司户》。
>
> 坐看霞色晚，《舟中晚望》。谁不羡鸿飞。《归越作》。②

旋因战乱，在中州大学只兼职数月即离职，仍在清华专心求学。

9月，研究院第二期开学。该期有谢国桢、刘节等新生29人，加上先生等上期继续留校学习研究者7人，共计36人。③ 据《研究院纪事》，第二期新录取的研究生名单如下：

谢国桢	刘 节	陆侃如	毕相辉	郑宗棨	陈守寔	高镜芹
谢念灰	王耘庄	陈邦炜	宋玉嘉	戴家祥	吴金鼎	司秋沄
王 力	全 哲	朱广福	颜虚心	龚澹明	冯国瑞	杨鸿烈

---

① 汪吟龙：《文中子考信》，《甲寅》第1卷第36号，1926年12月，第16、17页。

② 吴其昌：《衲孟襄阳送别刘大赴任教授》，《实学》第7期，1927年6月，第67页。又见《正中》半月刊第1卷第8期《雅音集》，1935年1月，诗题改为"衲孟襄阳诗送别刘教授盼遂之京师"。

③ 孙敦恒：《清华国学研究院史话》，北京：清华大学出版社，2002年，第65页。

卫聚贤　徐继荣　管效先　黄　绶　姜寅清　陶国贤　侯　堮
朱芳圃①

按入学成绩，研究院第一期第一名先生和第二期第一名谢国桢是河南人，第一期第二名吴其昌和第二期第二名刘节是浙江人，故清华园中有"河南出状元，浙江出榜眼"之语。据《研究院纪事》，先生本学年专修学科为小学，专题研究题目为古文字学②，导师依旧是王国维。

编者按：在第二期学员中，先生与谢国桢、刘节、陆侃如、侯堮、王力、冯国瑞、姜亮夫(即姜寅清)等友好。先生诗文中曾提及与上述七人的交往，而谢国桢、姜亮夫等人的回忆文章，亦对先生多有赞誉。如谢国桢言："同学中余最钦佩相交深而能戒余者，同里有刘盼遂，江南则有王庸。"③姜亮夫1955年在杭州师范学院任教时曾对夏承焘说："当时清华研究生真能领受静安金文甲骨学问者，惟刘盼遂、吴其昌诸人。盼遂今年已六十岁，治学甚笃实，《红楼梦》极熟。"④

在研究院第二期里，王国维主要讲授"仪礼"和"《说文》练习"；梁启超主要讲授"儒家哲学""历史研究法"；赵元任主要讲授"音韵练习"；陈寅恪主要讲授"西人之东方学之目录学"和"梵文—《金刚经》之研究"；李济主要讲授"普通人类学""考古学"和"人体测验"；另聘请梁漱溟讲授"人心与人生"。⑤

9月21日(丙寅中秋)，撰成《释九锡》一文。该文认为，《春秋说》、《礼纬含文嘉》宋均注、刘熙《释名·释宫室》、《汉书·王莽传》颜注等文献对"纳陛"的训释皆不当，实则"纳陛者，天子之

①《研究院纪事》，《国学论丛》第1卷第1号，1927年6月，第301、302页。
②《研究院纪事》，《国学论丛》第1卷第1号，1927年6月，第299页。
③谢国桢：《忆王以中》，《瓜蒂庵文集》，沈阳：辽宁教育出版社，1996年，第391页。
④夏承焘：《夏承焘集》第7册《天风阁学词日记》"1955年"条，杭州：浙江古籍出版社、浙江教育出版社，1998年，第474页。
⑤此据《国学论丛》的相关记录和孙敦恒先生的考察。

礼。 礼之以安为贵者也。 纳者，引也，援也。 古者天子堂高数仞，登陟为劳，故侍臣以玉瑗引其君以就便"[1]，并用甲骨文和罗振玉的释文作为证据。 文末进一步考察说，纳陛之礼实际上在三代施行，至汉代废止，所以汉代人对"纳陛"不能确解。 此文收录于《文字音韵学论丛》时改名为《释九锡中纳陛》。

9 月 25 日（丙寅八月十九日）。 秦树声病卒，先生"临寝三哭"[2]，后作《秦宥衡先生诔》及《哭秦宥衡先生》一诗，诗曰：

> 春庭趋进几何时，芍药翻阶草带帷。
> 绝学能醒千古梦，壹谈足破十年思。
> 只欣老辈依秦近，何意天心夺世期。
> 桂酒椒浆今日荐，感知有泪上灵旗。[3]

10 月，黄侃应吴承仕之邀到北师大任教。 此后先生常往北师大旁听黄侃授课，向黄侃学习《文心雕龙》。

10 月 7 日，研究院举行第 4 次教务会议。 据孙敦恒《清华国学研究院纪事》：

> 由梅贻琦主持，到会者梁启超、陈寅恪、赵元任三教授。关于"实学社月刊"名义问题：梁启超提出，《实学》月刊不能为本院之代表出版品，且本院季刊即将出版尤易混淆。议决由办公室正式通知该社，如继续出版需取消"清华国学研究院"数字。[4]

---

① 刘盼遂：《释九锡》，《国学论丛》第 2 卷第 2 号，1930 年，第 227 页。
② 刘盼遂：《秦宥衡先生诔》，《孤兴》第 10 期，1926 年，第 33 页。又《实学》第 6 期，1926 年 11 月，第 51、52 页。
③ 刘盼遂：《哭秦宥衡先生》，《励学》第 2 期《百鹤楼诗存》，1928 年 11 月，第 74 页。
④ 孙敦恒：《清华国学研究院纪事》，葛兆光主编：《清华汉学研究（第一辑）》，北京：清华大学出版社，1994 年，第 310、311 页。

编者按：此举使《实学》杂志失去研究院代表刊物的身份，《实学》杂志之停刊此时已可以预见。然梁启超事先当已与先生等商议，故《国学论丛》创刊后，先生等实学社成员亦参与该刊编辑工作。

11月，《实学》第6期刊出。刊名由陈三立题写。特载为王树枏的《尔雅说诗》（续五期）、马其昶的《抱润轩未刊稿》、黄侃的《切反编》和王国维的《西吴徐氏印谱序》。闻惕、吴其昌和先生各有专著发表。文苑除研究院同学作品外，还有江瀚、陈曾寿、黄节、唐大圆、汪荣宝、方守敦、吴闿生、姚孟振、范任等人的诗文。该期先生有专著《反切不始于孙叔然辨证》（编者按：较前刊于《清华周刊·十五周年纪念增刊》之文有增改）、《跋唐人写韵书二残笺》，文《秦宥衡先生诔》，诗《重九后一日正阳关驿旅题壁》，另王国维《西吴徐氏印谱序》后附有先生所作跋文。

此期正文前登有三"启事"：

启事一

本社暑期内同志散处各省，一时因战争关系不能来校。本社经理汪君吟龙复因事出京，故第六期出书较迟，无任抱歉，伏祈原谅！

启事二

本刊宗旨务在实事求是，泯除一切门户之见，不分汉宋朱陆今古文，凡海内玄儒大师有未刊稿件，或不朽伟著，愿付本刊发表者，本刊以责任所在，无任欢迎。海内同志有与本社旨趣相同者，亦深望时锡鸿文，敢布区区，伏维公鉴！

启事三

下期重要稿件除王晋卿先生、黄季刚先生有名著续登外，尚有唐蔚芝、梁任公、吴北江诸先生著作，并刘盼遂《世说新语校笺》、闻惕《〈庄子〉札记》、吴其昌《象形古义》、汪吟龙《文中子考信录》等，特此预告。

　　按:此三"启事"表明,尽管面临诸多困难,实学社成员仍尽力维持《实学》杂志的运营。

　　11月3日(丙寅年九月二十八日),撰成《世说新语校笺序》。

　　12月8日晚,黄侃应清华学校研究院弘毅学会之邀,到清华作题为《〈说文〉之形声字》的演讲,王国维、吴承仕、赵元任等人亦在座。《赵元任日记》本日载:

　　　　下午评议会。晚听黄侃讲《说文》形声字。①

　　该演讲内容经先生笔录整理,刊于当月出版的清华学校弘毅学会总会《弘毅》杂志第1卷第5期。据先生所记,黄侃主要谈了两个问题:其一为形声字何以得声,黄氏举例证明:形声字之声母、声子,全属同音,且古声母亦有多音。又就声子之多音,可以知音母之多音,声母多音,所以多用。知声母多音,则于声子之多音无疑;于形声字之音读多异,又可见声母之多音。反复证之,甚易明也。其二为形声之声定有其义。吴承仕听罢后认为,黄氏之演讲"足发史皇之覆"。随后先生又致信黄侃,就自己对《说文》重文的两个思考向他请教:一是"篆文与重文之声皆属假借,而正字俄空焉耳,非其本无正字也,《说文》中断无无缘而得声者";一是"疑叔重造《说文》,亦弟就当世通用者录入,其稍生僻者则附见,未暇详校其孳乳之后前、声义之正假也",并举例为证。此信主要内容即后来发表的《上黄季刚师论重文中叚借书》(又名《上黄季刚师论〈说文〉重文书》)。

---

　　① 周欣平、林海青、林富美主编:《赵元任日记》第11册,北京:商务印书馆,2022年,第356页。

编者按：先生笔录黄氏讲演《〈说文〉之形声字》一文，今所见黄氏文集未采，宜当补入。

12月28日晚，访吴宓，以《学衡》停办为可惜，劝吴宓继续坚持。《吴宓日记》当日载：

> 晚，朱君毅来。刘盼遂来。①

次日载：

> 下午，吴其昌来。与刘盼遂均以《学衡》停办为可惜，劝宓维持，并愿赞助云云。②

是年，撰成《说文重文疏》三卷。原稿今佚，唯序言因刊于1930年《学文》杂志创刊号而传世。先生《上黄季刚师论〈说文〉重文书》一文曾述及该稿曰：

> 盼遂年来著《说文重文疏》三卷：曰重形篇，曰重义篇，曰重声篇。其形义说，今不具陈；重声之说，则谓取重文之声与篆文之声两相斟量，可以断某声之为正为假。③

是年出版的《清华年报（1925—1926）》对研究院情况进行了简要介绍，内容如下：

---

① 吴宓著，吴学昭整理注释：《吴宓日记》第3册，北京：生活·读书·新知三联书店，1998年，第268页。

② 吴宓著，吴学昭整理注释：《吴宓日记》第3册，北京：生活·读书·新知三联书店，1998年，第269页。

③ 刘盼遂：《上黄季刚师论〈说文〉重文书》，《学文》第1卷第4期，1931年11月，第35页。

研究院国文系

职员　OFFICERS

正干事 Executive	王　庸 Wong Yung
副干事 Assistant Executive	刘盼遂 Liu Pan-Sui
文书 Secretary	吴其昌 Wu Chi-Chang
会计 Treasurer	杨筠如 Yang Yun-Ru

级史 HISTORY

　　清华学校自改变教育方针后，大学普通科与研究院国文科同时筹办。当时聘定梁任公、王静安、赵元任、陈寅恪、李济之诸先生为研究院教师，并延吴雨僧先生为主任。投考者慕名而来，不远千里。今计来院肄业者，浙江六人，河南、湖南各五人，四川、江苏各四人，安徽三人，江西二人，吉林、直隶、湖北各一人。其中研究文化史者九人，经学五人，小学五人，古文字学四人，上古哲学三人，近世哲学三人，目录学二人，诸子一人。各省各科之学员，济济一堂，相与切磋砥砺；而又分道扬镳，不相因袭。程朱、陆王、许郑、韩柳、班马、老庄、马克斯、柯芨基，纷然杂陈；三纲五常以至共产革命，兼程并进。虽或高谈韡辩，刺刺不休；而情至谊笃，亦可谓学术上之乐事矣。至于团体生活，除与清华全校同学合作外，又组织一研究院同学会，月开常会一次，藉以交换智识，联络感情。其于本院全体同学有共同关系之事故，亦由该会公议办法而进行之。

文后收录先生等清华学校研究院第一期学生共 31 人的个人单身照片（所缺一人为杨世恩），以及研究院所在清华学堂、宿舍与院内风景照。

　　编者按:此为清华国学研究院第一期学员最早的影像集，因第一期毕业合影人数亦不全,故此影像集颇为珍贵。

是年，在赵元任课上曾询问“厾”字意义。浦江清《清华园日记》“1929年2月14日”条曾追记道：

> 上午读《缀白裘》,前刘盼遂君在研究院中曾问赵元任博士以“厾”字,余亦在座,众人俱不识此字。今悉此字在《缀白裘》中甚多,当是苏语之“哚”字。刘想亦在此书中见之耳。①

编者按:浦氏道此事只言“前”,未言具体年月,查《赵元任日记》亦未见记此事。考浦氏1926年8月入清华学校研究院做助教,1928年先生已入燕京大学做讲师,则此事大致发生在1926年8月后至1927年之间,今暂系于1926年。

是年，结识尚在北京高等师范学校读书的王重民，成一生挚友。

民国十六年丁卯(1927)　先生三十二岁

在清华学校研究院读书。

1月4日(丙寅涂月初吉)，作《说文声谱自序》。

编者按:该序中说:“刘子居都二岁,端居多暇。辄取《说文》九千字,依声比次,成《说文声谱》三十六卷……以守温三十六声母为经,而纬以陆法言二百六韵,使检声而得韵,检韵而得字,便籀寻也。”②则《说

① 浦江清:《清华园日记》,北京:生活·读书·新知三联书店,1987年,第36页。
② 刘盼遂:《说文声谱自序》,《国学论丛》第1卷第2号,1927年9月,第293页。

文声谱》当为一巨著,惜未刊,今亦不存。

1月31日(丙寅小除夕),为上年所撰《说文汉语疏》作补订,并作卷尾识语道:

> 书中所云"吾乡"者,皆指河南息县。许君为汝南人,息县于汉属汝南郡。故许君方言,今息县多有存者。丙寅小除夕,盼遂再志于清华园。[1]

年初(丙寅、丁卯之交)某日,同宿舍吴其昌问先生中国有无类似佛典的记数法,先生当时无以应。 1946年先生在《中国书中不规则记数法举例》一文中解释了这一问题,并回忆道:

> 昔在丙寅、丁卯之交,读书水木清华园,与亡友海宁吴子馨教授其昌共斋舍。予性枯寂,子馨偶荡,然相得无间也。子馨读《金刚经》六译本,中有"共半三十比丘百"之语,即鸠摩罗什译本之"与千五百人俱"之句。当时举以相诤:"中土有如此记数法不?"盼遂尔时蒙然无以应也! 暨后翻帑渐广,亦觉吾国文中记数有不甚规律化者,随时下签。[2]

春某日,到其师王国维家,先生谈汉石刻以证佛家飞天之说盛于两汉。 王国维举古铜器拓片兽口吞人事。 先生1939年在《百鹤楼读书札记》一文中回忆道:

> 丁卯春,侍坐永观堂,盼遂举《论衡》中事与汉石刻以证佛家飞

---

① 刘盼遂:《说文汉语疏》,《国学论丛》第1卷第2号,1927年9月,第146页。
② 刘盼遂:《中国书中不规则记数法举例》,《文艺与生活》第2卷第1期,1946年6月,第84页。

天之说,盛于两汉。先生因言:"在沪时,友人以铜器拓片相示,为一兽类口含一人,尚余其半,意为印度以西故事之流入者,惜未能深考。"盼遂近读《吕氏春秋·先识览》有云:"周鼎著饕餮,有首无身,食人未咽,害及其身,以言报更也。"则先生所见当即饕餮鼎之拓片矣。而先生已久归道山,终莫由证此快事,思之怆然。①

夏某日,梁启超邀研究院诸同学再游北海。此次未再邀请校外学人演讲,梁启超独与学生交谈,主要谈及做人的方法和做学问的方法。其谈话经周传儒、吴其昌整理为《梁先生北海谈话记》一文。

6月,《实学》杂志第7期出版。曹元弼题刊名。特载王树枏的《尔雅说诗》(续第6期)、马其昶的《抱润轩未刊稿:与黄绩宣书》、梁启超的《朱舜水先生年谱》、王国维的《蜀石经残拓本跋》。闻惕、吴其昌、先生、汪吟龙和唐兰有专著发表。文苑除研究院同学作品外,另有姚华、黄节、闻聪②、江朝宗、吴闿生、姚孟振、陈曾寿、江瀚、庞镜塘、郭昭文等人的诗文。该期先生的著作为《黄氏古音廿八部商兑》,诗为《枫树》《缄札》二首。

编者按:《黄氏古音廿八部商兑》是音韵学研究方面的一篇重要论文,提出了"古音划为二十六部"的观点,至今仍有供从事音韵学研究学者参考的价值。当代语言学家董树人先生曾对此文的内容和论证方式作专门介绍,甚为精确,此采录如下:

> 《黄氏古音二十八部商兑》全文共分三节。第一节简述黄侃古音二十八部是怎样得出的,后并列出"二十八部分韵正变表"。第

① 刘盼遂:《百鹤楼读书札记》,《文学年报》第5期,1939年5月,第203页。
② 闻聪(1898—1943),字百之,湖北浠水人。毕业于湖北省立第一师范学校。曾任蕲水县县长,抗战后期任四川省重庆市胜利折实公债劝募委员会秘书。闻聪为闻惕的同乡和湖北国学馆同学。参湖北省浠水县志编纂委员会编纂:《浠水县志》,北京:中国文史出版社,1992年,第764页。

二节讲述二十八部变声说。文中说，黄侃认为，二十八部古本音三十二韵反语皆用古本纽。可是《广韵》上声有许多是属变声的，又当作何解释呢？黄氏于民国庚申与湖南友人论治小学书中曾对此加以说明。黄氏说："大抵后人沾益，缀于部末，非陆君之旧。未可依是而撼及二十八部。"（载武汉高师《国学卮林》）刘盼遂在本文中又举出变纽十五字，加上黄氏与湖南友人书中所举，共得三十字。这些字，都与古音纽定则相违背。这究竟是怎么回事？黄氏说的道理是否正确？使人感到迷惑。他看到唐写本《王仁昫切韵》、《写本切韵》及唐写本《唐韵》后，取以参校《广韵》，才使问题得到了解答。这三十字，有十四字不见于陆、孙之书，其余或为古本纽，或疑为后人所加。证明黄氏推论是正确的。第三节，指出黄氏分古音为二十八部巨大贡献后，指出他的美中不足：(1)东冬不宜各部，宜并东于冬；(2)屋沃不宜各部，宜并屋于沃；(3)歌戈、寒恒、曷末三组皆宜合并，单称曰歌、曰寒、曰末；(4)泰为古本音，宜提升为部首，与末韵同居，以率去入韵祭夬废三韵；(5)谈盍皆为古本音，宜取出与覃合同居。根据上述五点，他并列出古音"二十六部配合表"。①

《实学》第 7 期"启事三"还预告第 8 期内容曰：

八期重要稿件除王晋卿先生、黄季刚先生有名著续登外，尚有唐蔚芝、梁任公、吴北江诸先生著作，并刘盼遂《世说新语校笺》、闻惕《庄子札记》、吴其昌《象形古义》、汪吟龙《文中子考信录续》等，特此预告。

---

① 董树人：《刘盼遂》，《中国现代语言学家》编写组编：《中国现代语言学家》下卷，石家庄：河北教育出版社，1989 年，第 82 页。

但实际上，第8期未能出版，《实学》自此停刊。

6月，研究院《国学论丛》创刊。主编为梁启超，后实际执行主编为陈寅恪。创刊号收梁启超《王阳明知行合一之教》、王国维《桐乡徐氏印谱序》及研究院学生吴其昌、杨筠如、徐中舒等15人论文，后附《研究院纪事》。先生论文为《淮南子许注汉语疏》。据该期《研究院纪事》对该院出版品的介绍：

> 《国学论丛》为本院定期出版品之一。内容除各教授著作外，凡本院毕业生成绩之佳者，均予刊载。由梁任公先生主撰。①

6月1日，研究院举办第二期学生毕业典礼。孙敦恒《清华国学研究院史话》记载：

> 本届毕业生完成了各自选定的专题研究课题，其成绩经王国维、梁启超、赵元任、陈寅恪四教授分别详细审阅后，提请教务会议审查。审查合格者30人，均给予毕业证书。②

研究院第二期学生毕业前，王国维曾赠先生《玉函山房辑佚书·小学类》等书若干部，手书对联一副。

编者按：该联于1966年8月抄家时被毁，内容今已不知。王国维赠先生《玉函山房辑佚书·小学类》为王氏手校本，有王氏亲笔考订文字甚多，今不知在何处。

6月2日，王国维自沉于颐和园昆明湖。

6月3日，先生同研究院同学20余人到颐和园，哭拜王先生遗

---

① 《研究院纪事》，《国学论丛》第1卷第1号，1927年6月，第302页。
② 孙敦恒：《清华国学研究院史话》，北京：清华大学出版社，2002年，第71页。

体，并护送至刚果寺。①

6月12日（夏五之十三日），购得《四部丛刊》影印宋刊巾箱本《广韵》。先生于书名页上题记曰：

> 丁卯夏五之十三日购得，可喜也。余前有遵义黎氏刻本《广韵》，后坿校记，而讹字仍多。此编讹字较少矣，而敚去卷前序录，且均字前后部往往连缀，不再提行，亦是一短。又按：《广均》与《玉篇》于宋太平兴国二年同时校上，今《玉篇》后有《四声五音九弄反纽图》，《广韵》独无，疑因后时佚去耳。又盼遂昔年作《广均序录校笺》时，究心于《反纽图》颇至，叩诸赵元任、黄季刚、王静安诸先生，皆不能悉。今记于此，待访于世之精于声均者。息县刘盼遂记于北京郭氏宅。时天气苦热，予怀失佳，所感非一尚矣。（末钤朱文"盼𣲾"印）

编者按：今见该本《广韵》，满纸皆先生手迹，批校之丰，考证之精，不亚于而今各《广韵》校本。知先生早年对《广韵》用力之大。

又按：此跋颇有值得玩味之处。先生于"夏五"往"郭氏宅"，疑暗含"夏五郭公"之意。《春秋·桓公十四年》"夏五"后脱"月"字，《庄公二十四年》"郭公"后无记，故后世有"夏五郭公"之典，谓文有残缺。此跋谓"此编讹字较少矣，而敚去卷前序录，且韵字前后部往往连缀，不再提行，亦是一短"，正与"夏五郭公"相对应，故先生有所感。

再按：跋中郭氏宅为何人之宅？编者疑即郭葆昌之宅。郭葆昌有女

名昭文①,自幼在家塾读书,1927年7月在《实学》第7期发表《盆梅》一诗,又曾作《小学考补目》,先生1928年1月撰成之《古小学书辑佚表》一文前序曾述及(详本谱"1928年1月22日"条)二人关于小学书补目的交流。据郭昭文手书《个人简历》,其入大学在1928年9月,可推断其在入大学之前便与先生熟识。今又见上海图书馆藏《实学》第7期郭氏《盆梅》诗上有佚名者批语曰:"盼遂之弟子。"则先生于1927年左右曾为郭氏授课? 今缺乏具体证据,姑存疑。

6月16日,参加在全浙会馆举行的王国维追悼会。 时陈寅恪行叩拜大礼,先生等清华同学亦同。

夏,研究院同学会编印《清华学校研究院同学录》。 梁启超题签,前有周传儒、吴其昌笔记《梁先生北海谈话记》,以为领起。 内分"师长""同学"两部分:"师长"收录研究院教师及工作人员照片;"同学"收研究院前两期同学小传、照片,附通信地址。 后有吴其昌跋。 先生作《吴其昌小传》《王竞小传》,先生本人小传则为吴其昌所撰。 先生在传中对吴、王二人颇多赞誉,称吴其昌精于宋学,"于宋圣近矣",学识造诣,即便是他与吴其昌同宿舍居住两年,交情莫逆,也不能遍知;称王竞"生性恬默,不甘譁嚣,乐学之德,若慕饥渴",且弃官来学,父子同入大学,日键户读书,一时美谈。 视王竞为清华国学院中"一副清凉散"。

吴其昌所撰《刘盼遂小传》如下:

盼遂以字行,其名铭志,其氏镠,河南息县人。余之所敬畏而兄

---

① 郭昭文(1907—?),字质之,河北定兴人。郭葆昌之女。自幼在家塾读书,1928年入郁文学校专修科,1930年入女子师范大学研究所,1933年毕业,后赴日留学。曾任辅仁女中、河南信阳上智中学等校国文教师。著有《习静斋诗词钞》《小学考补目》《古今丧仪之比较研究》等。参薛维维主编:《中国妇女名人录》,西安:陕西人民出版社,1988年,第409页。又参郭昭文手书《个人简历》。

事者也。余脱略，于人事多所忤，君必婉言以讽诱；或自颓慢，不省人事，君必庄色以督策。与君同室二年，余得有所严事疏放略检者，君与我老友侯君之力也。君之学，俨然乾嘉盛时诸经师，不宜在道咸以后者。不惟其昌所自却为不敢及，同学之中亦未敢有或之先也。君始从蕲水黄氏受音韵之学，专攻余姚章氏之书，以上探段、戴、江、顾之绪，突奥深微，知之明，见之灼。迨从海宁王先生游，帮习卜文有奇获，持是以理董泆长之书，盖世之所可语此者已鲜，况可期之于后进之列乎！君虽专精小学，然渊博有非常人可及者。校古书擘理入微，能似顾千里，所谓"于无字处谛宷者"。校一篇竟，必以示余，或抚掌大笑，或龂龂辨不休，日必如是，故二人一日相违，则索如也。余好哲理、历算、金石之学，独于音韵视为戒途，君必谆谆招绥，若教徒之播其教者，略饮余沥，舌矫而不敢下矣。君尊人际堂先生竺守程朱学，故君内行淳备，事亲尤称孝敬，回念孤露，未尝不怆然自怜也。世之知君者学而已，而君岂独以学胜者？君又尝从长汀江氏、固始秦氏游甚密，能受其学。历任山东女子师范、曲阜师范、河南光州中学、北京新民大学、燕京大学、开封中州大学等教授。所著书已刊者，有《说文汉语疏》《世说新语校笺》《后汉书校笺》《尔雅草木虫鱼释例补》《春秋名字解诂补正》等，另篇不计，未刊者多不复举，亦可以见其所有矣。

其昌

7月30日，研究院召开第13次教务会议。据孙敦恒《清华国学研究院纪事》，该次会议议决同意先生、姚名达、吴其昌、宋玉嘉、颜虚心、刘节、戴家祥、司秋沄、朱芳圃、谢念灰、侯堮十一人留校继续研究一年。①

8月27日晚，与同学姜亮夫访吴宓。《吴宓日记》当日载：

> 8—10刘盼遂偕姜寅清来谈。②

秋，兼任燕京大学国文系讲师。

编者按：1928年出版的《燕大年刊》前有先生照片，标注："国文学系讲师刘盼遂先生。"但未查得先生在燕大具体讲授何种课程。

9月，《说文汉语疏》《说文声谱自序》二文刊于《国学论丛》第1卷第2号。

9月6日晚，访吴宓。《吴宓日记》当日载：

> 又刘盼遂来，谈至十时后，始去。③

9月7日，研究院第三期开学，共有王省、吴宝凌、叶去非、罗根泽、蒋天枢、葛天民、储皖峰、张昌圻、门启明、蓝文征、马庆霁、裴学海、马鸿勋等新生13人，加上先生等留校继续研究学生11人，合计24人。④ 本年先生研究方向不明，导师为陈寅恪。

编者按：先生后与第三期中的储皖峰、蒋天枢、罗根泽、蓝文征等同学要好。

第三期主要课程除梁启超、赵元任、陈寅恪、李济在一、二期已

---

① 孙敦恒：《清华国学研究院纪事》，葛兆光主编：《清华汉学研究（第一辑）》，北京：清华大学出版社，1994年，第325页。

② 吴宓著，吴学昭整理注释：《吴宓日记》第3册，北京：生活·读书·新知三联书店，1998年，第396页。

③ 吴宓著，吴学昭整理注释：《吴宓日记》第3册，北京：生活·读书·新知三联书店，1998年，第401页。

④ 孙敦恒：《清华国学研究院史话》，北京：清华大学出版社，2002年，第74页。

开课程外，陈寅恪又新开"梵文文法"。 另聘请林志钧（宰平）为特别讲师，讲授"人生哲学"。

编者按：先生对林先生尤其敬重，至林先生去世前，几乎每年新正都以弟子之礼往林先生家拜年。林先生之子林庚1930年转入清华大学国文系，先生曾给林庚一班上课，林庚也几乎每年新正都以弟子之礼往先生家拜年。此亦学界一段尊师佳话。

9月10日（丁卯中秋），代友人作《与琴依书》。 后先生友人以琴依回信见示，"其文哀艳激越，苦不自胜……即置之《乖庵集》中，亦成佳话"①。 先生遂在次年春补作一跋，后连同原书刊于河南中山大学《励学》第3期。

编者按：此友人与琴依未知何许人也，尚待考查。

9月30日，同学刘节撰成《洪范疏证》一文，后发表于《东方杂志》。 该文在论述《尚书》二十八篇部分篇目用韵问题时曾引先生观点而举证之。 以有关学术问题，节录如下：

> 二十八篇自《尧典》至《汤誓》诸篇多有韵句，惟《禹贡》与《洪范》最多，几全篇协韵。此"成"与"明"叶，及上文"明"与"恭""从""聪""容"叶，下文"强"与"同""逢"协，皆非古与《诗经》不同。同门息县刘盼遂精习古音，云："战国时东、阳、耕、真诸韵多相叶，例在《荀子》最多，《老子》亦然，《诗经》则分别甚严。"兹取其说，略举数例以明之。②

10月4日（丁卯重九），作《观堂学礼记序》，追忆其师王国维生前讲授《礼经》情状，哀思感伤之凄零之极。 其序曰：

---

① 刘盼遂：《与琴依书》，《励学》第3期，1929年6月，第83页。
② 刘节：《洪范疏证》，《东方杂志》第25卷第2号，1928年1月，第69页。

先师海宁王先生,学综内外,卓然儒宗。而于甲部之书,尤邃《书》《礼》。比岁都讲清华园,初为诸生说《尚书》二十八篇。盼遂既疏刺之,成《观堂学书记》矣。大抵服其树义恢郭甄微,而能阙疑阙殆,以不知为不知,力剗向壁回穴之习。此则马、郑、江、段之所未谕,询称鸿宝。今年春,复说《礼经》十七篇。甫至《士丧》下篇,适暑假休课。方意下季赓续毕业,而先生遽沈身御园,蹈彭咸之遗则。哀哉!盼遂一年来,复牵于人事,时作时辍。于先生所讲述者,匪能全录。微言精指,多所沦越。由今日写定此篇,不觉承睫湁焉,悼先生亦自咎也。然此区区数十叶中,固已精光艳耀,一字一珠。宁可以其少而忽之欤?嗟乎!梁木其坏,吾将安放?口泽犹新,怳接謦欬。怀方之礼,虽付诸戚衮;而《韩集》之编,自作于李汉。凡我同门,盖共勖诸。丁卯重九日心丧弟子息县刘盼遂谨序。①

10 月 17 日晚,访吴宓。《吴宓日记》当日载:

晚刘盼遂来谈,7—8 论今日学校之弊。②

11 月 3 日,上午吴宓招先生谈话。《吴宓日记》当日载:

上午 9—10 招刘盼遂来谈。告以(一)评议会无取消研究院意,不必攻击机关。(二)张孟劬、黄晦闻二先生,品德高尚,并无来清华之意。曹校长如提其名,亦系偶闻宓言。幸勿攻击及于二先生,致损二先生清名盛德云云。刘颔之。刘及吴其昌,盖力主以梁长校

---

① 王国维讲授,刘盼遂笔录:《观堂学礼记》,《国学论丛》第 1 卷第 3 号(《王静安先生纪念号》),1928 年 4 月,第 227 页。
② 吴宓著,吴学昭整理注释:《吴宓日记》第 3 册,北京:生活·读书·新知三联书店,1998 年,第 422 页。

者,其行事亦有但求成功、不计手段之嫌。呜呼难哉![1]

编者按:在学校建设和管理方面,清华校长曹云祥与校评议会本多不和。是年先是因"旧制高三、高二学生提前出洋"事,曹云祥与教务长梅贻琦及评议员发生矛盾;又北洋政府外交部颁布改组清华董事会章程,梁启超被聘为新董事,而研究院学生王省不满梁氏长期缺课,向校评议会反映并投书报纸,梁氏遂提出辞职,引发校内"挽梁"运动,后王省被开除,与此事有关联的教授朱君毅辞职,外交部又派专人到清华调查,曹云祥校长之职岌岌可危。陈寅恪等教授赞成梁启超任校长,《吴宓日记》载:"寅恪力主梁任公来长校,远胜于曹。"[2]得到研究院学生支持,加之学校一直有取消研究院之议,遂成"倒曹"之风。吴其昌与先生等研究院学生为此多有动作。后曹云祥在各方压力下,于次年1月正式辞职。详情可参《吴宓日记》记述和孙敦恒等先生的相关研究。

11月下旬,清华学校干事部因原伙食委员"办事困难,多向该部辞职"[3]而致函各级,从速派定新的伙食委员,以便伙食委员会早日成立。当月,先生被研究院同学推举为校干事部第二院伙食委员会委员。12月2日出版的《清华周刊》有相关报道:

伙食委员会　前本刊载干事部设伙食委员,前悉各级伙食委员均已选出:大三级为丁而汉君、汤象龙君;大二级为黄廷鉴君、仓传钧君;研究院为刘盼遂君;大一级为刘璇天君;旧大一级为牟鼎同君;高三级为朱驭欧君。闻干事部曾于上周五召集开会,当即由丁、

①吴宓著,吴学昭整理注释:《吴宓日记》第3册,北京:生活·读书·新知三联书店,1998年,第430、431页。

②吴宓著,吴学昭整理注释:《吴宓日记》第3册,北京:生活·读书·新知三联书店,1998年,第430页。

③《清华周刊》第28卷第10号(即第422期)"新闻",1927年11月25日,第503页。

汤、黄、仓四君组织第三院伙食委员会，推丁而汉君为主任；第二院
伙食委员会，因刘盼遂、朱驭欧二君未到，故尚未组织，在该会未成
立前干事部特请牟鼎同君，暂负一切责任云。（颖）①

先生后因事忙，推去研究院伙食委员之职。研究院伙食委员一职
后改选第二期学生司秋沄担任。②

是年，曾应梁启超之邀，与吴其昌、谢国桢、蒋复璁等人参与梁
氏主编的《中国图书大辞典》的编纂工作。后因梁启超身体欠佳，工
作逐渐暂停，书未成。蒋复璁曾记道：

> 教育改进社请北京图书馆编《论语集目》《孟子集目》《四书集
> 目》，以研究古代教科书。我遵照办了，送请梁先生审核，他说很好，
> 就照这个办法，他要编制《中国图书大辞典》，他邀请了几个学生如
> 吴其昌、刘盼遂、谢国桢诸先生在他的家中工作。因他才大，好跑野
> 马，他编诗的目录，就写《陶渊明》；他编词的目录，就写《辛稼轩年
> 谱》。谢国桢的《晚明史籍考》，也在那个时候开始，后来在北平图
> 书馆完成的。关于簿录是梁氏亲自写的，发表在《图书馆学季刊》。
> 其他稿件及目片都放在北平图书馆，这是梁氏晚年未完成的
> 工作。③

是年起，与唐兰逐渐相熟。唐兰是先生清华同学吴其昌、侯堮、
吴宝凌在无锡国专时的同学，亦是王国维早年弟子。时唐兰在天津任
教，常到京访友，与旧日国专同学及先生交游，他在 1927 年 11 月 26

---

①《清华周刊》第28卷第11号（即第423期）"新闻"，1927年12月2日，第540页。
②《清华周刊》第28卷第12号（即第424期）"新闻"，1927年12月9日，第581页。
③蒋复璁：《六十年的图书馆员生活——在美国国会图书馆讲演》，北京图书馆文献信
息服务中心剪辑：《图书馆学与目录学研究（2）——台港及海外中文报刊资料专辑
（1986）》，北京：书目文献出版社，1987年，第68页。

日致吴宝凌的信中曾略及其与吴其昌、侯堮和先生的学术交游之事，内容虽是劝说吴宝凌，亦足供学人借鉴，节录要语如下：

> 弟曾数言治学以宏为贵，心宏然后烛理能周遍，则如芷馨之勇于勤，芸圻之惇竺，盼遂之专，皆我师也。与芷馨游则学芷馨，与芸圻游则学芸圻，与盼遂游则学盼遂，如此则将日见诸人之不可及而我亦稍具诸人之长矣。故曰：以友辅仁也。①

民国十七年戊辰（1928）　　先生三十三岁

春夏，在清华学校研究院读书，兼任燕京大学国文系讲师。

1月15日，《申郭象注〈庄子〉不盗向秀义》、诗《效李义山中元之作》二首刊于《文字同盟》第10号。该刊前《本号撰作者略历》介绍先生曰："刘盼遂，燕京大学国学教授。"《申郭象注〈庄子〉不盗向秀义》一文，以"向本与郭本篇卷之不同""向本与郭本章句释义之不同""康王之前后学者均无是说"三事，证《世说新语·文学》篇所谓"向秀为《庄子解义》，惟《秋水》《至乐》二篇未竟而卒。郭象遂窃以为己注，乃自注《秋水》《至乐》二篇，又易《马蹄》一篇，余直点定文句而已"②为不实。

1月18日晨，访吴宓。《吴宓日记》当日载：

---

① 唐兰：《致吴芸阁八》，《唐兰全集》第12册《书信·诗词·附录》，上海：上海古籍出版社，2015年，第31页。

② 刘盼遂：《申郭象注〈庄子〉不盗向秀义》，《文字同盟》第10号，1928年1月15日，第23页。

9—10 刘盼遂来,谈经学沦亡之可忧。①

1月22日夜（丁卯岁除之夜），撰成《古小学书辑佚表》一文。其前序叙述编纂此表原委道：

> 《古小学书辑佚表》,盖继定兴郭质之女士《小学考补目》而作也。女士天资开圈,降意丘索,尤耽扬、许之业。尝以南康谢氏《小学考》一书,卷袠繁虺,幡检成劳,为补细目四卷。予览而善之,因更广稽群籍,于考中著录及未著录亡佚诸书,凡有辑本,或新发见者,皆楬橥眉端,大氐取材于任幼植《小学钩沈》,马竹吾之《玉函山房辑佚书》,黄右原之《汉学堂丛书》,顾震福之《小学钩沈续编》诸书,再益以师友间所闻见者,而盼遂拟著之《小学钩沈三编》稿本,亦阑入焉,凡得书无虑三百余种,足云奢矣。女士偶睹此稿,则以为有便学者,不须獭祭之劳,克奏狐白之美,亟怂恿写定一编,并颜曰"古小学书辑佚表",传诸艺苑,或亦小学元士之所不废欤? 丁卯岁除之夜,息县刘盼遂叙于西郊清华园。②

编者按:据《古小学书辑佚表》一文中所述,先生与其弟铭恕当时在古小学书辑佚方面做了大量工作:先生已辑成者,有《玉篚》一卷、庾俨默《演说文》一卷、《四声字苑》一卷、陆机《纂要》一卷、戴逵《纂要》一卷、梁武帝《千字文注》一卷、《桂苑珠丛钞》一卷、释远年《兼名苑》一卷、无名氏《兼名苑注》一卷、孙恱《唐韵叙目》一卷、薛峋《切韵》一卷、王存

---

① 吴宓著,吴学昭整理注释:《吴宓日记》第4册,北京:生活·读书·新知三联书店,1998年,第11页。

② 刘盼遂:《古小学书辑佚表》,《北大图书部月刊》第2卷第1、2期合刊,1930年3月,第19页。

义《切韵》一卷、义云《切韵》一卷、《释氏切韵》一卷，共 14 种 14 卷，另有《方言要目》数条已从日本《倭名类聚钞》中录出，《广雅佚文》廿余则尚待写定；其弟铭恕则辑有《玉篇佚文》、王安石《字说》各一卷。二人于此道可谓用力弥深。如当时刊出，当可嘉惠学林，惜未见付印，原稿今不见，亦是憾事。

2 月 13 日下午，参加研究院同学会，会议决定"筹办王静安先生纪念事宜委员会"。先生及宋玉嘉、戴家祥、侯堮、姚名达等五人被推举为筹办委员。《清华周刊》记道：

研究院同学会

该会于二月十三日下午一时本学期开第一次常会，出席会员十六人，已足法定人数，乃照章改选职员，议决议案，直至四句钟始散会。兹就访询所得，照录于下：

（一）选举结果

主　　席　罗根泽

副主席　蓝文征

文　　书　门启明——门君未到会，蒋天枢君代

会　　计　宋玉嘉

（二）议决案

甲　议决组织"筹办王静安先生纪念事宜委员会"，设委员五人，宋玉嘉、戴家祥、刘盼遂、侯堮、姚名达五君当选。议决纪念物品有二：

一、树纪念碑于校内，请名人撰书碑文，并拓印若干份，并赠海内外各学术团体，以留永久之纪念。

二、铸金属纪念铎，镌"纪念王静安先生"字样，以分赠海内外各有名学术团体。

乙　速开谢念灰追悼会——谢君逝世，已志本刊第四百二十八

期——俟与安岳旅京学会，及与谢君生前有关系各方面接洽后，即定期开会追悼。①

2月15日，《世说新语校笺叙》刊于《文字同盟》第11号。

2月到3月，吴其昌游大连、青岛、威海等地，多有书寄清华同学好友储皖峰和先生等人。储皖峰将吴其昌书信中的一首《临江仙》刊发在《清华周刊》第29卷第7号（即第433期）上，原诗并附记如下：

临江仙

威海崴舟中晚望　W.T.S.

新碧柔蓝烟拥水，茫茫绿上行舟。凄迷一发认神州。疏疏青数点，远屿没沙鸥。　零乱晚霞连又断，天涯各自漂流。消魂都是在层楼。斜阳红似梦，天际落轻愁。

词后附记：

"消魂"三句，□颇自喜，逸庵、表弟，以为何如？

原书代邮：

一厂、达人、盼遂、芸圻、云阁、子植、幼和、耘僧、荫谷、根泽、文征、章钦、庸帆诸公鉴：

拙词一首奉呈

教正！日已达青岛矣。

纸尾赘语：

词客南旋，期近三礼拜，自大连、青岛，均有来书，历述游览各地胜景并附录旅中所得词什，兹录其《临江仙》一首，或亦诸朋好所乐睹欤？迩想南中春色大佳，词客奚囊当收拾不少资料，《待焚词》集

---

① 《清华周刊》第29卷第3号（即第429期）"新闻"，1928年2月24日，第221页。

中,又不知增几许新什矣。(夆)①

3月4日晚,访吴宓。《吴宓日记》当日载:

> 晚7—10刘盼遂来谈,谈《红楼梦》一书艺术及理想之高妙等事。②

3月12日,参加本年研究院同学第二次常会,辞去"王静安先生纪念事宜委员会"委员职务。 在会后的娱乐环节,先生表演吹箫、讲笑话。 3月23日出版的《清华周刊》报道:

研究院同学会

第二次常会补志:同学会于本月十二日开第二次常会,到会会员十六人已足法定人数,由主席罗根泽君报告前次成立之"王静安先生纪念事宜委员会"委员刘盼遂、宋玉嘉、戴家祥、侯堮四君辞职,提向大会讨论,结果付表决,多数通过。改选姚名达、戴家祥、蓝文征三君为新委员,负任办理一切事务。又同学会文书门启明、会计宋玉嘉辞职,经多数通过,改选侯堮为文书、颜虚心充会计。继为余兴。是日因同学中有新自故乡来者,相聚一堂,兴趣极好,遂请刘盼遂君吹箫,宛有"赤箫吹罢好相携"的神气,因刘盼遂为李义山派也。又请刘节君吹笛,吴宝凌君读诗,姚名达君与戴家祥君舞蹈,全体哄堂。最有趣者为戴家祥君之潄碗打螺陀,罗根泽君之昆曲,刘百鹤君之引狗笑话,皆使人兴致勃勃,欢呼"再来一个"不置。追散

---

① 《清华周刊》第29卷第7号(即第433期)"文艺",1928年3月23日,第509页。
② 吴宓著,吴学昭整理注释:《吴宓日记》第4册,北京:生活·读书·新知三联书店,1998年,第31页。

会时,已达夜十时半矣。①

编者按:此报道中之"刘百鹤君"亦是先生,因先生斋号"百鹤楼",同学亦称先生为"刘百鹤"。先生辞去"王静安先生纪念事宜委员会"委员一职,盖已计划于当年夏季毕业后离京谋职之故。

3月20日下午,访吴宓。《吴宓日记》当日载:

下午1—2刘盼遂来谈。②

4月,《观堂学礼记》(笔录王国维讲授)刊于《国学论丛》第1卷第3号《王静安先生纪念号》。

4月4日(戊辰寒食),撰成《由〈天问〉证〈竹书纪年〉益干启位启杀益事》一文。该文对《天问》中"启代益作后,卒然离蟨""何启惟忧,而能拘是达""皆归躲篶,而无害厥躬""何后益作革,而禹播降"四句作考释,认为其叙述了"益干启位,启反攻而杀之"这样一段史实,以证《竹书纪年》"益干启位、启杀益事"的相关记述。

4月5日晨,访吴宓,建言吴宓重新担任研究院主任。《吴宓日记》当日载:

晨8—9刘盼遂来,所谈与昨晚侯、刘同。③

---

① 《清华周刊》第29卷第7号(即第433期)"新闻",1928年3月23日,第521页。
② 吴宓著,吴学昭整理注释:《吴宓日记》第4册,北京:生活·读书·新知三联书店,1998年,第37页。
③ 吴宓著,吴学昭整理注释:《吴宓日记》第4册,北京:生活·读书·新知三联书店,1998年,第44页。

4月5日当日为清明节，梁启超"导同学祭静安于清华茔地"。《罗根泽自传》曾言及此事，并记有梁启超与先生要语：

> 清明节，任公先生导同学祭静安先生于清华茔地，于墓前谓静安先生学博而精，旷绝今古，不惟才高力勤，亦以有热烈感情、冷静头脑。惟情感热烈，故治学之趣味涌溢；惟头脑冷静，故著论之态度谨严。二者相反，适以相成。又言君等既幸登一代大师之门，即应淬砺奋勉，继往开来，不宜妄自菲薄、畏葸偷惰。余由是且喜且惧，誓以一生之力尽献学术。同学刘君盼遂曰，学无根柢者不能来此，学有根柢者不能来此，学有根柢者亦待来此而后宏放。然后知宋苏辙谓"见翰林欧阳公，听其议论之宏辩，观其容貌之秀伟，与其门人贤士大夫游，而后知天下之文章聚乎此"者，为不误也。①

4月15日，《世说新语校笺凡例》刊于《文字同盟》第13号。
4月19日，访吴宓。《吴宓日记》当日载：

> 归后刘盼遂来，8—10谈久始去。所谈为拟改组本校国文系事。宓又蹈失言之讥。②

6月（戊辰五月），写定《释因茵等十四文》。
6月2日（四月之望），陈寅恪赠先生王国维所著《鞑靼考》（清华学校研究院丛书之一，铅印本）一部。先生于该书末页朱笔记曰：

---

① 罗根泽：《罗根泽自传》，李孝迁、任虎编校：《近代中国史家学记》（上），上海：上海古籍出版社，2018年，第552页。
② 吴宓著，吴学昭整理注释：《吴宓日记》第4册，北京：生活·读书·新知三联书店，1998年，第50页。

戊辰四月之望,陈寅恪师以是书见赠。盼遂。

6月6日,《由〈天问〉证〈竹书纪年〉益干启位启杀益事》刊于《国立中山大学语言历史学研究所周刊》第3集第32期。

6月10日,《上黄季刚师论重文中段借书》刊于《燕大月刊·周年纪念刊》。

编者按:今深圳寄梅堂主人藏有先生抄录《国粹学报》第1卷第1期所刊之《许印林致杨实卿书》,用"北京清华大学研究院用笺"抬头红格纸,其中有先生按语两段:一为"盼遂按:镵编《中州金石目》八卷,积学斋刻本二册";一为"盼遂按:'记'者,盖家申叔也"。据《许印林致杨实卿书》内容涉及《说文》重文及先生用笺推断,当抄录于《上黄季刚师论重文中段借书》之前。

6月11日晚,访吴宓。《吴宓日记》当日载:

10—11 刘盼遂来谈。①

6月12日,《〈诗·蝃蝀〉篇韵述》刊于《燕大月刊》第2卷第3、4期合刊(后收录于《文字音韵学论丛》时改名为《〈诗·蝃蝀〉篇"远兄弟父母"韵说》)。该文举古籍中五个"倒文协韵"例,考证《诗经·蝃蝀》第三章"朝隮于西,崇朝其雨。女子有行,远兄弟父母"中的"远兄弟父母"一句应为"远兄弟母父"。

6月中旬,清华学校研究院举行第三期毕业典礼。未公布成绩。② 先生未再留校续读。离校前,梁启超集韩愈和李商隐各一诗句成一联,手书赠之,联曰:"楼头圆月不共宿,世路干戈惜暂分。"此

---

① 吴宓著,吴学昭整理注释:《吴宓日记》第4册,北京:生活·读书·新知三联书店,1998年,第74页。

② 孙敦恒:《清华国学研究院史话》,北京:清华大学出版社,2002年,第76页。

联先生后来一直珍藏，常在家中独自吟诵。

6月下旬，作《落花感王静安先师练日作》，以悼念其师王国维逝世（丁卯五月初三）一周年。 此诗先后刊于当年7月出版的《学衡》第64期、当年11月出版的《励学》第2期《百鹤楼诗存》及次年6月10日出版的《大公报·文学副刊》（在吴宓为悼念王国维而作《落花诗》之后）。 收入《百鹤楼诗存》时有序，全诗如下：

落花诗有序

先师违世之前，数为人书陈太傅《落花诗》，岂非芥虎蒲蛾，有相感致之理与？今值先师小祥之祭，泾阳吴君视我挽章，怵然动于中怀，因当《落花》一首，略抒哀轸。其本事造辞，世多有解者，不悉注出之也。

芳林园内雨霏霏，忍使秋姿一宿稀。

入世未甘风作壻，点波赖有藻为衣。

朱旛照夜真何益，青帝休春且好归。

愿就香泥供燕子，结巢犹得近云帏。

7月14日上午，访吴宓。《吴宓日记》当日载：

9—10 刘盼遂来谈。①

7月16日上午，访吴宓。《吴宓日记》当日载：

---

① 吴宓著，吴学昭整理注释：《吴宓日记》第4册，北京：生活·读书·新知三联书店，1998年，第89页。

10—11 刘盼遂来,携诗备选登。①

编者按:所携之诗疑即《落花诗》。

秋,研究院同学侯堮返乡。 先生送别,并作《送侯芸圻南归》一首。 诗曰:

> 侯子东南美,玙璠自少年。
>
> 跃踪曲台后,易究蜀江前。
>
> 怜我情无匹,高谈夜不眠。
>
> 孤鞍从此去,是处慎风烟。②

秋,正式离开清华学校研究院,到开封河南中山大学国文系任教授,讲授《说文》《尔雅》《文选》等课程。 时河南中山大学又被称作"国立第五中山大学",系 1927 年由原中州大学和其他几个专科学校合并组成的,成立之初有文、理、法、农四科。 由于刚经历过国民大革命,学校尚处于恢复期,教师资源也很匮乏。

编者按:据先生在北师大任教时的弟子周笃文先生回忆,先生晚年曾提及初到河南任教时的情景,当时先生受聘为教授,是"坐着轿子,由两人抬到河南大学校门口。到了门口,轿夫说'老爷请下轿',方入校门"。此可见当时河南风土人情。

幼弟刘铭恕此时亦从家乡来到开封,随先生在河南中山大学旁听学习。③

---

① 吴宓著,吴学昭整理注释:《吴宓日记》第 4 册,北京:生活・读书・新知三联书店,1998 年,第 90 页。

② 刘盼遂:《送侯芸圻南归》,《励学》第 2 期《百鹤楼诗存》,1928 年 11 月,第 74 页。

③ 刘长文:《刘铭恕先生传略》,《刘铭恕考古文集》,郑州:河南人民出版社,2013 年,第 1637 页。

语言文字学家于安澜青年时在河大读过书，正值先生在该校任教。于先生在晚年所写的《自传》里回忆道：

> 到一九二七年大革命，直军溃散，国民军占领河南，学校在办短期训练班（党义训练班、党政训练班）。到十月以后，大专学校合并，取消中州大学，合并农专和法专两校，成立了河南中山大学。由于学校当时财政奇绌，请不到教授（一度只发三十元生活费），特重军事操。我在一九二八年春季灯节后来汴续学，到校一了解，中文系只有段凌辰一位先生，开不出课。……到秋季开学后又来续学了。这时教师来了个刘盼遂，讲文字考据。段凌辰、王志刚任诗词。[1]

初到河大，先生曾生病一场。时清华好友吴其昌任教南开大学，是年孟秋回清华访颐和园，感慨颇多，回津后作《蝶恋花》一词，词序中略及与先生旧日游园及先生是年在开封卧病情况，节录如下：

> 余于十四年夏，北来京华，读书清华学院，往来经圆明园官道。时园虽已废，而景福门巍然尚存。门内有白石圆桥，形制高雅，镂刻精奇。门外影壁殿角皆仍完好，白石驰道，斜卧芳草。古柏约七八本，貌皆奇古，枝横巅平，如王叔明画。残阳欲下，秋飔初动，驱车一过，客魂为断。每与盼遂、以中低回其中，盼遂歌禾黍之什，以中颂芜城之赋。当时游观，岂知今又成梦。戊辰孟秋，余重入燕都，宁省故校，旧途重经，景福门既已斥卖无遗，下及辇道白石，悉数撬掘。十里官墙，但余累累荒砾，晚烟迷霭，乃如丛冢。古柏已拔本诛根，鬻于樵肆。土人种高秫其地，长与屋等，密可藏牛。此余前后一人

---

① 于安澜：《于安澜自传》，《晋阳学刊》1990 年第 2 期（总第 59 期），第 86 页。

所见，为之失声几哭。故友亦复云烟四散，盼遂卧病于大梁，以中削迹于秣陵。又复燕都南迁，衣冠空北。日惟与永嘉刘子植相依而已。①

10月，《世说新语校笺》（依明袁氏嘉趣堂本）、《〈文选〉篇题考误》（依《四部丛刊》景宋刻六臣注本）二文刊于清华学校研究院《国学论丛》第1卷第4号。

《〈文选〉篇题考误》以涵芬楼影印宋刻六臣本为底本，注意到《文选》篇题命名、格式、体例、脱漏等方面问题，订正错误一百余处。

《世说新语校笺》全文计32000余字，是先生早年重要且颇具影响的学术成果之一。该文以明代袁氏嘉趣堂本为底本，参照凌瀛初刻批点本、罗振玉影印的日藏唐写本《世说新书》残卷，对《世说新语》一书及刘孝标注文的28篇计177条内容进行了校订和笺正，其目的在于"齐方言之儴牙，核史事之情诬，补参军所未备，绎辟呞之队欢，此盼遂之志也。至其驳文异字，靡伤弘惜者，概不下签"。也就是说，他校笺此书是在尊重原文的基础上，主要做三项工作：一是疏通词义，对书中六朝时的俗语方言进行考释；二是对书中涉及的人物史料进行甄别；三是对刘孝标的注语进行订正和补充。当今学者认为，《世说新语校笺》是"民国以来有关《世说》的第一部重要著述，因其刊发于兴起不久的现代学术杂志，故可视为'世说学'由古典进入现代的标志"②。

编者按：今北师大图书馆藏有先生《世说新语校笺》稿本一部，包括总论校笺凡例、正文及后叙三部分，计118页。关于此稿本的来源，河北

---

① 吴其昌著，吴令华编：《吴其昌文集》第5册《诗词文在》，太原：三晋出版社，2009年，第32、33页。

② 刘强：《〈世说新语〉研究史论》，上海：复旦大学出版社，2019年，第307页。

师范大学文学院的石勖言先生曾与编者合写一文，节略如下：

　　1992年冬，时任北师大图书馆副馆长的于天池先生收到研究生同学、时在四川师范大学中文系任教的万光治先生（1978级）的一封信，信中说：

天池兄：

　　近好！

　　我校古代文学所罗焕章先生于50年代，在成都地摊偶然购得刘盼遂先生《世说新语校笺》（依明袁氏嘉趣堂本）手稿一册。其书前有"总论校笺凡例"，末缀以"后叙"。"后叙"作于丙寅年九月廿八日，北京清华园；落款为：息县刘盼遂。全书凡三种字迹，行书当为刘先生墨宝。全书内容完整，线装，内有夹笺若干，据罗先生言，决无遗失。

　　罗先生今年已退休，决定将此稿奉赠师大图书馆。依愚见，此书甚有价值。若贵馆同意接收，是否可给予该先生以适当形式的奖励。此书现在我手中，获信后当即寄奉；至于贵馆有何表示，可直接与罗先生联系。

　　即颂

大安！

光治

十二月五日

问尊夫人及令公子好！

　　于先生看到此信后又吃惊又欣喜。因为他本人是在1964年考入的北师大中文系，当时刘盼遂先生还在系中上课。他是李长之先生之婿，与李长之之女李书合写过《李长之传略》，其中有李长之建议系里给刘先生配助手的记述。80年代，刘盼遂先生被抄家发还的部分藏书曾暂置于北师大中文系资料室,他对此情况也比较了解。于先生当即与万光治先生联系,取来此稿,之后与时任馆长曹才翰先生等商议,决定了保存此手稿的办法。他在万光治先生的信封上用铅笔写道:"此书做善本处理。天池。"并给馆里负责此类事项的董乃强研究馆员写信道:"此书为刘盼遂先生稿本,非常珍贵,是四川师范大学老先生捐赠的。我已与曹才翰馆长商议,除写封感谢信,并证书外,另付伍拾元收购费。"

董先生收到信后,按照馆里的决定进行了办理。第二年夏,他收到了手稿原藏者罗焕章先生的信:

董乃强同志:

你们寄来的信、感谢信和伍拾元均已收到,诚谢。

关于刘盼遂先生《世说新语校笺》手稿,是很名贵的,因为它越名贵,越应找到它的"家"。我得知刘先生是北师大名教授,才托万光治先生转交给你们珍藏。

这份手稿曾经遭劫难,在"文化大革命"的"破四旧"的腥风岁月里,被人置入查抄物资书籍的垃圾堆中,我在被批斗之暇,带着伤心的苦痛,偶然发现这份混入泥沙中的珍品,拾起来,拂去它满身污垢,精心地保藏起来,今天愉快地交给你们了,我也心安了。

我是崇敬刘先生的。保护好刘先生的手迹,是有重大意义的。

我感谢你们对我的尊重,友好相待。来日,若有机会,再拜候馆长和你们。

致以

敬礼。

罗焕章

1993.6.20

以上三通信今皆存留,与《世说新语校笺》的稿本放在一处,藏于北师大图书馆古籍善本室。通过这三封信的内容我们可以了解到,罗焕章先生是在"文化大革命"期间,从被查收的故纸堆里发现的这部稿本,并收藏了近30年。他与万、于、董三位先生为保存现代国学名家遗墨所作的贡献,应当为学人所知。①

11月,《董彦堂母太君寿叙》(为贺董作宾之母王老夫人六十五岁大寿所作)、《百鹤楼诗存》刊于河南中山大学《励学》第2期。 该刊此期又特设《介绍国学名著》栏目推介先生,并附《刘盼遂先生著稿目录》如下:

介绍国学名著

刘盼遂先生国学深邃,尤精音韵,问学于黄季刚、王静安二先生,尽得其秘奥。近来著作尤富。先生雅不欲问世,同人等一再索求,始蒙允许先印以下三十种。现已付印,公诸同好。治国学者当先睹为快也。

刘盼遂先生著稿目录

观堂授书记

观堂学礼记

说文汉语疏

　　附淮南许著汉语疏

说文重文疏

说文声谱

观堂古文字学笔语

观堂说文笔〔语〕

---

① 马千里、石勘言:《刘盼遂先生〈世说新语〉整理成果的发表过程及遗稿的下落》,《中国出版史研究》2021年第1期,第157、158页。

春秋名字解诂补〔正〕

尔雅草木虫鱼鸟兽疏补

甲骨文中殷商庙制征

广韵叙录校笺

黄氏古音二十八部商兑

反切不始于孙叔然考

反切原名

后汉书校笺

王怀祖、伯申父子年谱

高邮王氏父子著述考

王怀祖治学语辑

古小学书辑佚表

补南齐〔书〕宗室表

日本：唐才子传校

世说新语校笺

《文选》篇题考误

庄子天下篇校笺

荀子正名篇校笺

天问校笺

论衡校笺

杂文三十首

古今体诗若干首①

编者按：上述河南大学励学社付印之先生著稿计 30 种，除文题出入外，《反切原名》《日本：唐才子传校》及部分杂文，现今尚未得见，或此后

①《介绍国学名著》，《励学》第 2 期，1928 年 11 月，第 89 页。

并未发表。

10月，董作宾受中央研究院之命，在安阳主持首次甲骨发掘，共获得甲骨700多件。 11月中旬某日下午，董作宾应河南大学之邀，到河南大学7号楼201教室作题为《安阳小屯发掘之经过》的讲演。 当时包括先生在内的河大师生都到现场听讲。 几个月后董作宾到开封来整理甲骨，又在河大作了多场考古发掘报告。 石璋如曾回忆道：

> 七号楼的二〇一、二〇二教室都是大教室，我就是在有桌椅的二〇二上刘盼遂的国文课，有椅无桌的二〇一可以容纳较多听众，因为学生很好奇安阳的发掘，报上也有宣传，理工科学生也来听讲，听讲者多到要用站的。董先生不仅说明安阳发掘甲骨出土的情形，当场在黑板画上甲骨文字来说明，说甲骨文还更早于《说文》的字。其实刘盼遂是王国维的门生，也懂一些甲骨文，不过刘讲《说文》，对经术学问钻研得更深，偶尔才说甲骨文。董先生的演讲引起我的兴趣，对我以后从事考古有点影响。[1]

是年，在河南中山大学购得康熙三十八年刻本《施注苏诗》四十二卷、《续补遗》二卷、《总目》二卷。 1966年先生在该书书名页背白处补题曰：

> 民国十七购于汴中山大学。一九六六盼遂追记于京寓，时年七十一。

---

① 陈存恭等编：《石璋如先生口述历史》，北京：九州出版社，2013年，第47页。

（中卷）

民国十八年己巳（1929）
至民国三十七年戊子（1948）

民国十八年己巳（1929）　先生三十四岁

　　春夏，在河南中山大学任教。兼任河南通志馆编纂，负责宗教门、民族门两部分编纂。

　　1月19日，恩师梁启超病逝，与在京清华同学一起前往悼念。当月作《梁任公先生传》。

　　2月，幼弟刘铭恕考入北平中国大学国文系。①

　　3月19日（己巳仲春九日），购得光绪吴县谢氏刻本《烬余录》二卷一册。原书末页有旧藏者墨笔题记："一九二六，二，九，安山蕉子志。"先生据以朱笔记曰：

　　　　此固始万音景也，时在师大。

　　又在书衣上部题书名并记：

　　　　徐大焯《烬余录》二卷。己巳仲春九日，盼遂。

　　4月4日（己巳寒食），为所撰《跋王贯山〈说文部首表〉》作补记曰：

──────────

　　① 刘长文:《刘铭恕先生年谱》,《刘铭恕考古文集》,郑州:河南人民出版社,2013 年,第 1651 页。

按:"鬲"古读"革",于《说文》部首以"鬲""革"声系以外,尚有三事足相证明:《尔雅·释器》:"款足者谓之鬲。"《尔雅》多以声训,"鬲"读古核反,与"款"同声。"鬲"之为言"款"也,脱读若"历",则难以受声义矣,此一事也。《说文》以"鬲"得声者凡有"鬲""翮""槅""骼""隔""搗""隔""醹"等八字,惟"醹"字读郎击反,余并读喉牙音,与"革"近,则"鬲"之东音可知。后人以"鬲"音既转,因读"醹"从之,实则无谓,此二事也。同声可以通用,此假借之例也。《史记》以"三翮六翼"为"三鬲"(《楚世家》),《汉书》以"鬲闭门户"为"隔闭"(《五行志》),《仪礼》以"苴绖大鬲"为"大搗"(《士丧礼》),于此可征"鬲"与"隔""搗""翮"同声之迹,其不读若"历"明矣,此三事也。了上数事,于《说文》部首之系连,可以无疑难矣。己巳寒食,盼遂附志。

5月22日(己巳浴佛后六日),在开封大相国寺书摊购得同治十一年淮南书局刻本《南宋杂事诗》七卷。 先生在该书书名页上用篆书题记曰:

己巳浴佛后六日,廿五白蚨得于大梁大相国寺。盼遂。

6月,《梁任公先生传》刊于《图书馆学季刊》第3卷第1、2期合刊。 同月,《释因茵等十四文》《跋王贯山〈说文部首表〉》《与琴依书》三文刊于河南中山大学《励学》第3期。 该期《鸣谢》栏目还提到,先生为《励学》捐款"洋叁元"。

7月15日上午,到清华大学参加王静安先生纪念碑奠碑典礼。 碑址在清华大学科学馆南小山东麓。

编者按:今见雪翁(本名待考)旧藏"王静安先生纪念碑奠碑典礼"邀请函一张,内容如下:

谨于七月十五日上午九时(北平钟点)举行

王静安先生纪念碑奠碑典礼,敬希惠临参加,无任感祷。

国立清华大学研究院同学会敬启

碑址　国立清华大学科学馆南小山东麓

雪翁后在该帖上补记道:

捐款时,梁任公先生谓二三同学曰:余捐多数不算事,汝辈清寒,虽二十圆亦不易,然足以表意。

时相辉①亦研究院学生,此奠碑典礼曾参与,当时并捐银二十圆云。雪翁,时年七十七补注。②

又按:先生亦曾为该碑捐款,捐款数不明。戴家祥83岁时所作《致李光谟的一封信》曾提及当时捐款者曰:"梁任公捐资五百元,陈寅恪师二百元,马叔平讲师一百元,校长严鹤龄二十元,温应星一百元,李老师二十元,林宰平讲师二十元。助教赵万里、浦江清、王庸各二十元。同学认捐的:毕相辉二十元,陈漱石二十元。高镜澄认捐二十元但是没有交款。黄淬伯、赵邦彦、姜亮夫也交了钱。后来由陈老师撰文,马叔平书丹,竖立于清华园。当时只有赵元任和助教杨某(赵师母的内侄)一文不名,他们是另有看法的。"③未见先生之名,当是戴氏遗漏或不知。

8月,《天问校笺》《后汉书校笺》刊于清华大学《国学论丛》第2

---

① 即毕相辉(1905—1947),名佩璐,字鄂华,安徽歙县人。清华国学院1926级研究生。经济学家,曾任复旦大学教授,1947年遇害。

② 据熊伟先生提供原函照片录入。

③ 戴家祥:《致李光谟的一封信》,李光谟、李宁编:《李济学术随笔》,上海:上海人民出版社,2008年,第276页。疑信中"高镜澄"为"高镜芹"之误。

卷第 1 号。 同期有吴其昌《殷周之际年历推证》一文，曾引用先生之言作为《佚周书》非伪书的证据之一，文曰：

> 吾友刘盼遂曰："《佚周书》与刘歆根本相反，人言歆伪造《周礼》《毛诗传》等，称扬文、武、周公盛德，以取媚新莽，而《佚周书》则《克殷》《宝典》《世俘》等篇，极言周人伐纣时暴戾贪婪之状，真有血流漂杵之感，令人齿冷目张。"①

又在列举主张《诗经·十月之交》为刺厉王之诗诸学者时云：

> 易□（吾友刘盼遂说：有易某者，著专书以证此四诗为厉王诗，惜书未见。盼遂亦主厉王说者）。②

9 月 15 日，董作宾赠先生光绪二十四年吴桥官廨刻本《等韵一得》三卷。 董氏于该书封面上题写赠书原委：

> 方从市场购得此册，盼老见而爱之，即以相赠。作宾记。十八年九月十五日。

10 月，《论衡注要删》刊于《国立北平图书馆月刊》第 3 卷第 4 号。 该文校订《论衡·雷虚》篇原文二十二则，仅千余字，却是先生研究《论衡》成果的首次正式发表。

10 月 11 日（夏历九月初九）辰时，幼子立四生。

秋，向河南中山大学提出辞呈。 校方因无合适接替人选，请先生

---

① 吴其昌：《殷周之际年历推证》，《国学论丛》第 2 卷第 1 号，1929 年 8 月，第 162、163 页。

② 吴其昌：《殷周之际年历推证》，《国学论丛》第 2 卷第 1 号，1929 年 8 月，第 172 页。

暂留任一学期。 后先生推荐清华学弟罗根泽接任其教职，并于当年冬返回北平。 其时北平女子师范学院欲成立研究所，主持筹备工作的徐旭生邀请先生往女师大任职。

先生在河南中山大学任教一年有余，其授课情形，其学生刘雨民①、石璋如等有回忆文字，今节录对比，以资史实，亦可见先生早年教学的偏好。

刘雨民之文为《河南大学往事回忆》，刊于《学府纪闻：国立河南大学》一书，中曰：

> 国学名师如刘盼遂，于清华研究所入学毕业，均列第一名，为王国维(静安)之得意弟子。讲授文字学(《说文》)、学术文、《文选》等课程，均有独到之处。而讲授诗文及批改作文，颇多风趣大胆。如讲唐诗李商隐："无端嫁与金龟婿，辜负香衾事早朝。"读后笑曰："开封人士已将'朝'字改过。"叩以何字？笑谓"操"字。同学为之哄堂大笑。盖冯玉祥在豫倡起早运动，提起朝气，军公教人员一律月薪二十元，并须五时起床，参加跑步早操。戏改一字，令人绝倒。曾记作文时题为"名实辨"，予开端曰："名由实得，实因名彰，乍聆之，似不足疑，详察焉，不能无惑，欲曰其理，必出于辨。"嗣即引《老子》："道可道，非常道，名可名，非常名。"《庄子》："其实也非也，其非也是也"，"其成也毁也，其毁也成也"。反复申辩，作成结论。获批为"词锋纵横无前，足称谈宗"。可谓夸大之批。给分一百，尤无前例。……予于课堂上作文，以文言文历记各项活动，得刘老师偏爱，平时及学期考试均获满分。虽寓奖勉之意，予与同学均感惊奇。

————————

① 刘雨民(1909—1989)，河南渑池人，1932 年毕业于河南大学，后入军界，曾任国民党军事委员会政治部少将等职，1946 年当选为"国大代表"。1949 年后去台湾，曾任逢甲学院教授等职。

惟一在台五届同班同房间同学研究院院士石璋如兄尤能忆述其事。①

石璋如之回忆见《石璋如先生口述历史》，中曰：

我在预科一年级开始用白话文写作文，教国文的吴静禅老师很喜欢白话文，作文分数就很高。本科国文教员刘盼遂毕业于清华国学研究院，受业于王国维，精于《说文》，他喜欢文言文，所以我的国文刚好六十分。我的室友刘雨民所写佶屈聱牙的文言文受刘赏识，作文分数不是九十八就是一百，刘雨民就常说我国文六十分。我其实还选过刘的《说文》课，听课也很仔细，但是刘大概认为我只会写不够讲究的白话文，一定不是国文系学生，而是理科学生，选课是来凑分数的，就只给我六十分。可是我的数学明明不好，我是大一分科就选史学系。我也不清楚为什么他会认为我是理科的。②

冬，王重民邀集先生及孙楷第、谢国桢、孙海波、庄尚严、齐念衡、罗根泽和傅振伦等人到寓所，筹划成立学文杂志社，编辑出版《学文》杂志，时人谓之"北学派"③。

是年，接受陈鸿畴之聘、张星蔚之约，开始重修张蔚蓝原纂之《长葛县志》。陈鸿畴于庚午（1930）夏历六月十五日所撰《长葛县志叙》记此事曰：

---

① 刘雨民：《河南大学往事回忆》，旅台河南大学校友编：《学府纪闻：国立河南大学》，台北：南京出版有限公司，1981 年，第 88、89 页。

② 陈存恭等著：《石璋如先生口述历史》，北京：九州出版社，2013 年，第 44、45 页。

③ 傅振伦：《王重民别传》，北京图书馆《文献》丛刊编辑部、吉林省图书馆学会会刊编辑部编：《中国当代社会科学家（第一辑）》，北京：书目文献出版社，1983 年，第 8、9 页。

　　民国庚申岁,同邑张霁村先生蔚蓝来都,下榻敞寓,谈及本县县志失修已一百八十年,相与谋续编之策。……迨辛酉霁村返里,筹款设局,从事纂著,函予任分纂。……越三年,得函谓志已脱稿,促鸠庀印费,俾便付梓。时或有讥张稿往往失于迷信,而于人物、艺文之欠公允。……无何,霁村被仇讦陷,瘐死许昌狱,稿遂散轶。余因亟力访求,竟不可得。嗣经张维元先生星蔚多方周折,始觅获寄京,而徐西苍君所绘之精密地图则已化为乌有。适张靖臣定勋、周定九鼎两先生在都,各加校阅,咸认为有待删改之处。未几而靖臣、定九复相继南去,此事因又阁置。窃以天时人事日益鲍紧,傥不早事杀青流布,则斯稿之存废,将更有不堪设想者。乃聘息县刘盼遂先生任修正之责。盼遂尝豫修《河南通志》,娴于中州掌故,且维元之门弟子也。昕夕商量,发凡起例,存其菁英,剟其纰漏,琐碎者合并之,脱略者葺补之,而于修辞立诚之义,尤三致意焉。越半岁而竣事。余即为捐赀刊印,流传人间,为功为过,则非此日所计及矣。

编者按:此文之风格、用语习惯与先生日常行文相类,颇疑为先生代笔,或经先生修饰。

民国十九年庚午(1930)　　先生三十五岁

　　1月,《高邮王氏父子著述考》刊于《河南中山大学文科季刊》第1期(又载《国立北平图书馆馆刊》第4卷第1号,后收录于《段王学五种》)。该文共考得高邮王念孙、王引之父子已刊著作三十种,未刊著述四十五种;考得王念孙次子王敬之著书目十三种。

3月，《甲骨中殷商庙制征》刊于《女师大学术季刊》第1卷第1期。

3月4日，访在华留学的日本学者仓石武四郎。 仓石武四郎《述学斋日记》当日载：

刘盼遂先生来。①

3月20日，《古小学书辑佚表》刊于《北大图书部月刊》第2卷第1、2期合刊。

3月26日，北平大学女子师范学院开院务会议，议决成立研究所，组织研究所筹设委员会。② 先生旋正式任该研究所研究员。 与先生同在该所任职的还有刘钧仁、方壮猷、段琼林、钱玄同、何士骥、魏建功、卫聚贤、刘汝霖、李在谦、韩儒林、田培林、李建勋、陆侃如、冯沅君、宫廷璋、赵荫棠等，各有专长。 女师院研究所一时成为学术研究重镇。 为方便工作，先生全家搬到按院胡同58号。 经人介绍，又兼任保定河北大学国文系教授一学期。

5月（庚午孟夏），撰成《三家补严氏〈全上古三代秦汉三国晋南北朝文〉辑目》一文。 先是，清末蒋壑为严可均的《全上古三代秦汉三国晋南北朝文》编成目录一百三十卷，杨守敬认为严书有所未备，"复条牒其目于蒋书，眉间行里，朱墨烂然，无虑数百千事"，又"别属刘心源纂辑，未及璧合"。 此书后归北平图书馆。 先生见到后，又在他们的基础上，将自己平日籀理和杨书失载书目签出，在其弟刘铭恕的协助下汇编成此目。

6月，《颜氏家训校笺》（据抱经堂补注本）刊于《女师大学术季

---

① 仓石武四郎著，荣新江、朱玉麒辑注：《仓石武四郎中国留学记》，北京：中华书局，2002年，第85页。

② 黎锦熙：《研究所略史》，《师大月刊》第1期，1932年11月1日，第1页。

刊》第 1 卷第 2 期。 该文对《颜氏家训》中的十六篇共七十一条原文和注释，以及《北齐书·文苑传·颜之推传》的八条进行校勘、笺正。

编者按：先生的《颜氏家训校笺》及其《补正》是 20 世纪较早对《颜氏家训》进行校勘的文章。王利器《颜氏家训集解》多有采用。先生在 20 世纪 50 年代受科学出版社之约也曾撰写《颜氏家训集解》一书(后约稿关系转到中华书局)，但书稿未能出版。事见本谱 1958 年、1959 年、1960 年相关记述。

6 月 4 日，女师院研究所召开成立大会，全院教授及课长均列席。研究所宗旨为"提高本院毕业生之程度，及增进对于学术界、教育界之贡献"①。 徐旭生、黎锦熙任正副所长，并在会上分别介绍研究所筹备经过和组成情况。

6 月 8 日，与仓石武四郎等赴故宫图书馆。 仓石武四郎《述学斋日记》当日载：

再过谢刚主，与刘盼遂、范□□赴故宫图书馆。②

6 月中旬，撰《长葛县志叙例》。 当年纂修之《长葛县志》十卷完成，李时灿及陈鸿畴作序，开封新时代印刷局铅印出版。 李时灿在序中述及此志重纂经过及缺憾曰：

邑人张蔚蓝续修未竟，身遭寇乱，稿亦遗失。陈子锡九展转搜求，始获其书，属息县刘君盼遂复加是正。盼遂略参余氏《龙游志》例，删冗补缺，数月竣事，尚恨采访未周，不无遗憾，然书固釐然可诵矣。

---

① 黎锦熙：《研究所略史》，《师大月刊》第 1 期，1932 年 11 月 1 日，第 2 页。
② 仓石武四郎著，荣新江、朱玉麒辑注：《仓石武四郎中国留学记》，北京：中华书局，2002 年，第 160 页。

编者按：据此《叙例》中的《附例》，先生之弟刘铭恕亦参与了此项工作，故先生说："是编检稽数据及缮写文字，则以舍弟叔遂铭恕之功居多，例得并书。"

6月18日，女师院研究所召开第一次全体研究会议，讨论通过《分组研究细则》，决定暂时分"工具之学""语言文字学""史学""地学""哲学""教育学""文学""民俗学"等八组进行研究事业。[1]先生分在语言文字学组。

7月10日（庚午六月望），为之前所撰《颜氏家训校笺》"《诚兵》篇'颜俊'一条"作补正：据《资治通鉴》卷六十八"建安二十四年，武威颜俊、张掖和鸾、酒泉黄华、西平麹演等，各据其郡，自号将军，更互攻击"等史料，论定"曩者谓'俊'为'竣'之误字，遂不经矣"。 落款："庚午六月望，记于日下邱祖胡同。"[2]

编者按：据此知先生当时已迁至邱祖胡同10号。

8月7日，女师院研究所开第二次全体研究会议，各研究员、编辑提出研究计划书。 黎锦熙曾记道：

> 这年暑假期间，是北平多事之秋（飞机投炸弹并开机关枪，曾于是月廿七日上午又演过一次），但研究所各组的计划书，却在此时商拟定稿。[3]

---

① 黎锦熙：《研究所略史》，《师大月刊》第1期，1932年11月1日，第3、4页。
② 刘盼遂：《颜氏家训校笺》，《女师大学术季刊》第1卷第1期，1930年6月，第20、21页。编者按：据此亦可知《女师大学术季刊》第1卷第2期上所标出版时间（当年6月）与实际出版时间不符，实际出版时间当晚数月，故刘先生方能于排定文字后补正。对于期刊来说，此类现象颇多，非但民国初，即便今日学术期刊亦有此现象，常出现刊中文章所署日期晚于期刊版权页所标日期之情况。对于著述系年系月来说，当仍以刊中所标日期为依据，否则实难加以考证。本谱于此情况亦采用如此办法。
③ 黎锦熙：《研究所略史》，《师大月刊》第1期，1932年11月1日，第7页。

先生报告的研究计划为《汉魏北宋石经遗文之整理》，内容如下：

计画：

（一）宗旨。后汉灵帝熹平四年，诏立七经，蔡邕以八书上石。魏齐王芳正始中，立《尚书》《左传》三体石经。宋仁宗嘉祐三年，立《周易》《书》《诗》《春秋》《礼记》真、篆二体石经。此皆艺苑之球图，经学之龟鉴也。然三者立皆不久，即遭兵火之厄。其坠璧遗珍，在宋元时亦不易多见。幸近日地不爱宝，残石丛出，足供吾人研究者甚巨。惟是石久易沩，或碑估转鬻，往往经时即不知所在。苟不急加鸠聚，写定成编，将恐明日黄花，有难寻之嗟。今拟分类汇编各石经残字，期其完备。庶几汉本、魏本、宋本经书，重见真面，以供学者之探讨焉。

（二）范围。1. 先集宋人洪适及清人江声、翁方纲等所著书中之字，依王静安先生所推定汉魏碑字数行款分别录入。2. 次辑今人四次集拓本中文字，依前法补入。3. 再辑罗振玉先生及白坚诸私人所藏未收入辑拓者，依次收录。

（三）方法。集录既竟，然后用以考经文之异同，古字之形义，与夫欧、赵、洪、顾、洪、孙、翁、钱诸人论著之得失，而条辨之。再进至现代若王先生之《汉魏石经考》、章太炎先生之《石经文字考》、罗振玉先生之《鲁诗堂百经考》，其是非亦备论焉。①

9月，《王石渠先生年谱（附〈伯申先生年谱〉）》刊于《女师大学术季刊》第1卷第3期。

编者按：王氏父子年谱另有闵尔昌本，刊印时间早于先生所撰之年谱。先生与闵氏并不相识，各自独撰，各有侧重。1934年北平通学斋流

---

① 黎锦熙：《研究所略史》，《师大月刊》第1期，1932年11月1日，第23页。

出王氏父子手稿一大批,内容多前所未见(事见本谱1934年条)。先生据以补订王谱,内容较《女师大学术季刊》所刊本多三分之一以上,并改名为《高邮王氏父子年谱》,收录于《段王学五种》。

10月1日,孙海波《匕之研究》刊于燕京大学《睿湖》杂志第2期,文后附先生《释匕》一文。孙氏在其文后说:"余草兹篇既竟,就正于刘师盼遂,刘师出《释匕》一篇相示,廑附于此,以兹参考。"《释匕》一文认为,"匕"的本义是女阴,是"牝"之初文,"牝"为后分化字。"妣""媲""毗""眉""尼"等字皆因受"匕"之形声孳乳而成。

10月18日,与清华同学侯堮、弟铭恕同访顾颉刚。《顾颉刚日记》当日载:

芸圻偕刘盼遂兄弟来。[1]

编者按:此为《顾颉刚日记》首见先生之名。先生与顾颉刚之友谊,一直延续到先生去世前。

11月,《学文》杂志创刊号出版,由胡适题刊名。先生、罗根泽、孙楷第、王重民、傅振伦、谢国桢、王静如等"北学派"成员各有文章发表。先生的文章为《嫦娥考》《〈穆天子传〉古文考》《说文重文疏叙》三篇。其中《嫦娥考》一文胪列月神之名在《山海经》《大戴礼》《搜神记》中的不同写法,以《说文》、甲金文字为依据,从音、义两方面证明"恒"字古止作"亘","恒"即"月",推导出"嫦娥"即"亘娥",而"亘娥"即"月娥"这样一个逻辑关系,证明"嫦娥"实为月神。《〈穆天子传〉古文考》一文认为,《穆天子传》每一卷大题下空一行上的"古文"二字实际上代表当时出土竹简上的科斗文,"当日写定本为两两对照,若法帖之缀释文者然。后人不识科

---

[1] 顾颉刚:《顾颉刚日记》卷二,北京:中华书局,2011年,第450页。

斗，以为烦赘，径将之刊落，而仍书'古文'二字当其隙，以存旧式，遂成今日之本矣"，并摹写"饮天子蠲水之上。 戊寅天子北征"十三字古文。

编者按：先生亦参与《学文》的稿件编辑工作。据该刊各期版权页，该刊通信人为王重民、谢国桢、孙楷第，此三人当为《学文》的主要经营者。

11月1日，女师院研究所搬入石驸马大街乙九十号，研究所自此有了专门的办公场所。 黎锦熙曾记道：

这所房屋，是本月(编者按：指1930年4月)以二千元向北平官产局购买的，原为镶红旗蒙都统署。(正门在浸水河)

直到十一月一日，石驸马大街乙九十号房屋修缮工竣，始全部移入办公；并辟大厅(即都统大堂)为公共研究室，庋藏精本及大部图书于其中(现兼作师大会议厅)；大厅南廊及东西厢房各室外之檩枋，遍施朱红，饰以番莲图案，图写古今及藩服凡十八体文字于其上，字为"天地日月山水人，草木鸟兽虫鱼神"，所以表示本所精神：考证务求真相，观察务重自然也。于是各员按照研究所计画书，逐日从事。是为创立期中工作最紧张之时代。①

先生所在的语言文字组亦有独立研究室，位于南廊东厢房。 此后一年，先生便在此处从事研究工作。

编者按：此处1932年改为北平师范大学文学院办公处和研究所纂辑处。地址在今西城区新文化街45号北京市鲁迅中学院内。

12月，《释九锡》《观堂学书记》《说文练习笔记》(笔录王国维讲授)三文刊于清华大学《国学论丛》第2卷第2号。

编者按：此为《国学论丛》最后一期。《国学论丛》共出版6期，总计

① 黎锦熙：《研究所略史》，《师大月刊》第1期，1932年11月1日，第1、7页。

刊登研究院学生文章 52 篇,先生一人就有 11 篇,数量位居研究院学生第一。先生好友吴其昌发表了 6 篇文章,数量位居研究院学生第二。对此,研究院同学亦有非议。如陈守寔《学术日录》"民国十七年二月二日"条:"良翰得研究院戴幼和信:院内决拟聘章太炎为教授。章如来,予下半决计仍入院。又,院中人现欲停刊子馨、盼遂稿,以彼等无聊之稿件太多,《国学论丛》几为彼等数人所包办,太不平均也。"又"闰二月六日"条载:"阅俞理初《癸巳类稿》,书卷既富,裁制亦当。考据之学,至此尽其能事矣。第七卷多谈训诂音韵,《反切证义》一条,言古反切不始于孙炎,亦非西域传入。证语□极博洽,小学家得此可自豪矣。近刘君盼遂作《反切不始于孙叔然考辨证》,原文在《清华周刊》发表。予未见。先师王静安亟称之。刘颇诩诩自得,盖尚未读《类稿》此条也,否则必不作此无为之文。因思学问之难,非博览返约,实不宜轻言著述。以王师之淹博,尚有过情之奖饰,况其他乎?"①

12 月,《李唐为蕃姓考》《唐代白氏为蕃姓之史料二事》刊于《女师大学术季刊》第 1 卷第 4 期。 先是,陈寅恪撰《李唐氏族之推测》(载 1931 年 8 月《中央研究院历史语言研究所集刊》第三本第一分),对李唐出自陇西李氏之说提出疑问,疑李唐为后魏拓跋氏之后裔。 先生秉承师说而撰《李唐为蕃姓考》一文,认为"李唐一朝,系出拓跋,而用夏变夷,自托汉族",并列举七条证据:一、隋末单雄信之言可为唐室胡貌之证;二、滕嗣王涉之事亦为唐室胡貌之证;三、贞观时沙门法琳之言可为唐帝胡种之证;四、唐初选举有国语之科可为唐室胡语之证;五、唐太子承乾事可为唐室胡人根性之证;六、唐太宗吮高祖之乳可为唐帝胡俗之证;七、唐肃宗捧上皇之足可为唐帝胡俗之证。《唐代白氏为蕃姓之史料二事》一文认为唐代白氏为蕃姓,主

① 陈守寔:《学术日录》,复旦大学历史系中国思想文化史研究室编辑:《中国文化研究集刊(第一辑)》,上海:复旦大学出版社,1984 年,第 427、428 页。

要有两个证据：一、唐以前白姓本作帛，入唐乃改为白。 向达《论龟兹白姓》一文所说的"六朝时龟兹白姓多书作'帛'，作'帛'者，乃载笔之误"不确。 二、白敏中与卢发对答诗，自称胡姓。

12月，女师院研究所欲在所中特设"索引工作室"，从事"廿四史人地书名索引工作"，由研究员刘钧仁、方壮猷和先生三人担任指导者。《研究所略史》记载：

廿四史人地书名索引工作(兼属史地学组)

　　工作者:女师院学生　指导者:研究院刘钧仁、方壮猷、刘盼遂

　　此本为女师院奖励学生读书,并资助苦寒学生之一种方法,议而未行。研究所成立后,始于十九年十二月间,在所中特设索引工作室,由研究员指导试办。嗣因学生欲加入工作者过多,曾于四月二十七日举行考试一次(即用全套新式标点符号,试标《宋史·太祖本纪》两页),应试者三十余人,取录八人。[1]

是年首次携弟铭恕往陈寅恪宅，是为铭恕与陈寅恪交往之始。 铭恕先生曾回忆道：

　　回忆一九三零年,余年二十,家兄盼遂先生曾携余前往晋谒,时先生寓居北京西四姚家胡同(浸水河?),其宅为清末驻日使节钱洵故居。后来先生迁居清华园,记得仍偶有谒见。

　　这个时候,我只是一个初等小生,而先生竟以有教无类、诲人不倦的崇高风范,赐以巨著《支愍度学说考》等单行本,并亲笔题识其上,诚使我感愧交加。[2]

---

① 黎锦熙:《研究所略史》,《师大月刊》第 1 期,1932 年 11 月 1 日,第 11、12 页。

② 刘铭恕:《忆陈寅恪先生》,《敦煌语言文学研究通讯》1988 年第 1 期(总第 20 期),第 5 页。

民国二十年辛未（1931）　先生三十六岁

　　春夏，在女子师范学院研究所任研究员，并在北平中国大学兼课，与吴承仕等先生往来密切。

　　1月，《六书转注甄微》《由〈埤雅〉右文证假借古义》二文刊于《学文》第1卷第2期。

　　《六书转注甄微》（后收录于《文字音韵学论丛》时改名为《转注甄微》）是许学领域的一篇较有价值的文章，该文对《说文》转注"建类一首，同意相受"的含义进行考查，认为，章太炎《转注假借说》所谓"以文字代语言……其音或双声收转，叠均相迤，则为更制一字，此所谓转注"已"卓越今古"，但其实在"章氏所甄明之外"，还有两个路径可以考查：其一是右文之说，先生举从"戋（戋）"之字多有小意为例，古人凡是对于浅小之物，都用"戋之一语"命名，后世孳乳甚多，就加注偏旁来识别，如"諓""殘（残）""箋（笺）"等字，同从"戋"以为本文，这就是许慎所说的"建类一首"。"就本字之函有多意，即各依其意而予以偏傍，期其明画，杂而不越"，这就是许慎所谓的"同意相受"。保氏之转注，本是这个意思。其二是重文之说，他认为："凡一字函义，类具数端。形骸有限，难于遍载。往往仅示其一义而已。后人有作，每取其他一端而别为一字，支派虽稍殊，其本原则非异也"，这就是所谓的转注。并举"瑱""䪴"与"緆""䫄"等为例，认为"由重文中同声异形之字，殆可得转注之确解，而从来学者莫之知也"。

　　《由〈埤雅〉右文证假借古义》谈假借本义的问题，他以王圣美、王安石的"右文说"为引,介绍陆佃《埤雅》"因音生训"的若干例,认为其能知形声字,于声中求义,有"凿空之功"。 但"王、陆诸人,惟能因声说义,故说正字或多得之。 其说假字,则几于扪槃扪烛之可笑,盖正坐其不知形声之声,亦有正有假故也"。 文末强调,"重文为古假借之本"。

2月,《三家补严氏〈全上古三代秦汉三国晋南北朝文〉辑目》刊于《国立北平图书馆馆刊》第5卷第1号。

2月10日,民国政府教育部训令,将北平大学女子师范学院与北平师范大学合组为国立北平师范大学。①

3月8日,访胡适。 胡适日记当日载:

> 见客:谢刚主、刘盼遂、黎昔非、徐凌霄、徐一士。②

3月20日(辛未花朝),撰成《补齐书宗室世系表》。 该表对萧齐一代宗室世系做了梳理,目的是使"庶后之览者,于帝王专制之毒,子姓凌夷之戚,可借镜而睹其慨欤!"③。

3月28日,高亨致先生书,就先生在《学文》发表的《嫦娥考》一文进行商榷。 高书后刊于东北大学《重华月刊》第1期,全文如下:

> 盼遂仁兄足下:
>
> 昨从子云所借得《学文》一册,环诵大著,如睹故人。溯丽泽之前踪,兴索居之浩叹,闻黄钟之巨响,启茅塞之鄙心,钦赞未已,恧惭赓至。唯《嫦娥考》一文,弟之愚见,稍有不同,谨略陈述,以蕲教正。
>
> 大著谓"日神有羲和,羲和得名,由于《尧典》"。窃以为不然。

① 黎锦熙:《研究所略史》,《师大月刊》第1期,1932年11月1日,第11页。
② 胡适:《胡适日记全集》第6册,台北:联经出版事业公司,2004年,第522页。
③ 刘盼遂:《补齐书宗室世系表》,《学文》第1卷第3号,1931年7月,第18页。

《尧典》曰:"乃命羲和。"曰:"分命羲仲。"曰:"申命羲叔。"曰:"分命和仲。"曰:"申命和叔。"曰:"汝羲暨和。"知《尧典》之羲和非六人则四人。何日神如此之多哉! 夷考他书,所记羲和如次:

《吕氏春秋·勿躬》篇:"羲和作占日。"

《世本·作》篇:"黄帝使羲和作占日。"

《离骚》:"吾令羲和弭节兮,望崦嵫而勿迫。"王注:"羲和,日御也。"

《天问》:"羲和之未扬,若华何光?"王注同《离骚》。

《山海经·大荒南经》:"东南海之外,甘水之间,有羲和之国。有女子名曰羲和,方日浴于甘渊。羲和者,帝俊之妻,生十日。"郭注:"羲和益天地始生,主日月者也。"

《淮南子·天文训》:"爰止羲和,爰息六螭。"许注:"日乘车驾以六龙,羲和御之。"

《山海经》注引《启筮》:"空桑之苍苍,八极之既张,乃有夫羲和,是主日月,职出入以为晦明。"

《尧典》一篇,作于何时,颇难论定。上列诸书,出《尧典》后,则无疑问。然《世本》谓"黄帝使羲和作占日",《山海经》谓"羲和者,帝俊之妻"。二书所云,固未必实录,但据此可知,羲和为日神之传说,出《尧典》以前也。弟谓羲和者盖一人之私名,作古代之天官,三百六十有六旬有六日为一岁及日在四时出入之时刻,皆羲和所验定,故《吕览》《世本》皆云"羲和作占日"。而《世本》以为黄帝臣,《山海经》以为帝俊妻,则未必然也。因羲和于日历有所发明,故《离骚》《天问》《淮南》以为日御;《启筮》以为主日月之神;《山海经》谓"羲和生十日"。所谓"生十日"者,初谓制十日为旬之法。传说转衍,遂生古有十日,及羿射十日之说,此固古代故事之通性也。至《尧典》所记羲和,颇多疑窦。其古有羲和为日神之说,尧因以名其天官;抑尧有天官一人名羲和,后世追记,误歧为数人,尚待求征。

此事弟与书□研讨数四,未敢确言,祈兄暇时一考之,实我国古史一大问题也。

大著又谓"月神之名,初见于《山海经》作常羲,《大戴礼》作常仪,又作常宜,《淮南鸿烈》与张衡《灵宪》作姮娥,《搜神记》作嫦娥",弟更考之:

《吕氏春秋·勿躬》篇:"尚仪作占月。"

《世本·作》篇:"常仪作占月。"

毕沅注《吕氏春秋》曰:"尚仪即常仪。古读仪为何,后世遂有嫦娥之鄙言。"尚仪、常仪亦即嫦娥,理不可移。以此断之,常仪者,盖亦古代人名,职掌天官。十二月成岁及大月、小月、朔、望、弦、晦,皆常仪所验定。故《吕览》《世本》皆称其作占月。《山海经》谓"帝俊妻常羲生月十有二",所谓生月十有二者,谓其创十二月成岁之法,与羲和生十日同例。因常仪于月行有所发明,故人奉为月神,久而演成嫦娥故事耳。而大著谓"姮娥之姮本只作恒,恒古止作亘,亘即古月字。亘娥即月娥,月娥即月神。谓之娥者,仍古时以月为太阴之意"。弟于此解,尤多违议。唯夜深思倦,不能罄言,俟稍有暇,再以书达。身羁沈水,神骋燕都,走笔抒怀,竚候示下。此颂

撰祺!

　　　　　　　　　　　三月二十八日,愚弟高亨谨白。①

3 月 31 日,与谢国桢访顾颉刚,又同访方壮猷。《顾颉刚日记》当日载:

谢刚主、刘盼遂来,同到海淀西园芸圻处吃饭,谈至九时许出,

---

① 高亨:《与刘盼遂论日神月神书》,《重华月刊》第 1 期,1931 年 5 月,第 135—137 页。

同到欣安宿舍,又至学生宿舍,偕刚主、子馨归,留二人宿。①

4月,《颜氏家训校笺补正》《李唐为蕃姓考（续）》二文刊于《女师大学术季刊》第 2 卷第 1 期。《颜氏家训校笺补正》是对上年发表的《颜氏家训校笺》的补充和订正,校勘、笺正《颜氏家训》原文十二篇二十条。《李唐为蕃姓考（续）》又为"李唐为蕃姓"的观点补充了三条证据:李歆有胡人之目,可为唐室先人胡种之证;唐室以哥称父兄,可为唐室胡语之证;李世民入其兄弟之妇,可为唐室胡俗之证。

同月,向达在《女师大学术季刊》第 2 卷第 2 期上发表《论龟兹白姓答刘盼遂先生》一文,就先生在上年《女师大学术季刊》第 1 卷第 4 期上发表的《唐代白氏为蕃姓之史料二事》一文中对向氏《论龟兹白姓》给予的评述作回应和答辩。 同期又有王桐龄《杨隋李唐先世系统考》一文,就先生上年在《女师大学术季刊》第 1 卷第 4 期上发表的《李唐为蕃姓考》一文作补证。 王桐龄在该文前序中言:"鄙意杨隋、李唐俱非纯粹汉族,正史中尚有其他证据,兹特引而申之,列举于左,以为刘先生论文补遗。"②

4月18日,女师院研究所召开第三次全体研究会议,由各研究员及编辑报告第一期研究工作概况。 先生的第一次报告为《汉魏宋石经残字之研究》,内容如下:

第一次报告:汉魏宋石经残字之研究

鄞县马氏第一次集拓本汉石经校录一过。

徐森玉第二次集拓本汉石经校录一过。

吴宜常第三次集拓本汉石经校录一过。

---

① 顾颉刚:《顾颉刚日记》卷 2,北京:中华书局,2011 年,第 512 页。

② 王桐龄:《杨隋李唐先世系统考》,《女师大学术季刊》第 2 卷第 2 期,1931 年 4 月,第 1 页。

　　许光宇、徐森玉第四次集拓本汉石经校录一过。

　　王静安先生《魏石经考》古文校录一过。

　　章太炎《与于氏论石经书》校录一过。

　　章太炎《魏石经考》校录一过。

　　章太炎《魏石经古文考》校录一过。

　　罗叔言《汉熹平石经残字集录》正录、补录、续录、续录补遗、三录、三录补遗、四录、四录补遗、四录又补,凡九种,通校录一过。

　　清冯登府《汉石经考异》校录未完。①

　　初夏,对旧作《释因茵等十四文》进行重新修订,末署"辛未初夏,写定于故京女师大研究所"。该文对罗振玉《殷虚书契考释》所认为的"因"字像人卧席上之形提出不同观点,认为"因"即茵席的本字,并举《说文》和甲骨文中"茵""丙"等13字为例,逐一训释,考证出"'因'字之贸化变易,其形亦非一轨"。以先生所言,他写此文的目的,在于"以见夫治文字而泥于象迹,诚难乎免于拘虚之蔽"。

　　5月,《中国古代父子祖孙同名考》刊于北平中国大学《国学丛编》第1期第1册。该文认为,中国古代实有父子、祖孙名号相袭的史实,并举"共工之后皆称共工""虞仲之后亦名虞仲""吴王诸樊之从孙亦名诸樊""蔡昭侯申与其高祖文公同名""林邑王阳迈父子同名"五条史实为例。

　　5月6日(辛未暮春立夏日),对上年所撰《颜氏家训校笺》"《诫兵》篇'颜俊'一条"再加补订曰:

　　《资治通鉴》系此事于汉献帝建安二十四年,盼遂前考《家训》

时，据以为证。及检《国志》，又须改削。信乎校书之难，如扫落叶，随扫随生也。辛未暮春立夏日。

5月31日，顾颉刚访先生。《顾颉刚日记》当日载：

> 到盼遂处，与之同到刚主处，未遇。①

6月24日，有致浦江清信，谈《清华中国文学会月刊》第1卷第2期上所刊浦氏《左芬墓志跋》涉及的文字考释等事，浦氏回书致谢并讨论。后浦江清将二人的往来书信以《通讯：关于左芬墓志铭的讨论》为名，刊于当年8月15日出版的《清华中国文学会月刊》第1卷第4期。

先生致浦江清函如下：

江清先生大鉴：

    顷阅《清华中国文学会月刊》一卷二期，见尊著《左芬墓志跋》一文，考证精致，无待揄扬。惟碑文"兄子聪奇，字骥卿"，"聪"字马旁四足模糊，然笔迹与"骥"字马旁一致，显系"聪"字无疑，且与骥卿名字相应。尊文释为"聰（聪）"，且遗去"奇"字，私所未安。"骠"字从寸旁，此六朝别体，犹"标"之作"榡"耳。碑文"兄子髦，字英髦"，释文作"髭，字英髭"，亦所未安。至论左思《娇女诗》云"后来陶渊明的《责子诗》，李义山的《娇儿诗》，都仿他而不及"，弟谓义山《娇儿诗》远仿太冲，当然毫无疑义，《责子诗》中则仅"通子垂九龄，但念梨与栗"二语为摹写小儿情态，余则不称。惟唐杜子美《北征》诗一段云：

---

① 顾颉刚：《顾颉刚日记》卷二，北京：中华书局，2011年，第532页。

平生所娇儿，颜色白胜雪。见耶背面啼，垢腻脚不袜。床前两小女，补绽才过膝。海图坼波澜，旧绣移曲折。天吴及紫凤，颠倒在短褐。……粉黛亦解苞，衾裯稍罗列。瘦妻面复光，痴女头自栉。学母无不为，晓妆随手抹。移时施朱铅，狼籍画眉阔。生还对童稚，似欲忘饥渴。问事竞挽须，谁能即嗔喝。翻思在贼愁，甘受杂乱聒。

又《彭衙行》中数语云：

痴女饥咬我，啼畏虎狼闻。怀中掩其口，反侧声愈嗔。小儿强解事，故索苦李餐。

此二诗不专写小儿，而小儿痴顽之态毕露，此自拟《娇女诗》而入化者也。后此则后五代朱梁时路德延之《孩儿诗》，长律五十韵，尤能曲尽儿童嬉戏之状，实太冲诗后一后劲也。诗载宋赵与峕《宾退录》卷六，云路德延处朱友谦幕府作《孩儿》五十韵以讥友谦（下略）。

今辄录路诗如别，望

鉴詧焉。此叩

撰祺！

弟刘盼遂顿首。六、廿四

附：路德延《孩儿诗》（略）

浦江清回书如下：

盼遂先生：

拙作芜陋，辱赐札教正，补充多处，感佩莫名。当时弟处无有拓本，匆匆向人抄写，致有讹夺。"聪"下夺去"奇"字，"髦"字误写"髭"字，均属大谬。惟"聪"字，顷细审拓本，仍从耳不从马。鄙意"聪""骢"本同音叚借字，大概"聪奇"借作"骢骑"，是以有"骠卿"之字耳。路德延诗妙绝！中国文学内描写儿童之名章佳作，不知尚有若干,左右博览,得暇采集,如作专文论之,则必甚饶趣味也。

匆此布复,顺颂暑祺。

弟浦江清顿首①

编者按:《清华中国文学会月刊》第 1 卷第 2 期附有《左芬墓志》拓片(刘盼遂先生当年亦藏有此拓片),以该刊所载拓片及今日所见拓本比照细观,"兄子聰奇,字骦卿"之"聰"字左半部分虽模糊,但从笔势上看,为马旁而非耳旁无疑。浦江清先生"仍从耳不从马"之说当误。

6 月 29 日,"国立北平师范大学第一、第二两部务联席会议,议决定于七月一日宣告北平师范大学合组成立;研究所改研究院,内分若干门,每门分若干组,二十年度先设历史科学门与教育科学门。 院址移设广安门内"②。 旋先生任新成立的师大研究院历史科学门研究员,在"中国语言文字组"的研究课题为"碑别字补",同组的研究员还有赵荫棠(兼),编辑为何士骥、吴三立,特约研究员为白涤洲;在"治学工具及方法组"内研究课题为"论衡校笺",并与刘钧仁、方壮猷一同指导《宋史》人地书名索引工作,同组的研究员还有刘钧仁(兼)、方壮猷(兼),编辑有韩儒林、王敦行,特约研究员为王重民。③ 时先生之弟刘铭恕已入师大研究院,在"中国语言文字组"做研究生,研究题目为"历代别字考",导师为商承祚、钱玄同、黎锦熙。 与刘铭恕同组的研究生还有先生旧日学生孙海波、郭昭文等。

编者按:据 1932 年 9 月《国立北平师范大学研究所纂辑工作一览表》,先生《碑别字补》的工作前后进行了两年。

研究所改研究院后,导师、名誉导师、研究员、特约研究员、编辑共

---

① 《通讯:关于左芬墓志铭的讨论》,《清华中国文学会月刊》第 1 卷第 4 期,1931 年 8 月,第 73—75 页。

② 黎锦熙:《研究所略史》,《师大月刊》第 1 期,1932 年 11 月 1 日,第 58 页。

③ 黎锦熙:《研究所略史》,《师大月刊》第 1 期,1932 年 11 月 1 日,第 90—92 页。

26人;研究生共48人,其中正式认定有研究题目的研究生37人,①这个规模不算小。但是,由于经费紧张,师大研究院名为扩张,实则没落。诸多研究成果后皆未能公开。如先生在师大研究院撰成之《汉魏石经残字辑释》《碑别字补》二篇,在当时都未能发表。②今恐亦不存。

6月至7月间,豫南光山、息县、潢川、固始、商城、西平、遂平、郾城等八县暴雨成灾,先生与李明锐、胡焕黻、许莲荣、方贞、陈铭锟等河南同乡向旅平河南振(赈)灾会成员发函并登报,请求致电国民党中央政府暨振务会以救助。8月18日出版的《华北日报》对此有专门报道,节略如下:

豫固始等县洪水为害

洪流所过村舍为墟

国闻通讯社云:旅平河南振灾会昨接旅平河南光山、固始等八县代表函,谓该代表等各接家乡函称,洪水为害,尽成泽国,请赶筹赈款,兹录原函如次:敬启者,豫南一带各县于本年六七月间,连次大雨,境内各河齐涨,水灾之重,为百余年来所未有。……查各函所报均悉实在情形,各县大水,禾稼多被冲没,晚禾失时又难补种,巨灾已成,亟应早为筹备,而所有被灾露处之民,无衣无食,无处栖身,转交冬令,仍不免冻馁以死,触目伤心,更难漠视,为此据情转报贵会恳请电中央政府暨振务会,迅饬派员前往查勘,分别灾区轻重赶速筹办振济,以救灾黎,无任吁盼,此致旅平河南振灾会鉴。旅平河南光山、息县、潢川、固始、商城、西平、遂平、郾城代表李明锐、刘盼遂、胡焕黻、许莲荣、方贞、陈铭锟同启。③

---

① 据黎锦熙《研究所略史》统计。
② 事见黎锦熙:《国语运动史纲》,上海:商务印书馆,1934年,第324页。
③ 《华北日报》1931年8月18日,第2版。

7月，《冀州即中原说》刊于北平中国大学《国学丛编》第 1 期第 2册。 该文认为：在三代时冀州往往用来表示中原，并非专指《禹贡》两河之域，并举《左传·哀公六年》《逸周书·尝麦解》《九歌·云中君》《淮南子·览冥训》《山海经·大荒北经》等文献中与冀州有关的语句为例。

同月，《补齐书宗室世系表》刊于《学文》第 1 卷第 3 号。

8月，先生山西大学同学、友人张西堂所著《穀梁真伪考》一书由和记印书馆出版。 此书上篇曾得先生校正，故张氏于"后记"中记道：

> 关于文字上的问题，我请我的朋友刘盼遂先生当面将上篇看过一遍。他也很严格地劝我改订了四五处。他对于小学是极有研究的，他对于我所说的《穀梁》"画我"之袭用《公羊》"化我"，也是表同情的。

秋，经陈寅恪推荐、刘文典介绍，到清华大学文学院国文系任讲师，当年月薪 125 圆。[①] 时清华教师分为教授、专任讲师、讲师、教员、助教五类。 文学院院长为冯友兰，国文系主任为刘文典。 先生本学年讲授的课程有文字学、音韵学、大一国文等。 仍以名誉研究员的身份，继续之前在师大研究院作相关课题的研究，至本年结束。

9月，《释因茵等十四文》（修订本）再刊于北平中国大学《国学丛编》第 1 期第 3 册。

同月，《上黄季刚师论〈说文〉重文书》（即《上黄季刚师论重文中叚借书》，较前发表有修改）再刊于《学文》第 1 卷第 4 期。

---

① 《1931 年清华教师月薪一览》，陈明远：《那时的大学》，太原：山西人民出版社，2011年，第 121 页。

9 月 29 日，与侯埒访顾颉刚。《顾颉刚日记》当日载：

芸圻、盼遂来谈。①

11 月 12 日，顾颉刚访先生。《顾颉刚日记》当日载：

到邱祖胡同太和里，访盼遂。②

是年冬（旧历十月），河南乡贤、清末翰林马吉樟在北平逝世。先是，清末金石大家潘祖荫临终前，将生前所藏金石拓本交与马吉樟，嘱其完成考释之业。　马吉樟尽心于此事，但终未能印行，遗稿存其家中。　先生知道后，计划与河南同乡陈鸿畴一同集资刊印马氏遗稿。　但陈氏后病重，并于 1935 年去世，刊印马氏遗稿之事未能成。先生所撰《中州民国四先生传略》马吉樟条言及此事。

民国二十一年壬申（1932）　先生三十七岁

在清华大学国文系任专任讲师。

1 月 11 日，顾颉刚赠《古史辨》第三册。③

2 月，清华同学刘节所作《跋屬羌钟考释》刊于《国立北平图书馆馆刊》第 6 卷第 1 号。　此文撰写过程中，刘节曾就屬羌钟个别字的释

---

① 顾颉刚：《顾颉刚日记》卷二，北京：中华书局，2011 年，第 567 页。
② 顾颉刚：《顾颉刚日记》卷二，北京：中华书局，2011 年，第 580 页。
③ 顾颉刚：《顾颉刚日记》卷二，北京：中华书局，2011 年，第 730 页。

读问题与朱家济和先生二人探讨过，故文末说：

> "武文仞烈"条，诸家于"仞"字皆无说。余友萧山朱豫卿、息县
> 刘盼遂，皆谓乃"休"字剥落。"休烈"之辞见《汉书·匡衡传》，曰：
> "休烈盛美，皆归之二后。"休烈，即美烈之意。并志于此。壬申仲
> 春，跋于文津阁。①

2月23日，顾颉刚致电容庚，嘱在刘节、唐兰和先生三人中择一
人聘至燕大。《顾颉刚日记》当日载：

> 宾四以课忙，不能代予课，而学校开课已久，不便久延，因于今
> 日致希白电，嘱在刘节、唐兰、刘盼遂三君中择一聘之。②

编者按：当年燕大未聘先生。

3月27日，访黄侃，并赠己作。黄侃《避寇日记》"壬申二月廿
一日丁亥"条：

> 刘盼遂来，贻其所著数册。③

4月，《跋大同前承务郎行赵州赞皇县主簿刘含故李夫人墓志铭》
《跋隋渡辽将军上柱国普安公司兵参军事杨畅墓志铭》二文刊于《国立
北平图书馆馆刊》第6卷第2号。前文以李夫人字"玉京仙"为引，
举"梁张天锡字公纯嘏"等十条为例，证明以三个字作表字的情况通

---

① 刘节：《跋骉羌钟考释》，《国立北平图书馆馆刊》第6卷第1号，1932年2月，第92
页。
② 顾颉刚：《顾颉刚日记》卷二，北京：中华书局，2011年，第613页。
③ 黄侃：《黄侃日记》，南京：江苏教育出版社，2001年，第770页。

行于六朝。 后文以杨畅墓志铭中"尺木既升"为引，举《论衡》《酉阳杂俎》《江表传》《尉迟鄂公碑》《唐巂州邛都丞张客墓志铭》中"尺木"一词为佐证，证明：马总《意林》引桓谭《新论》"龙无尺水"中之"尺水"当系"尺木"之误，俞正燮《癸巳类稿》卷七"解尺水字义"条据马总《意林》考证"尺木"当为"尺水"，亦当为谬。

4月6日（壬申三月朔），在其所藏《古玉图考》函套上题签并记曰：

> 吴氏古玉图考,壬申三月朔,盼遂署于邱祖胡同。

4月初，经黄侃引见，拜见北游的章太炎先生。

4月13日晚，与谢国桢等人一起在同和居宴请章太炎、黄侃等先生。 黄侃《避寇日记》"壬申三月八日甲辰"条：

> 夜,谢国桢、刘盼遂招饮同和居,陪太炎师剧谈,至子夜始返。①

谢国桢对此事曾记述道：

> 我也常到同和居去吃饭,最难忘的共有两三次:一次大约在一九三四年(编者按:此时间当为谢氏误记或原文排版误录),章太炎和黄季刚(侃)两位先生同来北京,我和我的老同学刘盼遂诸先生同宴之于同和居,主人特为我们在楼上辟了一个雅洁的房间,预备了好菜。章太炎先生是说一口绍兴话的,叫人听不懂,我们求教请益,彼此问答,就由黄季刚先生用饭馆中的纸条写下来,谈了一下午,直到斜阳西下快要上晚座的时候,我们才散去。这些纸条子都

---

① 黄侃:《黄侃日记》,南京:江苏教育出版社,2001 年,第 775 页。

是论学问的札记,是名人的墨迹,珍贵的文物,可惜我奔走南北失掉了,真是后悔也来不及了。①

刘铭恕记此事曰:

家兄好文,诗学李义山,文则骈体,尝沾沾自喜,拟编一《美文集》以自赏。但究以文字训诂之学为主。此学既受影响于黄侃先生,由此则又对章太炎先生之学,备加推崇,《章氏丛书》是所常读。1932年章氏避日军自上海到北京,由黄侃先生引见,欣慰多年景仰之情。旋复约请黄季刚、吴絸斋、杨树达、徐森玉、谢刚主各先生陪同章氏,到西四餐馆(编者按:同和居原在西四牌楼旁)聚饮。酒后,章先生甚欢,讲谈文字,以辞不能达意,索取店家笔墨及请帖若干纸,信手书写,如同往常师徒上课,实战乱之际,学林少有之佳趣。章氏留北京时,以"好奇莫采华山剑,嗜古休尊续鼻裈"一联赠家兄,作为治学之劝诫。实际上章氏晚年已放弃甲骨、金文之不可信的看法,此只能说是他的坦率。此联意味深长,家兄经常悬挂在壁间,以体念现代学术之递变。②

编者按:此联先生常挂在书房。1966年8月被抄家者焚毁。

4月28日,与同学陈邦炜访黄侃。黄侃《避寇日记》"壬申三月廿三日己未"条:

刘盼遂及陈邦炜(彤伯)来见(陈沆玄孙,曾寿之侄)。③

---

① 谢国桢:《从广和居谈到同和居》,《旅游》1980年第2期。转引自谢国桢著,姜纬堂选编:《瓜蒂庵小品》,北京:北京出版社,1998年,第174页。

② 刘铭恕:《家兄刘盼遂先生遗事》,《河南文史资料》1994年第4辑(总第52辑),第75、76页。

③ 黄侃:《黄侃日记》,南京:江苏教育出版社,2001年,第779页。

　　5月，《王充〈论衡〉篇数残佚考》刊于《学文》第1卷第5期（后收录于《古史辨》第4册）。该文以"仲任自己之言""《论衡》本书之篇名""各书所引佚文"三项为证，认为王充《论衡》原书的篇数应该在一百篇以上。

　　5月16日，《评〈女师大学术季刊〉二卷二期》刊于《大公报·文学副刊》第228期。该文主要对张倓生《汉书著述目录考》、王桐龄《杨隋李唐先世系统考》和向觉明、冯承钧二先生《关于龟兹白姓之讨论》三文作补充和评述。详举《汉书著述目录考》的四条疏漏。认为《杨隋李唐先世系统考》所提出的李唐为蕃姓的八条证据"难当反诘之质问。简言之，即例外太多，未见有强硬之铁证。其目的甚是，其方法则非也"。认为"向、冯二先生辩论中，未提及乐天籍贯问题，然以余近日籀读所得，又有二事可为白氏蕃姓之佐"：一是《白氏长庆集》中多有称兄为哥的文字，而"哥"是夷语；二是《沃洲山禅院记》亦其自证。

　　5月21日，董克中（先生在河南中山大学任教时的学生，时在陕西省立第一中学任教）致信先生。董氏于本年与同学杜鸣治在西安小白杨村从事汉墓发掘，得若干古物，欲继续扩大发掘范围，因向先生求教参考何种书籍。6月20日出版的《大公报·文学副刊》刊有《长安考古消息》一则，叙述董氏发掘情况，并附董氏致先生的信，全文如下：

长安考古消息

　　陕西省立第一中学教员董克中、杜鸣治二君，于今年正月中旬，在长安城东小白杨村，发现汉墓，因从事发掘，得铁器、陶器共十五件。董君等拟再进行发掘旧长安城故址（今名杨城）。现正将该处遗迹，详加调查云。兹将其致北平刘盼遂君书一通，附录于后。

盼遂吾师尊右(中略),昨偕同学杜君鸣治(河南大学同学,刻下亦在一中),往游未央宫。出城约十五里,即达其故址。仅余一片瓦砾,土堆高耸,约八九丈。登峰四望,旧长安城故址又可望见。既而由土人引导,至韩信台,见一畦地,麦苗呈黄色,他麦皆翠绿。据土人云系吕后斩淮阴侯之处也。想是土质之不同耳。归来道经小白杨村,此地在未央宫迤东五里,是汉朝运粮河岸,发见绝壁上露出许多汉砖,作圆形,知其下有古墓。即雇土人挖抉,两日始竣。得大瓶一,高约二尺余,花文最佳(另有照片,洗好即寄上),水瓶四,仓五,鼎二,香炉一,铁剑、铁瓶各一,大小共十五件。挖抉时,亦按李济之先生方法,颇为周密。据古董家考证,谓确系汉代陶器。观察此地古墓尚多,惜无力量,从事挖抉耳。得此古物后,遂欲作杨城(即旧长安)考古工作。学生同杜君担任考察古迹,建设厅有一同学担任测量地图。刻将杨城内所有庄村开始调查。究竟如何编辑,参考何种书籍,祈吾师详为指导,使之有成。可谓不虚来西安一行也。肃请教安。学生董克中再拜。五月二十一日。①

5月22日午间,宴请钱玄同等友朋。《钱玄同日记》当日载:

午刘盼遂赏饭吃,吃毕即归。②

6月,《段玉裁先生年谱》刊于《清华学报》第7卷第2期。

编者按:此为学界第一部段谱,开现代学者研究段氏生平及治学经历的先河。今存先生赠尹石公《段玉裁先生年谱》抽印本,封面有先生

---

① 《长安考古消息》,《大公报·文学副刊》第233期,1932年6月20日,第2张第8版。

② 杨天石主编:《钱玄同日记(整理本)》中册,北京:北京大学出版社,2014年,第861页。

墨笔题曰:"硕公老兄。盼遂。"

　　同月,刘文兴所撰《刘端临先生年谱》刊于北京大学《国学季刊》第3卷第2号。 刘文兴是先生的友人,出自宝应刘氏家族,刘台拱是其伯高祖。 他撰《刘端临先生年谱》时曾与先生做过交流,故其刘谱中有按语道:

　　　　《清芬外集》稿载段氏致先生书凡二十八通,间有数通原墨藏陈氏;嗣又于陈氏、侯氏别得二通;都三十通。友人刘君盼遂方作《段谱》,为正年月先后,今悉依之。惟《外集》多有删削,不尽原稿耳。[1]

　　6月某日,容庚赠先生《金石书录目》一书。 容氏于扉页上题赠道:

　　　　盼遂兄教正。容庚敬贻。二十一年六月。

　　编者按:除容庚所赠一本《金石书录目》外,先生亦曾自购一本。 二本皆有先生批校。今一本存于北师大图书馆,一本在私人手中。

　　6月14日,访顾颉刚。《顾颉刚日记》当日载:

　　　　刘盼遂来。[2]

　　6月19日晚,到森隆饭庄,赴侯堮宴。《顾颉刚日记》当日载:

---

[1] 刘文兴:《刘端临先生年谱》,《国学季刊》第3卷第2号,1932年6月,第344页。
[2] 顾颉刚:《顾颉刚日记》卷二,北京:中华书局,2011年,第649页。

五时到森隆夜饭。……今晚同席:宾四夫妇、盼遂、以中夫妇、中舒、起潜叔、严既澄、台静农、予(以上客),侯芸圻(主)。①

6月22日晚,到玉华台赴唐兰宴。《顾颉刚日记》当日载:

至玉华台赴立庵宴。……今晚同席:(二)马叔平、徐森玉、刘盼遂、吴子馨、侯芸圻、蒋秉南、钱宾四、商锡永、容希白、予(以上客),唐立庵(主)。②

6月27日,赠钱玄同《段玉裁先生年谱》。《钱玄同日记》当日载:

刘盼遂撰《段玉裁年谱》,今日赠我一册,用段与刘端临书作重要材料,甚好。③

7月2日午间,到来今雨轩,赴吴其昌宴。《顾颉刚日记》当日载:

到来今雨轩,赴宴。……今午同席:马叔平、陈寅恪、徐森玉、刘子植、向觉明、侯芸圻、于思泊、容希白、商锡永、刘盼遂、唐立厂、徐中舒、赵斐云、予(以上客),吴子馨(主)。④

8月29日晚,到庆林春,赴方壮猷宴。《钱玄同日记》当日载:

① 顾颉刚:《顾颉刚日记》卷二,北京:中华书局,2011年,第651页。
② 顾颉刚:《顾颉刚日记》卷二,北京:中华书局,2011年,第652、653页。
③ 杨天石主编:《钱玄同日记(整理本)》中册,北京:北京大学出版社,2014年,第868页。
④ 顾颉刚:《顾颉刚日记》卷二,北京:中华书局,2011年,第657页。

晚方壮猷赏饭于庆林春,请何遂也。同座有吴其昌、刘盼遂、周叔迦、马叔平、萧子升、黎劭西六人。①

秋,开始在清华大学讲授文字学、唐至现代文等课程,两门课每周各上两小时。② 清华国文系主任复由从欧洲访学归来的朱自清担任。 先生清华国学院的同学王力从法国留学归来,亦在清华国文系任教。

吴宗济当年从清华化学系转到国文系,他对当时清华国文系的师资情况有回忆,其中也涉及先生。 节录如下:

当时的清华中文系,可谓名流云集,如朱自清、刘文典、俞平伯、闻一多、杨树达、刘盼遂、王力等先生,都是中文系很有名的教授。四大导师之一的陈寅恪先生这一段时间也在中文系任教,但不记得听过他的课。刘文典先生与刘盼遂先生合称"二刘"。刘文典先生号叔雅,专门为我们讲《庄子》。他爱吸烟,身着布袍,口不离烟袋,讲起课来,眉飞色舞,旁若无人。他讲课不看讲义,古书都背得滚瓜烂熟;也不看学生,自己表演。刘盼遂先生好像比刘文典先生还随便,他为我们讲诸子什么的,他是王国维先生的学生,也跟黄季刚先生学过。王国维先生《人间词话》里关于成大事业、做大学问必须经过三种境界的说法,是刘先生介绍给我们的。在清华读书期间,感觉王国维先生的流风遗韵一直没有消失过。③

---

① 杨天石整理:《钱玄同日记(整理本)》中册,北京:北京大学出版社,2014 年,第878页。
②《民国二十一至二十二年度国立清华大学本科暨研究院学程一览》。
③ 吴宗济口述,崔枢华撰写:《我的百年人生——吴宗济口述史》第二章(续),乔全生主编:《北斗语言学刊》第二辑,上海:上海古籍出版社,2017 年,第229、230 页。

9月25日午间，到中山公园，赴黎锦熙宴。《顾颉刚日记》当日载：

> 到历史博物馆，十二时半出，未阅毕。……至中山公园赴宴。饭后谈一小时散。……今午同席：绍虞、振铎、寿林、季明、根泽、王重民、孙子书、盼遂、予（以上客），黎劭西（主）。①

9月29日，访顾颉刚。《顾颉刚日记》当日载：

> 盼遂来。②

10月，《〈诗·蟏蛸〉篇"远兄弟父母"韵说》再刊于北平中国大学《国学丛编》第2期第1册。 同月（夏历壬申九月），作《论衡集解自序》。

10月8日，访顾颉刚。《顾颉刚日记》当日载：

> 刘盼遂来。③

10月21日，访顾颉刚，遇顾廷龙。《顾颉刚日记》当日载：

> 盼遂来。④

《顾廷龙日记》当日载：

---

① 顾颉刚：《顾颉刚日记》卷二，北京：中华书局，2011年，第691页。
② 顾颉刚：《顾颉刚日记》卷二，北京：中华书局，2011年，第693页。
③ 顾颉刚：《顾颉刚日记》卷二，北京：中华书局，2011年，第696页。
④ 顾颉刚：《顾颉刚日记》卷二，北京：中华书局，2011年，第700页。

孙以堃来,继刘盼遂来,略谈。即以《悫斋年谱》稿与阅,并以校本阮《款识》示之。罗、刘颇赞赏。罗现在编《古史辨》第 4 册,刘则新辑高邮王氏父子集外文及段懋堂外文,足知两君平日读书颇留意。……今日闻刘盼遂云,谢纲之有藏悫斋题拓屏四幅,谢祖与悫斋知交。[1]

11 月(壬申孟冬),张西堂出示 1925 年梁任公给他的复信,先生因为之作跋。 跋文如下:

西堂仁兄出此札见示。按:此乃先师任公乙丑夏与望生先生手迹也。札中张君即谓西堂。嗣后师居清华,尝函约西堂过从谭燕,并以西堂之少年精进,时举以策厉院中诸生,此皆盼遂所目击者。今师久托山阿,然则对兹能勿泫然莫制乎!

壬申孟冬,息县刘盼遂敬跋。[2]

11 月 13 日晚,赴唐兰宴。《顾颉刚日记》当日载:

与履安同乘五点半车进城,予赴立厂宴。……今晚同席:玄同、叔平、杨仲子、潘臬公、芸圻、子植、盼遂、斐云、森玉、中舒、锡永、余(以上客),唐立厂(主)。[3]

12 月,《中国文法复词中偏义例续举》刊于《燕京学报》第 12

① 顾廷龙撰,李军、师元光整理:《顾廷龙日记》,北京:中华书局,2022 年,第 5、6 页。
② 吴晓丛:《张西堂、黄珮存藏学人翰墨过眼录》,《文博》2022 年第 2 期,第 108 页。编者按:《刘盼遂著述集》整理时即依据此文录入。后见《张西堂全集》所收照片,知《文博》所刊文字有讹谬,今据以改正。参张西堂著,张铭洽整理:《张西堂全集》(上)前彩页"梁启超手札四页",西安:西北大学出版社,2022 年。
③ 顾颉刚:《顾颉刚日记》卷二,北京:中华书局,2011 年,第 709 页。

期。 该文在顾炎武《日知录》卷二十七 "《通鉴》注" 条、俞樾《古书疑义举例》卷二 "因此以及彼例" 条、黎锦熙《国语中复合词的歧义与偏义》一文之外，续举古汉语中的偏义复合词例证十七则。 后该文收录于《文字音韵学论丛》时又增补四则，总计二十一则。

编者按：今存先生赠唐兰此文抽印本，封面题："立厂兄指正。"

12月5日，和陈寅恪诗五首刊于当天出版的《大公报·文学副刊》第257期。 五首诗如下：

读陈寅恪师和平伯先生之作枨然有感勉赋五章以见步趋之意云尔

其一

若枝能蔽蒋山青，赖可寻芳问野亭。

尽有伤时陈伯玉，铃铃狮吼少人听。

其二

十郡良家鬼焰青，天魔还舞玉亭亭。

重光枉说风流子，辞庙骊歌未忍听。

其三

芳草依稀六代青，几人览涕上新亭。

南都艳逸凭谁会，取向桃花扇底听。

其四

武德沈舟厄汗青，宣和遗迹艮山亭。

铜仙铅水为辞汉，昌谷哀歌君试听。

其五

侯家将士战袍青，眼见兴亡柳敬亭。

南渡君臣轻社稷，渡河口号更谁听。

编者按：据《陈寅恪先生年谱长编》，本年10月7日，"俞平伯先生侍父俞陛云及章钰游陶然亭,归来赋诗。先生和一首,又别赋一首"①。陈寅恪先生《和平伯韵》一诗原作:"故国遥山入梦青,江关客感到新亭。(沈乙盦诗:'江亭不关江,偏感江关客。')不须更写丁香句,转恐流莺隔世听。"又《用前韵别赋一首》:"钟阜徒闻蒋骨青,也无人对泣新亭。南朝旧史真平话,说与赵家庄里听。"②

12月18日午间,到西四同和居赴侯堮、谢国桢、刘节宴。《顾颉刚日记》当日载:

> 到西四同和居赴宴。……今午同席:幼渔、叔平、森玉、思泊、王力(了一)、觉明、静之、锡永、立厂、欣庵、盼遂、雨亭、斐云、绍虞、振铎、宰平、予(以上客),芸圻、刚主、子植(以上主)。③

是年,有失言而荐贾克文于钱穆事。 钱穆《师友杂忆》有记,钱伟长《谈四叔钱穆》亦提及。《师友杂忆》记此事曰:

> 余迁居二道桥之岁尾,一日,得北平图书馆研究员刘盼遂电话。时北平图书馆有研究员向达、王庸、刘盼遂五六人,集居馆中之地下室,余时去其处,极相稔熟。王庸夫妇亦曾居赁二道桥余家前院。刘君电话告余,彼近登报征一书记,有贾克文远从保定来应征。昨夕方到,今晨起床,令其倒一盆洗脸水,克文乃作色言,我来应征为书记,非为仆人充杂役,请从此辞。刘君大惊讶,告失言,请留,必弗再扰以他事。克文坚不允。刘君告以君远道来,我不慎失言,君遽辞去,我心终不安。恳小留一日,当为君介绍另一去处,俾我心安。克文始允之。刘君谓,兄家有佣妇,有乳娘,又常闭门少人事,故首

① 卞僧慧:《陈寅恪先生年谱长编(初稿)》,北京:中华书局,2010年,第147页。
②《大公报·文学副刊》第250期,1932年10月17日,第2张第8版。
③ 顾颉刚:《顾颉刚日记》卷二,北京:中华书局,2011年,第721页。

虑及,盼为我留之。余诺其请。①

编者按:文中言刘盼遂先生为"北平图书馆研究员",就编者所知,先生只兼任过北平图书馆《学文》杂志编辑,也曾为该馆馆刊审稿,但非该馆研究员,疑钱氏误记。

是年,吴其昌在清华大学历史系讲"尺度异同之研究"一课。 课后,先生曾问吴其昌有何新知识,吴其昌告诉先生北美土著人用死人胫骨为长度单位一事。 先生于1935年追记道:

> 忆去三年前,予与海宁吴子馨同在清华大学教书。子馨曾为历史系诸生讲述"尺度异同之研究"。讲后,予问子馨有何新知。子馨为言,今日北美洲土人,尚未有制定尺度。惟以死人胫骨为者距离之单位,以测一切待量物体。予问言之余,不觉狂喜,以为中国古代之尺,或即用死人之尺骨为之;古代之寸,或即寸口之骨为之;而头骨之"宣",后世作"楦"字,或作"楥"字,即以头骨为法度之义。则尤其彰明较著者也。惟是子馨,今日托迹江浔,未能叩美洲胫骨说之所据,而以予之年来所得新义,亦复不能相与披襟欣赏,以助拊掌之资也,惜矣。②

是年,经张邃青介绍,受太康县宰周镇西(松圃)之聘,与其弟刘铭恕一同开始纂修《太康县志》十二卷。 周镇西1933年春所作的《太康县志序》记此事曰:

> 民国十九年冬,镇西衔命承乏太康,下车伊始,值战事甫停,间

---

① 钱穆:《八十忆双亲·师友杂忆》,北京:生活·读书·新知三联书店,2005年,第182、183页。

② 刘盼遂:《赤子解》,《文哲月刊》第1卷第2期,1935年11月,第73、74页。

阎凋敝,疮痍满目,时方竭智尽能,救民水火之,不暇文献事宜,固未遑也。次年夏五,主席刘公(编者按:即刘峙)通令各县成立志馆,以重文化,乃亟检校旧志……幸邑人士出其民十七年初稿,乃大体已具,未付手民者。于是罗才开馆,推郭君馨坡副余领馆务,并聘王君和卿,益以幕友贺君望云、萧君冶成分任编辑。适邑孝廉朱君静山归自淮馆,即聘总其成。相与广事蒐辑,严订体例,取资旧稿,补阙正误。镇西政务稍暇,亦恒诣商榷。八阅月而志稿告成,同人不敢自信,则又敦聘息县刘盼遂教授精加笔削,期无遗憾。凡此皆由馨坡君始终其事,暨在馆职员各矢辛勤,以勷厥成。

先生《太康县志序》记此事曰:

> 原太康之有志,盖始于明神宗万历二十七年己亥……清圣祖康熙三十六年,邑令燕山朴怀宝续修十卷。后六十四年,清高宗乾隆二十六年,邑令长白武昌国续修八卷,今其书国立北平图书馆有藏本。后六十七年,清宣宗道光八年,邑令都昌戴凤翔续修八卷。是后,国家多故,文教失揆。降至民国十七年戊辰,凡缺修者,已一百年所矣。岁在壬申,永新周君松圃出宰太康,政理之暇,乃鸠僝志之旧稿新料,介张教授邃青远属盼遂。盼遂重违其意,诺之。

民国二十二年癸酉（1933） 先生三十八岁

在清华大学国文系任专任讲师。

1月12日,罗根泽为其所编《古史辨》第四册作序,提及在其编纂该书过程中顾颉刚、胡适、唐钺、钱玄同、冯友兰及先生等十余人给他的帮助。① 当年《古史辨》第四册出版，内收先生为梁启超《〈汉志诸子略〉各书存佚真伪表》所作跋、《王充〈论衡〉篇数残佚考》《论衡集解自序》三文。

2月，《论衡集解自序》刊于《国立北平图书馆馆刊》第 7 卷第 1 号。

2月11日晚，参加清华同学王力为欢迎伯希和举行的宴会。 朱自清日记当日载：

> 晚赴王了一宴，见伯希和。在座有罗莘田、王以中、刘子哲、王静如、李方桂、刘半农、黎锦熙、冯芝生、叶石荪、刘盼遂、浦江清等，多一时之彦。②

2月24日，与朱自清谈及算盘起源等事。 朱自清日记当日载：

> 刘盼遂谓算盘不知起于何时，谓今日阅报湖北沔阳发掘一墓，云是陈友谅之姊妹，棺内有金算盘一具，据此可知元末明初已有算盘矣。③

编者按：1933 年 2 月 22 日《时事新报》第 3 张第 2 版有《旷野红光：掘出石棺一具，传系陈友谅之女，身穿僧衣面貌如生，殉葬金算盘等甚多》的报道。称当月湖北仙桃二十里许之"王市口"出土石棺，内套木棺，内有十五六龄女尸，殉葬物品甚多，包括金算盘等。据民间揣测，墓

---

① 罗根泽编：《古史辨》第四册自序，上海：上海古籍出版社，1982 年，第 15、16 页。
② 朱乔森编：《朱自清全集》第 9 卷《日记上》，南京：江苏教育出版社，1997 年，第 195 页。
③ 朱乔森编：《朱自清全集》第 9 卷《日记上》，南京：江苏教育出版社，1997 年，第 200 页。

主系陈友谅之女。该墓墓主是否为陈友谅之女未可知,朱自清谓"陈友谅之姊妹"亦当是误记。

2月26日午间,与罗根泽一同在新陆春宴客。朱自清日记当日载:

> 午刘盼遂、罗雨亭宴客,有王重民、孙子书、余嘉锡、杨遇夫诸君,钱玄同先生亦在座。[1]

《钱玄同日记》当日载:

> 午刘盼遂与罗根泽赏饭于新陆春。[2]

2月27日,为当月被国民党当局逮捕的清华学生、共产党员章汉捐款一元。3月19日出版的《国立清华大学校刊》载:"刘盼遂先生捐款壹元。经手人:李嘉言。"[3]

3月27日(三月初二),中学恩师张鸿声病故。5月,张鸿声门生共一千余人共同捐资,为其立教泽碑一座,而责先生作碑记,此即《张胪卿先生教泽碑记》。同门薛声震(效宽)以隶书誉抄后上石。碑额"张胪卿先生教泽"七字则出自于右任之手。

编者按:该碑"破四旧"期间曾遭破坏,但主体文字尚存,今在河南省修武县张延陵村双柳苑,俗称"八楞碑",多有拓片存世。编者整理《刘盼遂著述集》时,得修武县王保成、杨天亮二位先生赐拓片,又得张鸿声后人张郑芳女士所藏拓片照片,比较辨识,将此碑文整理出,收录于

---

[1] 朱乔森编:《朱自清全集》第9卷《日记上》,南京:江苏教育出版社,1997年,第201页。

[2] 杨天石主编:《钱玄同日记(整理本)》中册,北京:北京大学出版社,2014年,第913页。

[3]《为章汉君募捐会启事(八续)》,《国立清华大学校刊》1934年3月19日,第4版。

《笔记诗文及其他》卷。

4月21日，访顾颉刚。《顾颉刚日记》当日载：

> 许维遹、刘盼遂、罗根泽来。①

4月28日晚，参加清华大学史学系、河南同乡会、六级同学会举行的李峻之②追悼会。冯友兰主祭，吴晗致悼词。③

5月3日，朱自清约先生，商定下学年课程。朱自清日记当日载：

> 早见刘盼遂、王了一、许骏斋，商定下学年课程。④

夏，河南大学文学院欲聘先生为教授，先生婉拒，并推荐清华同学高亨往河大任教。

6月5日，作《太康县志序》。当月主纂之《太康县志》十二卷完成，凡历十月。彭城张伯英为题书名，太康县县长周镇西作序，本年内铅印出版。此志纂修于国家艰难之时，先生在序中道：

> 时东鲲兴戎，北地阽危，爰与舍弟铭恕发箧陈书，昕夕从事，旋编旋印，无虑十阅月，获溃厥续，竟脱于炸弹、唐克之厄，亦云幸矣！

---

① 顾颉刚：《顾颉刚日记》卷三，北京：中华书局，2011年，第36页。
② 李峻之(1900—1933)，河南南阳人，1931年考入清华大学历史系，曾在《清华周刊》发表《周代西方民族之东殖》《评钱穆先生〈周初地理考〉》等文，深得当时学人赞誉。1933年4月12日病故。遗作由李嘉言等同学编成《李峻之遗著》。参南阳地区史志编委总编室：《南阳地区志·人物卷》，1990年，第244—245页。
③ 李之禹：《李嘉言与刘盼遂先生》，未刊。
④ 朱乔森编：《朱自清全集》第9卷《日记上》，南京：江苏教育出版社，1997年，第215页。

7 月 2 日，朱自清访先生。 朱自清日记当日载：

> 伴竹入城验看，并访罗雨亭、刘盼遂两君。①

7 月 6 日，访顾颉刚。《顾颉刚日记》当日载：

> 刘盼遂、罗雨亭来。②

秋，冯友兰往欧洲游学，清华文学院院长一职由蒋廷黻代理。 蒋氏上任后，开始与国文系主任朱自清谋划对文学院及国文系教员进行调整。

先生此学年（1933—1934 学年）新增两门选修课，一为"《说文》研究"，一为"韵书研究"。③

9 月 5 日，访顾颉刚。《顾颉刚日记》当日载：

> 盼遂、许维通来。④

10 月 15 日，顾颉刚访先生。《顾颉刚日记》当日载：

> 乘八时车进城，到盼遂处，并晤其弟。⑤

11 月，刘铭恕到日本留学。 刘长文《刘铭恕先生年谱》：

---

① 朱乔森编：《朱自清全集》第 9 卷《日记上》，南京：江苏教育出版社，1997 年，第 236 页。
② 顾颉刚：《顾颉刚日记》卷三，北京：中华书局，2011 年，第 65 页。
③《国立清华大学文学院中国文学系（民国二十二年度至二十三年度）》。
④ 顾颉刚：《顾颉刚日记》卷三，北京：中华书局，2011 年，第 85 页。
⑤ 顾颉刚：《顾颉刚日记》卷三，北京：中华书局，2011 年，第 98 页。

11 月公派赴日本早稻田大学考古专业学习,其导师为著名考古学家西村真次。①

12 月 1 日,访顾颉刚。《顾颉刚日记》当日载:

刘盼遂、许骏斋来。②

12 月 17 日,在北大出版部遇顾颉刚等。《顾颉刚日记》当日载:

饭毕,与希白同到北大出版部购书,遇皖峰夫妇、盼遂、芸圻等。③

民国二十三年甲戌（1934） 先生三十九岁

春夏,在清华大学国文系任专任讲师。

1 月（癸酉亥月）,撰成《六朝唐代反语考》一文,并刊于本月出版的《清华学报》第 9 卷第 2 期。 该文针对反切之所以称为反、称为切的问题,采集六朝、唐代反语故事三十三条作为例证,"使反切得名之来源,借以大白于世"。 由该文后记可知,先生研究反切,亦受吴

---

① 刘长文:《刘铭恕先生年谱》,《刘铭恕考古文集》,郑州:河南人民出版社,2013 年,第 1651 页。

② 顾颉刚:《顾颉刚日记》卷三,北京:中华书局,2011 年,第 116 页。

③ 顾颉刚:《顾颉刚日记》卷三,北京:中华书局,2011 年,第 123 页。

承仕影响。因有关学术交流，故抄录该后记如下：

吴检斋先生《经籍旧音叙录》云："沿及六朝，反语益众，顾炎武《音论》所录不下十数事，俞正燮《反切证义》所举尤夥。或由声音节族，眇合自然；或由颠倒音辞，用资谈谑。虽与反语相应，究非比况作音。"今按：顾、俞甄录，不足二十事。本篇所采不啻倍之。吴先生搜罗经籍旧音，自不须此种资料。然其谓"声音节族，眇合自然"，则六朝、唐之反语故事，实足当之无愧。惟此类率出于民间妇孺佣保之口，而能体文声势，咸合于孙叔然、陆法言规律之中。此固音韵学中一大有趣问题也。癸酉亥月书于日下之丘祖坊。①

1月13日，与杨树达谈文字。《积微翁回忆录》当日载：

遇刘盼遂，谈文字。余偶举海、溟、晦、冥四字，盼遂举经、络、径、路。归后，余又思得径、略二字。②

2月1日（癸酉腊月十八日），作《杨守敬校论衡题记》。

编者按：是年左右先生校《论衡》一书时，过录北大学生悼厂（今不知名氏）自故宫大高殿迻录杨守敬《论衡》校语，并录悼厂所述原委。此题记生前未刊，1986年由其弟子辛志贤刊于《文教资料》当年第3期。

3月21日，访顾颉刚。《顾颉刚日记》当日载：

盼遂、骏斋来。③

---

① 刘盼遂：《六朝唐代反语考》，《清华学报》第9卷第2期，1934年1月，第141页。
② 杨树达：《积微翁回忆录》，上海：上海古籍出版社，1986年，第78、79页。
③ 顾颉刚：《顾颉刚日记》卷三，北京：中华书局，2011年，第170页。

4月18日，访顾颉刚。《顾颉刚日记》当日载：

> 盼遂、骏斋、海波来。①

春末，撰成《中国金石之厄运》一文。该文"搜辑载纪中椎碑销铜故事"，并加上其弟刘铭恕《古器物厄运讲义》中收录的材料，上至周显王三十三年九鼎入于秦而亡，下至清末甲骨出土被当作药材售卖，叙述了2000多年来金石器物被毁坏的案例，其目的是"冀以启人撼怀旧之蓄念，发思古之幽情而止耳"。

5月1日，《齐州即中国解》刊于《禹贡》第1卷第5期。该文以李贺《梦天》诗"遥望齐州九点烟"为引，举《尔雅·释地·四极》《列子·汤问》中的"齐州"以及《列子·黄帝》中的"齐国"为例，证明"齐州"有"中国"意，并进一步引《史记·封禅书》"齐之所以为齐，以天齐也"及《索隐》"天齐泉，言如天之腹脐"之言，论说"齐"字有"中"意，是因"齐"字孳乳为"脐"字，而脐在人的腹部中央，故"齐"得中央之称。

5月9日晚，到新陆春饭庄赴王重民宴。《顾颉刚日记》当日载：

> 到新陆春赴宴，七时许吃饭未毕，雇人力车归。今晚同席：高步瀛、伦哲如、孙人和、刘盼遂、适之先生、玄同先生、胡文玉、赵蜚云、孙子书、张西堂、刘儒霖、刘半农、予等（以上客），王有三（主）。②

上年秋至是年春夏，清华文学院长蒋廷黻与国文系主任朱自清谋划中文系教师聘用事宜，拟是年聘期结束后，不再续聘先生（先生本

---

① 顾颉刚：《顾颉刚日记》卷三，北京：中华书局，2011年，第180页。
② 顾颉刚：《顾颉刚日记》卷三，北京：中华书局，2011年，第187页。

学年专任讲师一职，聘期自 1933 年 8 月 1 日起至 1934 年 7 月 31 日止①）。 据朱自清日记，上年 9 月 27 日，蒋、朱"谈系中功课太多。 又谈明年可否去杨。 ……又谈罗雨亭，余谓明年可去之。 ……总之，教授地位不易动。 因谈刘盼遂可去否？ 余谓再通盘计划再谈"②。 本年 2 月 6 日，"早闻刘盼遂、赵斐云、郑振铎皆有私摄图书馆书影事"③。 2 月 27 日，蒋、朱二人决定"讽刘盼遂至河南"④。 3 月 3 日，朱自清"下午访杨遇夫，谈刘盼遂事，决定由我写一信，由杨转"⑤。 3 月 7 日，"刘叔雅转告刘盼遂仍不愿在此"⑥。 3 月 20 日朱自清"访陈寅恪谈刘盼遂事，谓刘疑蒋、冯有隙。 余谓其说过甚"⑦。 3 月 22 日"晚蜇（斐）云来谈刘盼遂事，谓陈公颇发感慨，陈评研所卒业生以刘为最"⑧。

编者按：先生私摄图书馆书影事当是虚言，因先生并不懂得摄影。 "讽刘盼遂至河南"，因本年河南大学又来书聘先生为教授。朱自清请杨树达转信，盖当时在清华国文系中，先生与杨树达关系较好。以编者所闻，参上述朱自清《日记》可知，是蒋、朱不再续聘先生之意已久，后迫

---

① 此聘用日期见王孙禺、周茂林、李珍编：《清华时间简史：人文社会科学学院》"教师与职工"表 6-2《1931—1937 年文法学院教师名录》，北京：清华大学出版社，2016 年，第 301 页。据该书所注，原出处为《（二十年至二十六年度）教师一览表》，清华大学档案，全宗号 1，目录号 2：1，案卷号 112。

② 朱乔森编：《朱自清全集》第 9 卷《日记上》，南京：江苏教育出版社，1997 年，第 252、253 页。

③ 朱乔森编：《朱自清全集》第 9 卷《日记上》，南京：江苏教育出版社，1997 年，第 280 页。

④ 朱乔森编：《朱自清全集》第 9 卷《日记上》，南京：江苏教育出版社，1997 年，第 283 页。

⑤ 朱乔森编：《朱自清全集》第 9 卷《日记上》，南京：江苏教育出版社，1997 年，第 234 页。

⑥ 朱乔森编：《朱自清全集》第 9 卷《日记上》，南京：江苏教育出版社，1997 年，第 285 页。

⑦ 朱乔森编：《朱自清全集》第 9 卷《日记上》，南京：江苏教育出版社，1997 年，第 286 页。

⑧ 朱乔森编：《朱自清全集》第 9 卷《日记上》，南京：江苏教育出版社，1997 年，第 286 页。

于压力又有退让，陈寅恪、刘文典等教授亦表明支持先生之态度，但先生颇不快，决意离职。李之禹先生有《李嘉言与刘盼遂先生》一文可参。至此，先生离清华去河南已成定局。但其后清华国文系学生知先生不再被聘用后，殊为不平，遂又起波澜。

5月18日，清华大学国文系全体学生开会，一致通过挽留先生的决议，并于次日派代表见朱自清。朱自清日记19日载：

> 早董同龢、刘述真、许世瑛、陶光来谈，系中同学开大会，要求三事：1. 坚决挽留刘盼遂；2. 闻、浦须换课；3. "西洋文学概要"及"英文文字学入门"取消。定商于蒋再说。此事殊为难。
>
> 晚在平伯处吃饭，平伯谓系事至多摘下方眼镜即可。①

编者按：关于俞平伯谓"系事至多摘下方眼镜即可"的寓意，李之禹先生在《陈寅恪先生给李嘉言的信》一文中认为是"方眼镜当指刘盼遂"②。此说似可商。刘盼遂先生虽也戴眼镜，但从现存他在清华任教时的照片来看，他戴的是圆眼镜，以"方眼镜"指代他证据不足。

5月21日，当天出版的《清华副刊》第41卷第9期刊发《中国文学系全选同学挽留刘盼遂先生》一文，叙述当时学生因不满先生离校而决定挽留的情形，录之如下：

> 中国文学系专任讲师刘盼遂先生，品性高尚，学识丰富，来校教学数年，所任各门功课，均极能使同学感觉兴趣而努力，故极为同学所爱戴。惟不知何故，近忽拟于下学期离校，该系同学闻之，莫不震骇，乃于十八日晚间开全体会议，一致通过坚决挽留，并推出五人，

---

① 朱乔森编：《朱自清全集》第9卷《日记上》，南京：江苏教育出版社，1997年，第292页。

② 李之禹：《陈寅恪先生给李嘉言的信》，《书屋》2016年第2期，第53页。

负责向学校交涉。十九日晨代表五人往见系主任朱自清先生,申陈同学之意见,并说明刘先生不能离校之必要,当经朱先生允以商之蒋文学院长。结果如何,尚不可知云。①

编者按:五名学生代表当为董同龢、刘述真、许世瑛、陶光和李嘉言。

5月21日,清华大学国文系学生代表为挽留先生,再次见文学院院长蒋廷黻。朱自清日记载:

> 学生晤蒋,蒋甚坚定。②

6月4日出版的《大学新闻周报》刊发报道《清华中文系之悲喜剧:书声起夜色清师生大开吟诵会　学生留学校怨教授将唱别离歌》,叙述学生为挽留先生而与院方交涉过程如下:

> 本校中国文学系讲师刘盼遂先生因故将于下学期离校他往,经中文系全体学生挽留,已志本刊,近日此事从未达到相当之解决。学生以刘先生学行甚高,而文学院当局复去取不公,遂举代表晋谒蒋代院长廷黻,当即提出二点质问:"(一)据闻刘先生之所以去,系院当局于其治学方法,有所不满,是否属实? (二)刘先生所授之课系甲骨、金文等科,果去之后聘人必难,岂不影响学生学业?"蒋答:"(一)本人虽不学中国文学,然以为中国文学教师,必能了解旧文学,且能创造新文学者方为合格,以本人所闻,刘先生实未合此条件;(二)刘先生去后,功课不能开班,诚如君等所虑,但学校当设法解决之也。"中文系全体同学对于此种错误而圆滑之答案,深表不

---

① 《清华副刊》第41卷第9期"新闻",1934年5月21日,第251、252页。
② 朱乔森编:《朱自清全集》第9卷《日记上》,南京:江苏教育出版社,1997年,第293页。

满,当即拟就一函,呈该校最高权力机关评议会,函中于刘先生学问优良之处,不如蒋院长得诸传闻者,具体叙述刻犹未得解决。闻刘叔雅教授将出面斡旋,以免事件扩大云云。①

5月21日晚,先生在新陆春宴请江瀚、钱玄同等人。《钱玄同日记》当日载:

> 六时刘盼遂赏饭于新陆春。座中有江叔海,谈丁酉、戊戌间事。②

5月28日,当天出版的《清华副刊》第41卷第10期刊发《刘盼遂先生殆难挽留——同学谒蒋院长未获结果,正向聘委会作最后申请》一文,全文如下:

刘盼遂先生殆难挽留　同学谒蒋院长未获结果
正向聘委会作最后申请

中国文学系专任讲师刘盼遂先生因故将于下学期离校,该系同学出面挽留,事已载上期本刊。兹悉该系同学所推出之代表五人,已于廿一日谒见文学院蒋廷黻先生,陈明全体同学之意见毕,复提出两点:(一)据闻刘先生之所以去,系因学校当局对其治学方法有所不满,然以同学数年与刘先生相处之经验所得,则觉刘先生之学识实甚渊博,且所授课程同学均极有心得,同学固不能以己见为当,然亦不敢信为全非,因此请学校务必参纳同学意见,对刘先生事重加考虑。(二)刘先生现在本系担任之课程均极重要,对专治文学

---

①《大学新闻周报》第20期,1934年6月4日,第2版。

②杨天石主编:《钱玄同日记(整理本)》下册,北京:北京大学出版社,2014年,第1012页。

者或专治言语文字者皆为基本学问。刘先生授之皆游刃有余,若一旦离去,则现有各教师势不能尽代担任,而此数门基本功课必然不能开班,如是影响于同学课业者将何堪设想? 蒋院长当就二点答复:(一)本人虽不懂中国文学,然以为中国文学系教师必能了解旧文学且能创造新文学者方为理想的人物,以本人所闻,刘先生实未合此条件;(二)刘先生去后,功课不能开班,同学所虑亦是,然学校自当设法也。代表等聆教后,当以蒋院长之立足点根本与学生不同,且意志似甚坚定,谅不能有何结果,乃兴辞而去。事后,以蒋院长之意见传达于同学,同学对蒋院长意见颇不能了了,群以再请之于聘任委员会,亦或有结果,同学为功课前途忧虑之苦衷,以或可见谅也。现悉上陈聘委会函已于日前发出,兹觅得原函如下:

聘任委员会诸先生尊鉴:

窃闻好学者不矜名,守德者不慕利,求诸今世,其能与道污隆为人法师者盖其寡也。讲师刘昐遂先生,钩沉古籍,精研金文,好学耽思,持坟入典,执教于本校有年,治事之勤,处人之诚,不暇生等一一谈也。方庆孔坛马帐,既闻道以进修,扬处朱门,时载酒而立雪,乃闻刘师忽有他迁之讯,谛听之余,惊悚何胜。初以为道听途说,传言多讹;因以叩之院系当局,始悉寒谷生风,其来有自。窃以为刘先生之不可去有数,愿为钩会陈之。钟鼎盘敦文字,鸟兽虫鱼之书,形义声韵之学,皆为治国学之基础,又非专心骘学者不办。苟以为轻而不急也,则毋宁否认国学,去国文系可以。脱非如是,则必以此为发轫。此非生等好为异论也,凡此所言,率皆他人所不能,而刘先生优能为之。刘先生去则此数课程势难开讲。且也,以目前而论,本系教授既少,其仅务以新自矜而讲解不能使同学明了者复非无一二。此本系景象抑何可虑? 今彼而不除,此竟去之,生等百思不能得其解也。窃亦尝陈之院系当局矣。院系当局一则曰:教学之法厥宜维新,或则曰:出于众议积非一日。所论均难言之成理持之有故。夫学问之道,非仅谓新旧而已。新者未必为长,旧又何能言其必短?要之,求其能启生徒者始为上也。苟以为刘先生之法旧,何则不尽去本系之老师宿儒,而易以游学西国、近兹改涂者乎?此谓之蔽于一,窃以为未足说理也。至于事之决定,自当辨其是非,不能一断遂不可易。生等年富浅寡,未敢固执,然亦尝叩之于绝学深思之士,言刘先生为不能者,未之有也;如是言之,评论何相左乃尔。所谓众议者,得非诬耶?生等埋首书案,向不预闻学校行政,然有危害于学问课业者,则不容缄口。前瞻来涂,莫名惶悚。惟钧会审事度理,体物察情,为有益之改正。生等所翘首切盼者,莫过于是矣。临书神驰,伫以待命。

中国文学系全体学生谨启

　　编者按:据李之禹先生言,此"上陈聘委会函"为李嘉言先生所撰。此后清华大学国文系系方为平息刘盼遂先生未续聘事,又做了不少功课。据朱自清日记,5月30日,"刘盼遂事载《副刊》,尚无大便处,惟致聘委会一书,涉及一年多耳"[1]。5月31日,朱自清"为刘盼遂事见梅,言语欠商酌之态度。晚赵斐云来谈(拟聘徐中舒或唐兰教金文)"[2]。6月2日,朱自清"师大课后访杨遇夫,商下年课程,并谈刘盼遂事"[3],6月6日,"冠英来告,刘叔雅曾谓将与学生别,又谓将不干,因刘盼遂系彼介绍云云;前事乃聘书晚送之故"[4]。前后经过数月,先生去职风波,终告一段落。此亦清华中文系当年一有影响之事。

---

　　[1]朱乔森编:《朱自清全集》第9卷《日记上》,南京:江苏教育出版社,1997年,第294页。

　　[2]朱乔森编:《朱自清全集》第9卷《日记上》,南京:江苏教育出版社,1997年,第294页。

　　[3]朱乔森编:《朱自清全集》第9卷《日记上》,南京:江苏教育出版社,1997年,第295页。

　　[4]朱乔森编:《朱自清全集》第9卷《日记上》,南京:江苏教育出版社,1997年,第296页。

6月，陈寅恪赠先生《李唐氏族之推测后记》一文，时先生《李唐为蕃姓三考》一文正在二次校稿。 先生读陈文后，在《李唐为蕃姓三考》一文后补作《附说》，陈述陈寅恪关于李唐氏族血统的结论，即"李唐氏族，若仅就其男系论，固一纯粹之汉人也""李唐一族之所以崛兴，盖取塞外野蛮精悍之血，注入中原文化颓废之躯"。 先生最后认为，"李唐于称帝之前，渐渍鲜卑俗者綦深。 纵非其嫡裔，亦自归化之极，至于乱真"。 当月《李唐为蕃姓三考》刊于《燕京学报》第15 期。

编者按：今存先生赠蔚生（疑为韩寿萱）《李唐为蕃姓三考》抽印本，封面题："蔚生先生教正。"

6月10 日，午间赴罗根泽宴。 会后与顾颉刚谈。《顾颉刚日记》当日载：

> 与盼遂等谈至三时别。……今午同席：高步瀛、劲西、吴检斋、盼遂、唐立厂、予（以上客），罗雨亭（主）。①

6月11 日，清华大学国文系学生计划次日为先生饯行，致函朱自清相约。 朱自清日记载：

> 系中学生明晚送刘盼遂，来函相约，拟不往。②

次日晚朱自清躲避于俞平伯处。

6月12 日晚间，清华大学国文系学生三十余人在三院教室为先生辞行。 当月19 日出版的《大学新闻周报》第22 期刊发报道《清华中

---

① 顾颉刚：《顾颉刚日记》卷三，北京：中华书局，2011 年，第 198 页。
② 朱乔森编：《朱自清全集》第 9 卷《日记上》，南京：江苏教育出版社，1997 年，第 299页。

文系：迎新送旧啼笑皆非　樽酒倾谈刘盼遂从兹去矣！　昆歌几曲陈延甫曷兴乎来！》，对国文系学生送别一事进行叙述，节录如下：

　　【清华园通讯】本校中国文学系全系同学以学校办事不公致刘盼遂先生离职他往，曾一再挽留，均未达到目的。于无可奈何之中，为表示刘先生年来设教勤劬及同学恋恋之情起见，乃于十二日夜八时在三院教室略备茶点，为刘先生祖别。届时到会全体同学共三十余人，刘先生亦按时到场。首由主席董同龢君致词，对于刘先生学问优长、任教辛勤之点再三申叙，复将同学惜别况味及不获已之苦衷，详为陈述。继由刘先生答词，表明必去之情形，与夫勉励诸同学之努力，后即席清谈。宾主虽皆黯然神伤，然以前途希望至大，固不必区区效儿女之情也。故皆纵意高谈。会散时已十一时矣。并闻刘先生下年或赴日游历，或就任河南大学中国文学系主任，刻间尚不能决定云。①

7月，《中国金石之厄运》刊于《清华学报》第9卷第3期。

　　编者按：先生自此告别清华。先生在清华任教三年，其授课之外，亦有趣事。据吴甲丰《"尽信书不如无书"及其他》一文记述，先生同窗好友吴其昌之弟吴世昌1977年曾给吴甲丰（亦吴其昌、吴世昌兄弟远房族弟）讲过一个有关先生的逸闻，此事约发生在20世纪30年代初，故暂录于此：

　　　　于1986年去世的吴世昌先生，是我的同乡兼远房族兄，更是交谈很"投契"的师友，所以，在他生前我常去拜访，我爱听他谈许多有趣的文坛掌故，也乐于从中获得许多有益的知识。有一回，他对

---

①《大学新闻周报》第22期，1934年6月19日，第1版。

我谈起如下的一段趣闻。他说,大约在三十年代之初,文史学家、清华大学的刘盼遂教授,与其他三四位学者共同编写了一部学术著作,由于部头大,出版社很难接受。他们想自己集资出版,但一时又凑不齐这笔巨款,于是向一家比较相熟的银行贷款。按照规定,贷款必须交一件贵重的东西作抵押。刘盼遂等经过商议和准备后,送去一个大箱子,抬起来倒也有些分量,箱口却是严锁密封,显得箱中所藏必然十分珍贵。刘等对银行经理说:"这里面装的都是我们几个人多年搜集的古版珍本书,说实在的比自己的性命还要宝贵,我们此外身无长物,就拿它们来抵押吧! 现在请您验看一下……"那位经理连忙摆手说:"各位言重了,哪里还用得着验看? 我十分相信你们各位!"于是这只箱子原封不动地放进了保险库。大约一年之后,学者们的大部头书出版了,并且经过发售和订购,所得的钱足够还本,于是他们把那笔贷款连同利息交还银行。

还款的片刻,那件"珍贵的抵押品"也从库房中取出来,这时,刘盼遂却不慌不忙地掏出一把钥匙把箱子打开,把里面的"珍贵品"略加翻腾,那经理一看立刻惊愕得目瞪口呆:原来里面哪里有什么"古版珍本",却尽是些破布废纸裹着少量木片木块! 但既然贷款已经本利全清,银行方面丝毫没有损失,而"珍贵的抵押品"这时也已失掉了作用,外加要顾全教授们的情谊,那经理也只好一笑了之。临别,刘盼遂却还要诙谐地补上一句:"您知道吗,这就是孟子所说的'尽信书不如无书'啊!"

世昌兄对我讲这个逸闻是在 1977 年,那时刘盼遂教授早已悲惨殒身。据说,刘氏胸罗万卷,爱书如命,也以藏书的丰富著称于学术界,不料 1966 年 8 月间北京城大闹"破四旧",一群、两群"造反派英雄"闯进他家把大量藏书抄走、焚毁,最后他老夫妇俩也不明不白地丧失了生命,落了个"以身殉书"!①

7月1日,《六朝称扬州(今之南京)为神州考》刊于《禹贡》第1卷第9期。该文认为,南朝因定都秣陵,扬州牧、丹阳尹治所亦在此地,故而当时文人笔下,将扬州(今之南京)美作"神州",并举沈约《宋书·刘牧之传》《自序》,《昭明文选·齐竟陵文宣王行状》《齐明皇帝作相让宣成郡公第一表》,梁元帝《金楼子自叙》等文献中所涉"神州"条为例,对李善、张铣等对南朝"神州"地理名词的误解加以甄明。

8月24日(甲戌中元),姜忠奎赠先生《说文转注考》一册,并于书衣上题赠曰:

> 盼遂先生正。姜忠奎。

姜氏又作短札向先生借阅部分书籍,文曰:

> 《前汉》敬璧上,《廿史札记》及《四库提要·史部》尚祈暂赐一阅,至祷。

8月27日,到来薰阁访书,遇钱玄同。《钱玄同日记》当日载:

> 至来薰阁随便看看书,晤刘盼遂、吴其昌、谢刚主也。②

---

① 吴甲丰:《"尽信书不如无书"及其他》,《文汇报》1992年11月5日。转引自吴甲丰:《对西方艺术的再认识》,北京:中国文联出版公司,1998年,第557、558页。

② 杨天石主编:《钱玄同日记(整理本)》下册,北京:北京大学出版社,2014年,第1034页。

秋，应清华同学陆侃如先生之邀，为顾佛田《云抱簃诗话》作序
（后收录于《百鹤楼读书札记》）。

秋，正式到开封，任河南大学文学院文史系教授。9月27日出版
的《河南大学校刊》载：

> 本年度本校各学院教授，于开学之前即由校长聘定，除旧有教
> 授分别续聘外，并新聘刘海蓬、刘盼遂等诸先生，均已先后到校，查
> 诸先生皆系海内知名之士，学术渊博，兹将其所任课程及职务，分志
> 如次：
> 刘海蓬　文学院教授……并兼教务长职务。
> 刘盼遂　文学院文史系教授，任《说文》研究、《汉书》研究、"三
> 礼"研究等课程。[①]

时文史系主任为嵇文甫。此后一年内，清华同学高亨、蒋天枢、朱芳
圃、姜亮夫等陆续来到开封，任教于河大或迁来之东北大学，开封一
时成清华国学研究院同学聚会之地。

秋，受李敏修之邀，受聘为《汲县新志》总纂。修志期间，李时
灿曾致书先生，论志书修纂，当重地方文化，并对《人物志》等篇编
写提出己见。先生作《汲县新志序》时略录李书，曰：

> 鄙意志中关系地方政治外，当以文化为最重。前代贤哲，过境
> 其稍久者，于风化极易熏染。孔子至卫数次，其弟子即有卫国数人，
> 士大夫或亦受过化存神之益。秋涧文学，亦由元遗山之卫。丘处机
> 在卫亦久，旧年道士，尚能言之。夏峰初来卫，主汲城里李氏，清代

苏、李，科甲联绵，而孝友传家，无以骄奢失德者，或亦其一因也。祈于此加详为幸。《人物志》中，鄙意亦稍有意见，拟其见诸历史者全录史传，若太公则史传外，旁采《周书》及《大戴礼》之可信者，附之史传后，家传次之。凡父子、兄弟、祖孙、叔侄有传，均归一处；同族者虽少远，亦不妨附见，以家学遗传，实有渊源所自也。家传后以类传次之，孝义忠节，除事迹较多应加详，余统以事之成就相类者，提归一传，庶笔墨获简也。①

先生修《汲县新志》历十月余，至次年基本编成。但受时局等因素影响，该志未能出版。

编者按：经查，该志稿本今尚存八卷，藏于河南省新乡市图书馆。

秋，北平琉璃厂通学斋买入高邮王氏三世手稿若干种，后由陈垣、孙人和、余嘉锡、伦明集资购之。余嘉锡《跋王石臞父子手稿》一文记此事曰：

> 甲戌秋，北平琉璃厂书肆通学斋购得高邮王氏三世稿本若干种，为一大捆，颇丛杂无绪。自石臞、伯申两先生书牍、诗文、稿草外，凡谢恩札子、庶常馆课卷，以至医方、计簿及伯申子寿同任湖北监司时所治官文书皆在焉。其中亦颇多抄胥所写，不皆真迹也。又有平津馆所抄《尸子》《孙子魏武注》等数种，殆孙渊如录以示伯申先生者。盖至是而王氏家藏之稿尽出矣。通学斋索价甚高，更数主皆不谐。伦君哲如明乃与余辈谋集赀合购之，其大部归孙君蜀臣人和，其奇零归于余与哲如，而精华则为陈援庵先生所得，即石臞先生所撰《段懋堂墓志铭》《与江晋三论韵书》是也。其后又从北平庄氏

---

① 刘盼遂：《汲县新志序》，《国立北平图书馆馆刊》第 10 卷第 4 号，1936 年 8 月，第 1、2 页。

得石臞与朱武曹书、《汉隶拾遗序》及伯申《自请处分折》稿,乃合装为一卷。①

后先生编纂王氏父子《文集补编》《高邮王氏父子年谱》时,从陈垣、余嘉锡、孙人和、伦明处得王氏父子佚文多种,多数为此次通学斋所散出者。

10月,与河南大学葛定华、胡石青、姜亮夫、李笠等教授一同发起成立"中华史学社"。当月15日出版的《河南大学校刊》有专门报道,全文如下:

葛定华、胡石青等发起组织中华史学社
"普及历史智识复兴民族"

本校文史系史学组主任葛定华,讲座胡石青,文史系主任嵇文甫,教授杨筠如、张邃青、刘盼遂、姜亮夫、李雁晴诸先生鉴于国势日趋危亡,欲谋救亡图存,首在复兴民族精神,而复兴民族精神,则以普及历史智识于民众,为最有效力之良方,爰特纠合同志,组织"中华史学社",并以下列两点为努力之鹄的:一、历史知识之普及,即求完善之办法,俟历史知识普及于全民;二、历史研究之专精,即考究历史之内容,辨正史实,充实史料,以适当之历史知识供献于社会云。②

10月、12月,《论衡校笺》分两期刊于《国立北平图书馆馆刊》第8卷第5、第6号上。

编者按:先生对《论衡》的整理,始于在清华国学院读书时,后到女

---

① 余嘉锡:《跋王石臞父子手稿》,《余嘉锡文史论集》,长沙:岳麓书社,1997年,第600页。
② 《河南大学校刊》第53期,1934年10月15日,第2版。

师大研究所任职时，已将其作为一个正式研究课题，并基本完成，到清华后再作订补，直至此时方正式发表，历时七年有余。《论衡校笺》全文共五万九千字，校订、笺正《论衡》原文八十四篇八百二十余条，从容量上来说，与其说是一篇文章，不如说是一部专书。该文是先生在民国时期从事《论衡》整理最重要的成果，奠定了先生在《论衡》研究领域的地位，也是后世研读《论衡》一书者不可不读之文。其后先生所作之《论衡集解》，亦是在此文基础上修订、扩展而成。北平图书馆馆刊编辑部曾将此文从第8卷第5期和第6期中抽出，合并为一册，名为抽印本，实则如同单行本，先生友朋索要甚繁。曾见先生赠其河南大学同事李笙一部，封面有先生赠言曰："雁晴仁兄先生教正。"

11月，山西大学同学洪海（陆东）返开封（洪氏当年春已任国民党河南省党务特派员，其间回南京述职），两位老同学得以十多年后聚首。洪氏当月南归前，先生赠其家藏《惠氏精华录训纂》一部，并赋送别诗二首。诗曰：

送陆东南归有序

陆东特派员兄将归白下，谨以家藏旧本《惠氏精华录训纂》侯行，兼赋短篇，用导离志。况值斯文衰歇之运，必得大力者起而倡于，始克奏来苏之功。亦愿陆东能夜了公事，昼接词人，如新城尚书理扬州时矣。

十年别后见霜毛，持节中原党务劳。

却忆并州年少日，诗能雄肆酒能豪。

清诗十轴压归装，胜割端溪砚几方。

最爱经神小红豆，肯销心力事渔洋。[1]

11月15日，当天出版的天津《大公报》副刊《世界思潮》第85

---

[1] 刘盼遂：《送陆东南归有序》，《河南大学校刊》第59期，1934年11月26日，第3版。

期刊发冯友兰《读〈评论近人考据老子年代的方法〉答胡适之先生》一文。 冯氏在文中曾以"刘盼遂先生考《老子》书中所用韵,证明它是晚出"为依据,证《老子》一书是晚出。

编者按:据此疑先生有关于《老子》用韵的专文,今未查见。

12月10日,当天出版的《河南大学校刊》第61期第4版刊发先生之父际堂老人《和章献子同学潢桥篇》诗一首,后有该刊编者按语。 诗曰:

和章献子同学潢桥篇

息县际堂老人

桥跨潢川河上,连贯南北二城,交通之孔道也。

谁造长桥架远空,恍看龙卧起波中。

暮砧两岸秋声急,春柳千条日气融。

巨浪打成凭约束,万民得路足交通。

寻诗驴背频来此,银海何须待雪风。

（原刊）编者按:诗为本校刘盼遂教授之尊翁际堂老先生路过潢川,睹物感怀,遥和章氏之作。诗意高古,用字简练,足称大家。亟刊载如上,以为嗜诗者共赏焉。

12月15日,《暮春西郊道上》《三贝子花园有怀》二诗刊于《河南教育月刊》第5卷第2期。

12月17日,《郾城县赵母谷孺人节孝碑文》刊于《河南大学校刊》第62期第4版。 此文为先生应谷孺人之甥蔡东藩之请而作。

是年,为高丽相关史籍事,曾作书询问在日本早稻田大学问学的清华同学蓝文征,蓝氏于11月30日回信。 先生因该信有益史林,遂将其刊于12月24日出版的《河南大学校刊》第63期第4版上。 全文曰:

与刘盼遂书：论郑氏高丽史

蓝文征

盼遂吾兄史席：前书所询高丽国抄事，顷检早稻田图书馆有郑麟趾撰《高丽史》百卅九卷，其进书笺云："正宪大夫工曹判书集贤殿大提学，知经筵春秋馆事，兼成均大司成，臣郑麟趾等，诚惶诚恐，稽首上言……惟王氏之肇兴，自泰封以崛起，降罗灭济，合三韩而为一家；舍辽事唐，尊中国而保东土。……太祖康献大王……命史氏而秉笔，仿《通鉴》之编年。及太宗之继承，委辅臣以雠校。作者非一，书竟未成。世宗庄献大王，遹追先猷，载宣文化。谓修史要须该备，复开局，再令编摩。……更令庸愚，俾任纂述。凡例皆法于迁史，大义悉禀于圣裁。避本纪为世家，所以示名分之重。降伪辛（辛禑）于列传，所以严僭窃之诛。……只竭三载之劳，勒成一代之史。……所撰《高丽史》，世家四十六卷，志卅九卷，表二卷，列传五十卷，目录二卷。通计百卅九卷。……景泰二年八月廿五日（前衔）臣麟趾等上笺。"按麟趾伯睢，号学易斋，河东人。太宗（李芳远）十四年，文科第一人。累官至领议政。卒谥文成。著本史外，后有《七政内篇》《历代兵要》《丝纶全集》《学易斋全集》等。初朝鲜太祖李旦（即李成桂）命儒臣仿《涑水》《通鉴》，用编年体，撰《高丽史》卅七卷，然有阙遗未备者。太宗（李芳远）命人重修未成而止。至世宗（李陶）始命麟趾等卅二人，仿迁史用纪传体。至文宗（李珦）元年（即明景泰二年）告成。叙王氏卅二世五百年间事甚为该备。原印本有七十册者，有八十册者，其内容则一。在韩国早已罕睹，日本藏书家仅有二三部。明治卅一年日本国书刊行会，购得山口县人近藤清石藏本，云系毛利侯旧物，所谓大内本之一者，以活字板排印。重野安绎博士序其首。惟原本多存古字，日本活字本，泰半改为俗字，止于佚文脱字，尚阙而未补，稍存其旧。

来书所云四十册之抄本与郑书世家卷数略符。国王用世家不称纪，想即郑氏之书，以进呈天朝，未及全录耳。宜藏书家矜恃之也。如承抄示目录，藉以与日本之活字本相验证究其异同，亦洵快事。端复，敬颂

冬绥！

弟文征顿首。十一月卅日于东京

　日本之活字《大高丽史》共装三厚册，一世家，二表志，三列传、目录。新者索价甚昂，稍旧者随处可得。

民国二十四年乙亥（1935）　先生四十岁

春夏，在河南大学文学院文史系任教授。

1月1日，《重九后一日正阳关驿旅题壁》一诗再刊于武昌《正中》半月刊第1卷第3期《雅音集》。同日，《中州民国四先生传略》刊于当日出版的《河南大学校刊》第64期第3版，收先生为清末至民初中州名贤张之锐、马吉樟、秦树声、李时灿所作的小传（李时灿小传在刊发时略去）。

1月6日，访杨树达。《积微翁回忆录》当日载：

　刘盼遂从开封归，来访。谓读余所寄说字之文十余篇，首首皆精湛；极致佩仰之意。①

1月13日，访顾颉刚。《顾颉刚日记》当日载：

---

① 杨树达：《积微翁回忆录》，上海：上海古籍出版社，1986年，第92页。

盼遂来。①

1月29日午间，与谢国桢做东，在同和居宴客。《顾颉刚日记》
当日载：

> 到同和居赴宴。……今午同席：钱玄同、陈寅恪、袁同礼、孙蜀
> 丞、郭绍虞、冯芝生、徐森玉、予(以上客)，谢刚主、刘盼遂(主)。②

《钱玄同日记》当日载：

> 午到同和居，谢塨与刘盼遂赏饭也。同座有颉刚、绍虞、森玉、
> 芝生、蜀丞、寅恪等人。③

2月1日，《说文师说》刊于《北强月刊》第2卷第2期。

编者按：此篇较之前发表在《国学论丛》上的《说文练习笔记》内容
丰富很多，亦订正《说文练习笔记》所记讹误数条，加诸己见，并有前序。
序中回忆当年在清华国学研究院读书时王国维教授《说文》和自己记录
整理的经过，颇为感伤。该序曰：

> 乙丑、丙寅之际，海宁王静安师在清华研究院宣讲许书。盼遂
> 时怀铅侍侧，每遇奥论，辄札存简端，殆不下数百千事。恒置行箧，
> 籍供玩索。惜累年梗泛南北，散佚过半。爰亟加杳录，公之当世。

---

① 顾颉刚：《顾颉刚日记》卷三，北京：中华书局，2011，第296页。
② 顾颉刚：《顾颉刚日记》卷三，北京：中华书局，2011年，第302页。
③ 杨天石主编：《钱玄同日记(整理本)》下册，北京：北京大学出版社，2014年，第1068
页。

虽断璧零珪,固自精光夺目,足令人失色辟易矣。其盼遂偶触一得
之愚,亦取而附入。盖犹夫叔师《楚辞章句》之意尔。

2月4日(正月之吉),作《孙氏〈古文声系〉序》。 3月14日该
序刊于《大公报·图书副刊》第70期。

编者按:《古文声系》系先生弟子孙海波所著,是年由来薰阁出版。
书前影印先生手写序言,内容与发表在《大公报》上的略有不同。

4月,由其弟刘铭恕编次之《文字音韵学论丛》在北平人文书店出
版。 收录先生已发表的语言文字学类文章共24篇,部分篇目有修
补。 后附刘铭恕《王安石字说源流考》一篇。 刘铭恕在该书前序中
记述此书编纂原委及其价值曰:

> 伯兄盼遂先生,幼禀庭敕,即有奇字之癖。每诗文出,旧辈恒苦
> 其难于遍识,戏以樊宗师目之。比长,鼓箧京师,得奉手问教于王静
> 安、黄季刚两先生之门。王先生创通龟契鼎彝文字,黄先生则湛浸
> 于许叔重、陆法言之书,而阐发之,密察之,夐乎小学界尊为魁杓者
> 也。伯兄从游两先生久,故能登堂窥奥,据筳嘬戴,而益以恢闳辟里
> 矣。近十年来,都讲南北上庠。授业余隙,间有撰述,刊揭各学报杂
> 志中者,无虑数十百通。盖凡经学、史籍、文法、辞章、斠勘、目录之
> 伦,靡不波及。而要以考订训诂音义者为夥颐。特挽近报章,率系
> 单幅散帙,旋就蘦落。同好者或来假读披赏,每憾不能顿拾即得。
> 伯兄因督铭恕于图书府中,从事缀缉。凡其中之专攻文字学者,共
> 得二十余篇,厘为四卷。略以金甲文、说文、古韵部三门列次第焉。
> 编成,取质家之意,命之曰"文字音韵学论丛"。举畀梓人,期以就
> 正并世哲工云尔。乙亥仲春,同怀弟铭恕谨序于日本东京大学院。

编者按:今见先生签赠其师陈寅恪先生之《文字音韵学论丛》,先生

于书衣上题曰："寅恪吾师诲正。弟子刘盼遂呈。"末钤白文"刘盼遂"印。又见先生签赠顾颉刚一部，先生于书衣上题曰："颉刚先生教政。"①

4月，清华学校研究院同学、好友冯德清（永轩）携全家从武汉赴新疆，在北平转车②，先生等在京清华同学数人宴请并送行。

5月7日，访顾颉刚。《顾颉刚日记》当日载：

> 盼遂来。③

5月8日午间，到中山公园，赴胡石青宴。《顾颉刚日记》当日载：

> 到中山公园赴宴。……今午同席：吴向之（廷燮）、陈任中、以中、海波、子植、李革痴、刚主、盼遂、胡先骕、张石公、予等（以上客），胡石青（主）。④

6月，冯德清自包头发来书信，叙述其旅途见闻，先生深感不安。

6月13日，与孙海波同访顾颉刚。《顾颉刚日记》当日载：

> 海波与盼遂同来。⑤

7月5日午间，到来今雨轩赴冯友兰夫妇宴。《顾颉刚日记》当日载：

---

① 俞国林编：《顾颉刚旧藏签名本图录》，北京：中华书局，2013年，第166页。
② 时间据余婉卉初撰，冯天瑜修订：《冯永轩先生生平》，冯永轩著，冯天瑜整理：《冯永轩集》，武汉：武汉大学出版社，2019年，第793、794页。
③ 顾颉刚：《顾颉刚日记》卷三，北京：中华书局，2011年，第340页。
④ 顾颉刚：《顾颉刚日记》卷三，北京：中华书局，2011年，第341页。
⑤ 顾颉刚：《顾颉刚日记》卷三，北京：中华书局，2011年，第354页。

到来今雨轩赴宴。……今午同席:杨今甫、邓叔存、刘叔雅夫妇、钱稻孙夫妇、盼遂、刚主、子水、予(以上客),冯芝生夫妇(主)。①

8月,加入顾颉刚、谭其骧创办之禹贡学会。该会"以集合同志,研究中国地理沿革史及民族演进史为宗旨"②。《禹贡学会会员录》载:

姓名:刘盼遂。籍贯:河南息县。入会年月:二十四年八月。职业:燕京大学国文系副教授。通讯处:北平成府书铺胡同三号。③

8月4日午间,赴顾颉刚宴,欢迎嵇文甫。后顾颉刚又与吴世昌同访先生。《顾颉刚日记》当日载:

嵇文甫来,设宴。……子臧来,与同到盼遂处。容女士来。今午同席:嵇文甫、刘盼遂、于海宴、冯沅君、赵肖甫、郭绍虞、世五、子魁、丕绳(以上客),予(主)。④

8月10日,顾颉刚访先生,午间二人同赴黄子通宴。《顾颉刚日记》当日载:

到盼遂处。……到子通处吃饭,三时归。……今午同席:魏楷、刘盼遂、绍虞、予(以上客),子通(主)。⑤

① 顾颉刚:《顾颉刚日记》卷三,北京:中华书局,2011 年,第 363 页。
②《禹贡学会会章》,《禹贡》第 5 卷第 7 期,1936 年 6 月。
③ 禹贡学会编:《禹贡学会会员录》,1937 年 3 月,第 25 页。
④ 顾颉刚:《顾颉刚日记》卷三,北京:中华书局,2011 年,第 375 页。
⑤ 顾颉刚:《顾颉刚日记》卷三,北京:中华书局,2011 年,第 377 页。

8月20日午间，与张西堂做东，在大美番菜馆宴客。《顾颉刚日记》当日载：

> 到大美番菜馆吃饭。……今午同席：徐旭生、黎劭西、罗雨亭、高亨、唐立厂、侯芸圻、向觉明、贺昌群、高阆仙、刘叔雅、孙海波、郭绍虞、何乐夫、黄仲良、予（以上客），刘盼遂、张西堂（主）。①

秋，经顾颉刚、冯友兰推荐，到燕京大学国文学系任副教授。先生全家亦搬到燕京大学外成府书铺胡同三号。先生本学年（1935—1936学年）开设的主要课程：为理学院一年级学生讲授"名著选读兼作文"，每周五下午2点10分、3点10分，周六上午10点20分上课；为国文学系三年级学生讲授必修课"训诂学"，每周一、三、五上午11点20分上课；为国文学系二、三年级学生讲授选修课"汉魏六朝文"，每周一、三下午3点10分上课；为国文学系三、四、五年级学生开选修课"古音系研究"（本年不授课）；等等。② 据哈佛燕京学社年度报告，先生本学年（1935—1936学年）实际授课信息如下表③：

课程名称	学分	学生听课人数	
		秋季	春季
名著选读兼作文	3-3	34	27
训诂学	3		6
汉魏六朝文	2-2	6	14

9月29日午间，到新陆春赴高步瀛宴。《钱玄同日记》当日载：

---

① 顾颉刚：《顾颉刚日记》卷三，北京：中华书局，2011年，第380页。
②《民国二十四年北平私立燕京大学文学院课程一览》，燕京大学布告第45号第20届，1935年8月，第6—20页。
③ 此表转引、截取自王蕾：《图书馆、出版与教育：哈佛燕京学社在华中国研究史（1928—1951）》，桂林：广西师范大学出版社，2018年，第139、140页。

十二时高老爷赏饭(同座者为陈哲甫〔多年不见矣〕、余季豫、钱玄同、黎劭西、刘盼遂、杨遇夫、孙蜀丞)于新陆春。①

10月8日，黄侃病逝于南京。 先生曾作哀悼诗一首。

编者按:此诗今未查见。

10月10日、12月15日《文选校笺》分两期刊于《文哲月刊》第1卷第1期、第3期。 共校订、笺正《文选》所收诗文34篇55条。

10月16日，《评日本大宫权平著〈河南省历史地图〉》刊于《禹贡》第4卷第4期。 该文认为，日本学者大宫权平所著的《河南省历史地图》(1930年出版)优点甚多，缺点是"将图样位置颠横"，"实违近代地图学之通例，而予读者以无上不便"，"至各地现况调查，亦多有不确之处"，并举"息县打家"之说来源为例。

10月中旬，清华学校研究院同学冯国瑞因受军阀迫害被通缉，自青海逃到北平，暂住先生家中。 二人"契阔谈谦，昕夕相守，为乐不减在清华时"②。 冯氏有《宿刘大盼遂宅》一诗言其事，诗曰:

平生刘子骏，文采冠中州。

彪炳千秋业，嵯峨百尺楼。

汉音事搜讨，唐姓远沉钩。

留宿多君意，商量夜未休。盼遂有《说文汉语疏》《淮南子许注汉语疏》《李唐为蕃姓考》三篇。③

---

① 杨天石整理:《钱玄同日记(整理本)》下册,北京:北京大学出版社,2014年,第1133页。

② 刘盼遂:《张介侯先生年谱序》,冯国瑞:《张介侯先生年谱》,1936年铅印本。

③ 冯国瑞:《宿刘大盼遂宅》,《绛华楼诗集》卷四,1936年铅印本,第53页。

　　冯氏在百鹤楼居住期间，曾向先生出示其所藏 1927 年梁启超致薛笃弼手札，先生为之作跋：

　　　此卷为任公师向秦督薛公荐说仲翔墨迹也。洋洋洒洒，凡千余言，爱才如渴，说士犹甘。两十年来，未见有如先师者。展读之际，何翅侍坐饮冰室春风中邪？

　　10 月 21 日，冯国瑞从先生家中出发往清华园访师友，在校园内被北平市公安局逮捕。后经政界及先生等学人多方营救，保释而出。

　　10 月底（乙亥季秋之暮），撰成《赤子解》一文。该文综合运用《周礼·考工记》《说文》《齐民要术》《翻译名义集》等十余种文献，并以北美洲土人用死人胫骨为测距离之单位为例证，认为"赤子"本义是"长一尺之子"，"'赤'与'尺'为古同音通假字，而古者尤贯借身体以为度数之准。故度数之字，率近取人身而得义"。

　　11 月，王重民编《清代文集篇目分类索引》出版，此书编辑过程中王重民曾请先生订审小学部分。王氏在该书序中说：

　　　顾余一人之精力有限，而是书涵盖甚广，其学术又非为余所尽知。当属稿之际，即请教诸师友，渥承指导。写定之后，虑多讹误，又分请教正：《易经》则侯芸圻先生（堮），《书经》则顾颉刚先生（颉刚），《诗经》《春秋三传》则张西堂先生（西堂），《三礼》则吴检斋先生（承仕），《四书》则余季豫先生（嘉锡），小学则刘盼遂先生（盼遂），地理则谭季龙先生（其骧），方志则朱士嘉先生（士嘉），金石则刘子植先生（节）、杨琚飞先生（殿珣），史论则傅维本先生（振伦），理学则黎劭西先生（锦熙），天文算法则李乐知先生（俨），并代为核定,裨益宏多。①

11月4日晚间,到煤市街泰丰楼赴宴。《顾颉刚日记》当日载:

> 到煤市街泰丰楼吃饭。九时半归。今晚同席:吴向之、孟心史、胡石青、袁守和、赵蜚云、孙海波、刘盼遂、容希白、予(以上客),谢刚主、徐森玉、王以中(主)。②

容庚日记当日载:

> 六时徐森玉、王以中、谢国桢、刘盼遂四人请泰丰楼。③

11月9日午间,赴承华园刘节夫妇结婚答谢宴。《顾颉刚日记》当日载:

> 到承华园吃饭。……今午同席:胡石青、盼遂、刚主、以中、黎劲西、西堂、皖峰、绍虞、寅恪、了一、森玉、立厂等七十余人(客),刘子植夫妇(主,为结婚答谢宴也)。④

11月15日,《赤子解》刊于《文哲月刊》第1卷第2期。

12月10日夜(乙亥月当头夜),在整理《王石臞文集补编》中《前嘉兴府知府惠堂任君家传》(又名《息县任泽和家传》)一文时作跋曰:

---

① 王重民:《清代文集篇目分类索引序》,《大公报·图书副刊》第98期,1935年9月26日,第3张第11版。

② 顾颉刚:《顾颉刚日记》卷三,北京:中华书局,2011年,第407页。

③ 容庚著,夏和顺整理:《容庚北平日记》,北京:中华书局,2019年,第436页。

④ 顾颉刚:《顾颉刚日记》卷三,北京:中华书局,2011年,第408页。

盼遂谨案:吾邑任公家传,出怀祖先生手。其妃夏夫人贤行一段,则兰石大理手笔也。因王氏墨迹本联续书于一纸,故今仍依旧贯,以存当日之面目焉。乙亥月当头夜,记于燕京官舍。①

12月17日,江瀚(叔海)在北平东四方家胡同私邸病逝。②

是年,清华同学高亨所著《庄子今笺》(《诸子今笺》之一种)由开封岐文斋刊印。先生以隶书题书名,吴其昌作序。先生并撰一新书简讯,刊于次年3月12日出版的《大公报·图书副刊》第121期,文曰:

庄子今笺

双阳高亨著   北平来薰阁、文芸阁代售

一册   实价一元

高氏现任河南大学国文系教授。是书刻板于开封,字画依准六书,雅正不俗。《庄子》一书,自有王先谦、郭庆藩二氏书出,已渐可读。然因其义蕴闳深,文辞玄奥,不可明通者,仍复纷繁。高氏深于文字学及文法学,旁及古代名学,以故若《至乐》篇人皆入机,实究物种之泉原;《天下》篇龟长于蛇,亦属辩学之深趣。向来学者于斯二端,靡不束手叹惜,正复索解人不得。《今笺》于此独能原原本本,擘肌见理,使读者如入武陵桃源,初嫌幽阢,继得旷朗,有左右逢源之乐。诚治诸子学及校勘训诂者之良友矣。开卷有吴其昌氏一序,道出清代董理诸子之发展程序及其成绩优劣,为初学者示门径焉。(盼遂)

---

① 刘盼遂:《王石臞文集补编》,《段王学五种》,北平:来薰阁书店,1936年,第5页。
② 据《图书文化消息:最近国内学术界之损失·汀州江瀚归道山》,《浙江省立图书馆馆刊》第4卷第6期,1935年12月31日,第23页。

编者按:此文《刘盼遂著述集》失收,因发现时书已排印,成一缺憾,故于本谱中全录之。

民国二十五年丙子(1936)　先生四十一岁

在燕京大学国文系任副教授。

1月22日(乙亥小除夕),在整理《王伯申文集补编》之《制艺文》《试帖诗》时,回思清华读书往事,有感而发,作跋文一段。以事关先生性情喜好,故全录如下:

　　盼遂按:附录《制艺文》与《试帖诗》统藏盐城孙氏。明清以来诸大家编集,以时文格诗阑入者实多,今故援例入录。伯申先生本不以举子业名,而所作率湛深理窟,非浮光掠影者所可几及。自科试停后,士夫于此道不问闻者久矣。迨清华研究院启,每月初当师生欢谐、探讨之余,率人献一技佐兴。时盼遂吹箫,子馨唱道情,仰之哼徽曲,绍孟读《楚辞》,欣安哭《黛玉葬花》,元任师弹皮昂路,济之师奏古琴,雨生师振秦腔,有乌乌之音,任公师咏杜甫《兵车行》,作诗舞,静安师则曼咏辛稼轩《摸鱼儿》词,又继以八股文《太师挚适齐》篇,慷慨唏嘘,合坐肃然。盼遂于是知八股文诚天下大美之文也,五言八韵诚天下大美之诗也。顿挫抑扬,色泽工致,盖至矣尽矣,蔑以加矣!《易》曰:"物不可以终穷,穷则变。"殆由是夫!今因校录伯申遗集,感吾躬之不丁其盛,师友之合离无常,盖不胜俛仰今昔时帝兴废之慨矣！噫！爰发其奥于右。乙亥小除夕,志于海淀官舍。①

2月1日晚,与谢国桢、孙海波在撷英饭店宴客。《钱玄同日记》当日载:

> 七时至撷英,谢国桢、刘盼遂、孙海波赏饭也。同坐者有劭西、希白、守和、芸圻、立庵、子植,及柯燕舲……诸人,又有于省吾,竟有周肇祥!②

2月中旬（正月下旬）,为所藏清末刻本《檐曝杂记》七卷作装池,并在书衣上题记:

> 丙子正月下旬,盼遂装于淀园。

2月19日,顾颉刚到燕京大学,遇先生。后顾氏又访先生,未遇。《顾颉刚日记》当日载:

> 与履安乘二时车到燕京。遇盼遂。访容女士。晤书春。访盼遂,未遇。③

2月22日晚间,先生在同和居宴客。《顾颉刚日记》当日载:

---

① 刘盼遂:《王伯申文集补编》卷下,《段王学五种》,北平:来薰阁书店,1936 年,第 30 页。

② 杨天石主编:《钱玄同日记（整理本）》下册,北京:北京大学出版社,2014 年,第 1176 页。

③ 顾颉刚:《顾颉刚日记》卷三,北京:中华书局,2011 年,第 444 页。

到同和居吃饭。……今晚同席：芝生、旭生、徐侍峰、刚主、西堂、雨亭、侃如、予(以上客)，盼遂(主)。①

2月底，先生参与编写的《河南通志》编成。 3月3日出版的《申报》第2张第8版刊发了《河南通志编竣：都千万余言共分五百卷，古铜器蔚成世界上大观》的专题报道。 节略如下：

开封通信：河南省通志，自民国七年开始设馆编纂，迄今已十八年，共费洋五十余万元，现各项稿件，次第告竣，至三月底，校对亦可完成，约计字在千万以上，拟分五百卷，印刷期间，最速亦须半年。……至《通志》编纂人员，计总纂胡石青、《前志源流》张国淦、《职官》吴廷燮、《艺文》谢国桢、《金石》刘节、《户口族姓》李泰棻、《宗教》刘盼遂，其他如王幼侨、张中孚、蒋恢吾等，均系学有专长者。(二月二十九日)

2月(丙子初春)，刘铭恕于日本东京作《唐代文艺源于印度之点滴》一文，先生为之作附志，后该文刊于《文哲月刊》第1卷第10期上。 先生之附志曰：

盼遂附志：中印交通，自东汉以后，最为频烦。以故中国文化艺术，极受印度影响，如三国名医华佗故事及曹苍舒称象故事，陈师寅恪即疑为源自天竺。迨及李唐，斯风益炽，霍君世休所著《唐代传奇与印度故事》一文，所举不下数事。此外有林培志君所著《拉马耶那与陈巡检梅岭失妻记》一篇，及李满桂君所著《〈沙贡特拉〉和"赵贞女型"的戏剧》一文，皆足证明中国文艺受印度影响之深且巨。

---

① 顾颉刚：《顾颉刚日记》卷三，北京：中华书局，2011年，第445页。

舍弟叔遂专攻考古学,以余力及此问题,所举数证,幸有出于霍君胪列之外者,爰复公之当世,以为研究中印文化者之一佐云尔。丙子初春。①

3月(丙子仲春),作《张介侯先生年谱序》。 先是,上年冬至本年初,冯国瑞受先生《段玉裁先生年谱》《高邮王氏父子年谱》影响,撰成《张介侯先生年谱》一书,并于本年作为《慰景庐丛刻》一种铅印出版。 先生序中曾记述此事原委:

> 君往往致叹于胜朝嘉庆学术之隆,而慨夫秦陇之无人,文教之失搅,未尝不展转歔欷,而思所以湔祓之者。予则出予新著段王三先生年谱,似以段、王暨张介侯相与瓜葛故事,曰:"此宁非关陇人邪? 其学其行,悉当时诸颛硕所敬挚,而推为南服所未曾有者。此固一代石师,将俟于后学之表彰者。"君乃瞿然而起曰:"有是哉! 是固余小子之责也。夫在西宁日,曾得张公手校《二酉堂全书》,眉间行里,钩乙补茝,丹铅殆遍。虽无妄椒泆,然就中菁英要已暗识无遗。又获邢雨民《守雅堂文集》,凡与介侯往复之作,亦犹数见不鲜,亟宜纂为年谱,以囊橐群材,俾勿坠地。是亦陕甘文献一大事业也。"蠲期发筴陈策,若《养素堂全集》《姓氏书五种》《二酉堂丛书》等,鳞次骈前,咸供驱遣,而又旁蒐秘笈,兼及墨本,凡数阅月而介侯先生年谱告成焉。因持以示盼遂,曰:"此编造述颠末,唯子稔知。盍序数语以发之?"

冯氏于自序中亦记道:

---

① 刘铭恕:《唐代文艺源于印度之点滴》,《文哲月刊》第 1 卷第 10 期,1937 年 1 月 20 日,第 118 页。

今来旧京，新获多种介侯遗书，粲然略备，尝欲为之重校而合刊之，以饷士林，犹未暇也。适息县刘盼遂君甫辑经韵楼续稿，又为引之先生作年谱，而合刊之。辑逸之心，油然而生。岁暮天寒，山居无事，辑其年谱，参以他籍，其学行大略见于兹。

3月，《图书季刊》第3卷第1、2期合刊出版，其"新书介绍"专栏有署名"龄"的文章，对先生编纂之《段王学五种》进行评介，节略如下：

刘氏此《段王学五种》，一为《经韵楼文集补编》二卷、《王石臞文集补编》一卷、《王伯申文集补编》二卷、《段氏年谱》一卷、《王氏父子年谱》一卷。《段氏年谱》曾刊于《清华学报》，《王氏父子年谱》曾刊于《女师大学术季刊》，今较原订之谱，其文字约增三分之一。刘氏浸淫于段王之学有年，质而不华，颇有乾嘉诸老之遗风。此书所收近人所藏段王佚文遗墨虽不多，而其搜罗缀辑之勤，亦可见也。按《高邮王氏父子年谱》，今世所行，尚有民国十六年闵尔昌氏之作，皆可并存，惟闵氏向之所谓其书"较繁琐"者，今则后来居上也。①

4月，刘铭恕从日本早稻田大学毕业回国。②

5月，《补后汉书张仲景传》刊于燕京大学《文学年报》第2期，并为《文学年报》捐款。《后汉书》不曾为张仲景立传，而先生特作补写，所利用的文献主要是日本覆宋治平本《伤寒论》、陈振孙《直斋

---

① 龄：《新书介绍：段王学五种》，《图书季刊》第3卷第1、2期合刊，1936年3月，第69、70页。

② 刘长文：《刘铭恕先生年谱》，《刘铭恕考古文集》，郑州：河南人民出版社，2013年，第1651页。

书录解题》、《太平御览》引《何颙别传》《小说》《张仲景方序》等。

5月，所撰《段王学五种》由北平来薰阁书店正式印出。该书分七卷：《经韵楼集补编》二卷、《段玉裁先生年谱》一卷、《王石臞先生文集补编》一卷、《王伯申文集补编》二卷、《高邮王氏父子年谱》一卷。傅增湘、胡适、陈三立题书名，陈三立、谢国桢、冯国瑞、林志钧分题各编名。于省吾作序。于氏在序中称赞先生编此书用功之勤，曰：

> 盼遂孳孳斯编十有余载，浸淫于段、王之学既深且久，闻人藏有佚篇坠简，辄往覆迻录。余藏王氏父子手稿数篇，盼遂已录入兹编。又余藏初刊本江氏《尚书集注音疏》，其有关于段氏捐赀刻书者仅十余字，盼遂曾两造余庐索观之。其搜罗缀辑之勤，蔑以加矣！

5月，于安澜《汉魏六朝韵谱》由中华印书局出版，前有先生、闻宥和钱玄同三人为此书所作之序。7月27日出版的《华北日报》有《学术上一大贡献：〈汉魏六朝韵谱〉出版：中国韵学史全部完成，于安澜四年心血结晶》的报道，对该书作推介，并转引先生、闻宥和钱玄同三人之序。先生之序略曰：

> 至由汉迄隋八百年间所用之韵，学人率摄于篇翰之富，头绪之繁，从未闻有着手于此，加以排比理董，俾就一有系统之韵书者。是则中国整部音韵蝉迁史中，惟有上下两橛，而中间俄空焉。不可谓非一大缺典。此书将汉魏六朝群籍诗文中韵字全行胪举，分部辑入，条理井井，上承古韵二十六部，下启《唐韵》二百零六部，而中国音韵古史途中于焉完成，承学者得有所藉以考索求信，可谓文字学

中参考之要籍矣。①

编者按:于氏到燕京大学初作此课题时,先生及刘节等于氏"旧的先生"都认为其"论文选定的这一时期太长,作家尤多,任重道远,往往令人望洋兴叹"②,但于氏不畏繁重,终成此名作。因而先生等人对其给予高度赞誉。又《华北日报》所引先生之序,与《汉魏六朝韵谱》前先生手书序言(初作于上年季秋)内容略有不同。

5月3日午间,与容庚、郭绍虞、刘节、陆侃如、董璠等在东兴楼宴请黄子通夫妇和顾颉刚。《顾颉刚日记》当日载:

> 到东兴楼吃饭。……今午同席:黄子通夫妇、予(以上客),希白、绍虞、子植、侃如、鲁安、盼遂、镜池、国华(以上主)。③

5月10日,顾颉刚访先生。《顾颉刚日记》当日载:

> 到胡石青先生处,并晤海波、刚主、盼遂。④

6月,致信在南开大学任教的清华同学戴家祥,对其校正孙诒让《名原》一书之功,大为赞赏。

编者按:戴文《校正名原跋》刊于本月17日出版的天津《益世报·读书周刊》第53期。刘盼遂先生此信具体内容不详。

6月,《燕京学报》第19期《出版界消息》专栏介绍许维遹《吕氏春秋集释》一书时,提及先生《论衡校笺》一文,认为先生对《书

---

① 《华北日报》1936年7月27日,第9版。
② 于安澜:《于安澜自述》,高增德、丁东编:《世纪学人自述》第2卷,北京:北京十月文艺出版社,2000年,第165页。
③ 顾颉刚:《顾颉刚日记》卷三,北京:中华书局,2011年,第470页。
④ 顾颉刚:《顾颉刚日记》卷三,北京:中华书局,2011年,第472页。

虚》篇"短书"一条的校笺有失误，文曰：

> 然而校注一事，实不易言。如《论衡》一书，刘盼遂先生有《论衡校笺》（载《国立北平图书馆馆刊》第八卷第五号及第六号）于《书虚》篇"短书"说道："此云短书者，世俗以真是之传为短书也。"刘先生为王国维弟子，王国维著《简牍检署考》于古策书长短，言之最晰，并颇引《论衡·量知》《谢短》篇之文。《书虚》篇所云"并谓短书不可信用者"，言《论衡》之书，其书策短，人不信也。东汉时古书策长，时人著书策短，王国维所考甚明。而刘先生作校笺时，竟忘其师说，于此见注书之不易也。①

先生见到此期《燕京学报》后，特作《〈论衡校笺〉之"短书"》一文，对自己当年对"短书"的校笺作了解释：

> 今按：《校笺》语诚伤于太简，今再为引绎之：本篇"短书"云者，两汉人用以加于不重要之稗官俗说之称也，其义意颇不庄敬。东汉世俗则以真是之书与贤圣所传虚妄之书相违，遂斥之为"短书"，并谓"短书不可信用"。此仲任之所由奋笔也。然再考短书名义之渊源，本由于秦汉前竹简长短制。王静安师《简牍检署考》说之甚详。然时当西汉之末，本义用者渐少，而寖假用以名拙短之书。如桓谭《新论》云：
>
> 若其小说家，合诸丛残小语，近取譬论，以作短书。清修《佩文韵府》六《渔韵》引《新论》，未注转引所出，然必自有本。
>
> 王充于桓谭，故极度钦仰，《论衡》中往往采其术语。愚意《书虚》之短书，同桓氏所云云，与《谢短》篇所云之"尺籍短书"，迥不侔

---

① 容媛：《出版界消息：〈吕氏春秋集释〉》，《燕京学报》第 19 期，1936 年 6 月，第 238、239 页。

矣。《校笺》中"此云"二字，所以别于他篇之说，亦以恐误以"不可信用"四字，为王充意向也。又意汉人之称"短书"，盖亦犹今人之说"小册子"矣。小册子原为书本尺度之削小者，嗣则转而为鄙夷内容之辞，实非小册子之朔谊矣。

《燕京学报》第十九期《出版界消息》，介绍许维遹《吕氏春秋集释》，涉及《论衡校笺》，似有误会之处，略辩之如右。①

6月初，广东陈济棠和广西李宗仁、白崇禧为反对蒋介石吞并地方势力，以北上抗日名义发表通电，联合反蒋。随后粤、桂两军组成"抗日救国军西南联军"，分兵北上，进军湖南。蒋介石调集军队赴湖南，大战一触即发，是为"两广事件"。12日，在顾颉刚等主持下，在平学者李书华、袁同礼、徐炳昶、卓定谋、林宰平、崔敬伯、叶公超、俞平伯、朱自清、冯友兰、钱穆、闻一多、邓以蛰、郭绍虞及先生等二十五人向南京和两广发公电，呼吁"望力避内争共商救亡大计"②。次日出版的《世界日报》有专门报道。

6月14日，章太炎在苏州病故。

8月（丙子六月中旬），应友人高文源（味根）之邀，作《高母常夫人传》（后收录于《百鹤楼读书札记》）。又以隶书为高氏所藏宋伯鲁诗札题曰："息县刘盼遂敬观。"③

8月，《汲县新志序》刊于《国立北平图书馆馆刊》第10卷第4号。

8月1日，朱希祖在《东方杂志》上发表《驳李唐为胡姓说》，对

① 刘盼遂：《〈论衡校笺〉之"短书"》，《大公报·图书副刊》第170期，1937年2月25日，第3张第11版。

② 《平津教育文化界昨纷电中央两广　恳切呼吁和平　"望力避内争共商救亡大计"》，《世界日报》1936年6月13日，第7版。

③ 上海怡琴画廊主编：《中国书画作品集》（三），杭州：西泠印社出版社，2012年，第60页。

陈寅恪和先生李唐为胡姓之说进行批驳。其结论云：

> 寅恪先生读书心细，又善触类旁通，实可令人钦佩。如《唐书·宗室世系表》言"李重耳为魏弘农太守，后又为宋薛安都所陷"，夫此等语句，读者往往不加留意，易为蒙混。寅恪先生则必详为考核，知为薛安都所陷者，舍李初古拔莫属，又有《法琳别传》为之旁证，所谓"托跋达阇，唐言李氏，陛下之李，斯即其苗"，于是李唐为胡姓之说，确然以定。刘君盼遂之《李唐为蕃姓考》，日本金井之忠氏之《李唐源流出于夷狄考》，皆由此推衍而来。刘君之文，惟寅恪先生所举出之《法琳别传》，较为有力之证据，其余仅据胡貌、胡语、胡俗，以为胡姓之证，不免失于薄弱。盖唐初三世，娶于鲜卑，若李昺之独孤氏，李渊之窦氏，李世民之长孙氏，三代母族，皆为胡人，宜其子孙有胡貌、胡语、胡俗之特征，正犹今日留学生娶外国妇者，其子女之容貌、言语、习俗，皆不免有变态，此不能即指其父系为外国种也，故不足辩……①

8月27日，当天出版的天津《益世报·读书周刊》第62期发表了署名"仲伯营"的文章《评段王学五种》，对先生编纂之《段王学五种》进行了批评，主要涉及"段王学"概念的提出是否适宜、《与丁大令若士书》的整理问题、年谱的疏漏、手民之误及先生称赞八股文等方面。

编者按：《段王学五种》确有不少待商榷之处，此不必为尊者讳。据《钱玄同日记》"1937年12月17日"条，钱玄同亦对《段王学五种》的一些讹误不满，认为"如此粗心，真可骇也"。先生生前对书中错误亦不讳

---

① 朱希祖：《驳李唐为胡姓说》，《东方杂志》第33卷第15号，第79页。朱氏后又撰《再驳李唐氏族出于李初古拔及赵郡说》一文，对陈寅恪仍坚持"李唐先祖为李初古拔及由赵郡冒陇西"说进行批驳，见《东方杂志》第34卷第9号。

言,曾计划重新整理,惜再无精力。

又按:仲伯营为一化名,疑即魏建功。《钱玄同日记》"1937 年 12 月 17 日"条:"盼遂恭维八股为'天下大美之文',试帖为'天下大美之诗'(见《王伯申文集补编》下之末),为天行所讥,此至可笑。"①天行者,钱玄同弟子魏建功之字;仲伯营在《评段王学五种》中对先生称赞八股颇多批评,而自称"我们三四十岁的人",年龄亦对得上。然此只是一猜测,无其他实证,姑存疑。

8 月 28 日午间,参加友人张西堂与黄珮女士的婚宴。

8 月 29 日晚间,往大美番菜馆赴孙海波宴。《顾颉刚日记》当日载:

> 到大美番菜馆吃饭。……今晚同席:胡石青、于思泊、锡永、希白、盼遂、刚主、立庵等(客),海波(主)。②

容庚日记当日载:

> 四时至孙海波家,请大美晚饭。九时回家。③

秋季新学期开学后,在燕大国文系主讲名著选读、训诂学、中古文、杜甫、李商隐等课程,据哈佛燕京学社年度报告,先生本学年(1936—1937 学年)实际授课信息如下表④:

---

① 杨天石主编:《钱玄同日记(整理本)》下册,北京:北京大学出版社,2014 年,第 1292 页。

② 顾颉刚:《顾颉刚日记》卷三,北京:中华书局,2011 年,第 523、524 页。

③ 容庚著,夏和顺整理:《容庚北平日记》,北京:中华书局,2019 年,第 471 页。

④ 此表转引、改编自王蕾:《图书馆、出版与教育:哈佛燕京学社在华中国研究史(1928—1951)》,桂林:广西师范大学出版社,2018 年,第 141 页。

课程名称	学生听课人数		备注
名著选读	秋季	春季	与陆侃如、陈梦家、沈国华、董璠、刘节分授
	156	175	
训诂学	24		
中古文	19		
杜甫	5		
李商隐	15		

9月1日午间，与幼弟刘铭恕做东，在大美饭馆宴客。《顾颉刚日记》当日载：

> 到大美吃饭。……今午同席：傅佩青、胡石青、芸圻、子植、思泊、立庵、希白、锡永、高凤翰、西堂、刚主、雨亭、海波、绍虞、孙人和、鲁安、陆懋德、侃如等三十人（客），刘盼遂、叔遂（主）。①

《容庚北平日记》当日载：

> 十二时刘盼遂请大美午餐。②

编者按：先生与其弟铭恕宴请三十人，当是为大事，疑与铭恕有关，待考。

9月4日，居北平的章太炎弟子在孔德学校举行公祭，追悼章太炎，先生与其弟铭恕亦前往悼念。先生与其弟铭恕挽章太炎之联为：

> 志配青田，学攀鸿勋；

① 顾颉刚：《顾颉刚日记》卷三，北京：中华书局，2011年，第525页。
② 容庚著，夏和顺整理：《容庚北平日记》，北京：中华书局，2019年，第471页。

风停大祀,月犯少微。①

9月11日,复清华同学冯永轩信,告知近况及冯氏所问购买《海日楼集》事。 内容如下:

永轩我兄大人电:

去春一别,复接包头赐书,深为悬悬。秋间晤冯兄仲翔,自青海来,据云西疆荆楚音信殊不自由,唯电报或可无误。弟当傺以电询尊况,而仲翔适罹无妄之咎,遂复阁置,然五中未尝不耿介难释也。刻奉朵云,快悉已平安返汉,并获奇宝綦多,为之雀跃三百! 至弟近况:去秋应燕大之约,已全家移居学校官舍,郊坰生涯,殊觉清逸,此足上慰故人者。《海日楼集》曾问两书店,皆云不知,想仍未付梓人邪? 专此,即叩

台安! 千戬!

学弟刘盼遂拜

九、十一

9月27日午间,与董璠夫妇、刘节夫妇、陆侃如一同作东,宴请顾颉刚全家,为南来的顾子虬老先生接风。《顾颉刚日记》当日载:

到东兴楼吃饭。……今午同席:予全家(客),鲁安夫妇、子植夫妇、侃如、盼遂(以上主)。②

10月13日,面对日本帝国主义加紧侵略、华北危急的局面,北平

---

① 章太炎:《章太炎全集·附录》"挽联",上海:上海古籍出版社,2017年,第44页。
② 顾颉刚:《顾颉刚日记》卷三,北京:中华书局,2011年,第535、536页。

教育界 104 人联合发布宣言，要求国民党当局拒绝日本帝国主义提出的侵略中国主权的新五项条款，并提出八项抗日救国的主张。该宣言由张荫麟起草，顾颉刚修改。先生亦在 104 人签名之列。①

10 月 15 日晚间，赴顾颉刚宴。《顾颉刚日记》当日载：

> 宴客，为谈龙会。九时许归城。今晚同席：杨荫浏、绍虞、希白、侃如、盼遂、鲁安、沈国华、梦家、起潜叔（以上客），予（主）。②

10 月 20 日，参加燕京大学教职员会议，为发表抗日救国宣言事。《顾颉刚日记》当日载：

> 到临湖轩开二会，六时许出。……今日同会：第一会（燕大教职签名宣言者）：梅贻宝、陈其由、梁士纯、容庚、雷洁琼……刘盼遂……沈心芜等。③

11 月，刘铭恕赴济南任山东省立图书馆馆员。④

12 月 15 日晚间，在家中为燕京大学国文学系作题为《李商隐诗与杜甫诗之比较研究举例》的讲演。当月 18 日出版的《燕京新闻》有相关报道，节引如下：

文士聚于刘宅　国文学系讲演会
刘盼遂讲大杜小李

每月一次之国文学系讲演会，本月十五日晚七时许在书铺胡同

---

① 顾颉刚：《顾颉刚日记》卷三，北京：中华书局，2011 年，第 550—552 页。
② 顾颉刚：《顾颉刚日记》卷三，北京：中华书局，2011 年，第 543 页。
③ 顾颉刚：《顾颉刚日记》卷三，北京：中华书局，2011 年，第 545 页。
④ 刘长文：《刘铭恕先生年谱》，《刘铭恕考古文集》，郑州：河南人民出版社，2013 年，第 1651 页。

三号刘盼遂宅举行。因兼为欢迎副修国文之新会员大会,故到会人数,达三四十人。旋刘盼遂先生讲"李商隐诗与杜甫诗之比较研究举例",中征证杜甫之《冬日有怀李白》诗与李商隐之《锦瑟》诗,以及杜甫之《元日寄韦氏妹》及李商隐之《凉思》等诗篇之相似点,颇饶兴味。末并有丰富茶点,各会员皆兴高畅谈,至九时许始行散会云。[1]

12月(丙子孟冬之中旬),撰成《由周迄清父子之伦未全确定论》一文,并刊于当月出版的《燕京学报》第20期。 该文举证考察,从周到清,"以兄为子、以弟为父,以弟为子、以兄为父,以子为孙、以父为祖,以孙为子、以祖为父,以外孙为子、以外祖为父,以妻弟为子、以姊夫为父,以姊妹为母、以兄弟为子"的情况很多,"可谓中国伦常史中一怪现状"。

是年,加入容庚创办的考古学社。 该社"以我国古器物学之研究、纂辑,及其重要材料之流通为主旨"[2],社址在燕京大学燕东园24号。 考古学社《第三期社员名录》载:

> 刘盼遂,河南息县人,年三十九岁。清华研究院毕业,燕京大学副教授。通讯处:北平燕京大学。著有《段王学五种》七卷、二十五年,来薰阁书店,四元。《文字音韵学论丛》四卷、二十四年,人文书店,一元。《长葛县志》十二卷、《太康县志》二十卷、《汲县志》三十卷。[3]

---

① 《文士聚于刘宅　国文学系讲演会》,《燕京新闻》1936 年 12 月 18 日,第 1 版。
② 《考古学社简章(民国二十三年九月修正)》,《考古》第 1 期,1934 年 12 月,第 1 页。
③ 考古学社编:《第三期社员名录》,《考古》第 5 期,1936 年 12 月,第 355 页。

民国二十六年丁丑（1937）　先生四十二岁

在燕京大学国文系任副教授。

2月20日午间，往大美餐馆赴孙海波宴。《钱玄同日记》当日载：

> 午，孙海波赏饭于大美，同坐者有容希白、唐立庵、胡石青、于思泊、刘盼遂、黎劭西诸人也。①

2月25日，《〈论衡校笺〉中之"短书"》刊于《大公报·图书副刊》第170期。

3月17日，当天出版的《华北日报》刊发署名"宇明"的报道《不进城运动：燕大竭力提倡　文学院已开始实行　同乐会真热闹煞人》，介绍燕大文学院第一次同乐大会，其中有燕大文学院师生演唱先生所作《文学院院歌》一事。报道全文如下：

> 【本报特讯】燕京大学当局，因该校进城稍远，各生于周末进城者，人数颇多，所费自亦可观，深恐此风养成，有害学生学业。故发起不进城运动，并于日前由文学院长梅贻宝，发出简帖，邀请诸教授尽量于周末招待，并扩大各项含有交际性之聚会及运动等，使学生

① 杨天石主编：《钱玄同日记（整理本）》下册，北京：北京大学出版社，2014年，第1246页。

得利用周末,作健全之娱乐。或邀游于附近名山大川,养成良好之校风。

日前晚七时半,举行第一次同乐大会,到会人数异常踊跃,计约师生四百余人。首由文学院长梅贻宝博士致开会辞,梅院长谈笑生风,寓庄严于诙谐之中,令人捧腹者再。院长致辞毕,遂由音乐系同学许勇三君领导唱歌,并由刘金定女士伴奏。首校歌,次院歌。按院歌之辞为刘盼遂教授所作,词句典雅,调用孔庙大成乐章,更觉相形弥彰。其辞曰:"儒玄文史,皇宋四科。祗维我院,大力包罗。文哲瀹性,史则睨柯。梯航无远,是用作歌。"唱来古色古香,异常悠扬。院歌毕,更作拔河及司令球运动比赛,以年级分四组,结果一年占先。于其热闹之际,各教授亦为之鼓舞,国文系教授容庚、新闻系主任梁士纯、心理系教授夏仁德,均自动参加,颇有见仁不让之概,结果是一个个汗珠滚滚,气喘嘘嘘,始由梅院长发令休息,并用茶点。片刻后电灯忽灭,只留前面一个微明,音乐于楼角悠悠送出,小门内闪出几个白衣苗条影子,久负盛名之艺术舞遂即开始。慢移缓转,暗淡光中,益显得体态轻盈,人人刮目而视,个个哑口无言,及至电灯一亮,正拟一看庐山真面,而几个轻盈影子,早已由门角溜去,毫无踪迹矣。此时始得嘘一口长气,四方议论,遂即纷纷,于嘈杂中锣鼓又响,国剧社又上场矣。郝家广、俞康元、赵景辉、傅玉贤,相继清唱,音调律合,赚得不少掌声。唱毕后,更由费景云君领导作团体游戏,你推我耸,并无师生之分;互争互夺,亦无男女之界。热闹之际,银角一鸣,各归座次,艺术舞再现台上,较前更为佳妙矣。

艺术舞完后,遂宣布散会,到馆外作放花之戏,花虽不多,而样式均新鲜别致,于一片欢呼炮火声中,尽欢而散。①

---

①《华北日报》1937 年 3 月 17 日,第 9 版。

4月10日晚间，到东兴楼，赴顾颉刚、徐旭生、吴世昌宴。《顾颉刚日记》当日载：

> 子臧来，同到文青处，邀其同到东兴楼吃饭。……今晚同席：罗君美、王静如、孙文青、刘厚滋、罗雨亭、陆侃如、刘盼遂、王了一（以上客），旭生、子臧、予（主）。①

4月25日，访谢国桢，并遇访谢氏的顾颉刚。《顾颉刚日记》当日载：

> 在刚主处遇盼遂。②

4月30日，《中华人种西来新证》刊于杭州《越风》第2卷第4期。该文支持拉克伯里、章太炎、刘师培、丁谦、葛利普等学者所提出的中华人种西来的观点，并举《说文》"僊""遷""舝"等字皆从西为声义、《礼记·檀弓》《仪礼·士丧礼》"招魂西归"等作为新证。

5月，《李义山〈锦瑟〉诗定诂》刊于燕京大学《文学年报》第3期。该文肯定先贤将《锦瑟》看作一首悼亡诗的观点，并对《锦瑟》诗四联的蕴意进行了分析，认为：首联"五十弦"当是"十五弦"之误倒；颔联"望帝""杜鹃"亦所以表明夫妇死别之悲，非仅点明羁宦蜀地之意；颈联"盖伤王氏所产子女多不成立而云"；等等。

5月5日晚间，与罗根泽、张西堂在新陆春饭庄宴客。《顾颉刚日记》当日载：

---

① 顾颉刚：《顾颉刚日记》卷三，北京：中华书局，2011年，第628、629页。
② 顾颉刚：《顾颉刚日记》卷三，北京：中书华局，2011年，第634页。

到新陆春吃饭。……今晚同席：萧一山、马幼渔、黎劭西、谢刚主、陆侃如、李戏渔、高亨、予(以上客)，罗雨亭、张西堂、刘盼遂(以上主)。①

5月21日晚间，赴容庚宅，参加燕大国文系同人为刘节举行的饯行宴。《容庚北平日记》当日载：

六时刘盼遂四十生日、刘子植赴加拿大，国文系同人庆祝和饯行，在吾家。②

编者按：此日非先生生日，年龄亦对不上。又《容庚北平日记》503页6月9日记："刘盼遂生日，请食晚饭。"③生日亦不对。姑存疑。

6月5日午间，宴客。《顾颉刚日记》当日载：

予赴谈龙会宴。今午同席：希白、绍虞、荫浏、侃如、梦家、心芜、起潜、鲁安、子植(以上客)，盼遂(主)。④

6月29日晚间，到春华楼赴唐兰、于省吾、孙海波宴。《顾颉刚日记》当日载：

赴春华楼再吃饭。……今晚又同席：希白、元胎、盼遂、梦家、予(以上客)，立庵、思泊、海波(以上主)。⑤

----

① 顾颉刚：《顾颉刚日记》卷三，北京：中华书局，2011年，第639页。
② 容庚著，夏和顺整理：《容庚北平日记》，北京：中华书局，2019年，第501页。
③ 容庚著，夏和顺整理：《容庚北平日记》，北京：中华书局，2019年，第503页。
④ 顾颉刚：《顾颉刚日记》卷三，北京：中华书局，2011年，第650页。
⑤ 顾颉刚：《顾颉刚日记》卷三，北京：中华书局，2011年，第661页。

春夏之交，清华同学冯德清自武昌来函，"属以古铜印相考"，但先生尚未作答，便因卢沟桥事变爆发、交通断绝而与冯德清失去联络。

7月，全面抗战开始后，仍在燕京大学任教。 王静如《纪念逸庵兄》一文曾提到：

> 七七抗战军兴，储逸庵皖峰兄、刘盼遂兄、陆侃如兄嫂诸学友及余留教旧都。盼遂、侃如居西郊，往来较难。①

靳极苍在《我和我的老师们》一文中曾回忆先生在北平沦陷时，给他讲过的一个梁启超的笑话：

> 刘盼遂先生，是梁先生的学生，是我们预科时的国文讲读和习作的老师，因接触多，我们竟成了好友。在沦陷期间，我们同在北京。一次相遇，他老多了，身体瘦弱得很，拉他到我家闲坐，常常谈到梁先生。他说了一件梁先生的趣闻：梁先生讲课和带他们三个研究生，实在很忙，可是很好打麻将，说那是最好的脑力休息方式。有一次几位老师来了，乘兴玩麻将，我和另外两同学站在梁先生身后，忽然见梁先生两手各按两张牌，瞪着眼，神情非常紧张，我们知道先生听牌了，还一定是大和。于是轮他摸一次牌他就咳一声，急得不得了。我们想看看他和什么，他紧按双手，就是不让看。等到人家成了，他急急地两手四张牌一摊说："对倒！怎么会没有！"大家一看，原来两边都是两个红中，于是哄堂大笑。这已成为清华大学人人皆知的笑谈。②

---

① 王静如：《纪念逸庵兄》，《经世日报·储皖峰教授纪念专刊》，1947年2月6日，第3版。
② 靳极苍：《靳极苍文集》，太原：山西人民出版社，2001年，第58页。

时顾颉刚离开北平，将部分书籍物品寄存在先生家中，先生为其保管八年，直至抗战胜利后顾氏取回。

秋季新学年开学后，先生在国文系主讲的课程有大一国文、中古文、中国诗史、杜甫、训诂学等课程。据哈佛燕京学社年度报告，先生当学年（1937—1938学年）实际授课信息如下表[①]：

课程名称	学生听课人数		备注
大一国文	秋季	春季	与陆侃如、郭绍虞、董璠、沈国华分授
	196	196	
中古文	13		
中国诗史	13	28	陆侃如与先生分授上下学期
杜甫	5		
训诂学		10	

9月14日，陈三立在北平逝世。

是年，先生在燕大上国文课时，学生王世襄呈习作《鸽铃赋》（此赋后刊于《华光》第1卷第6期），先生大为赞赏。王世襄后成先生家中常客。王世襄于1987年曾追述道：

> 刘师盼遂任教燕京大学，讲授《文选》，每令学生拟古辞赋，作为课艺。时襄业荒于嬉，终日火绘葫芦，倩春泉、佐文、子通三君剜成鸽哨，癖之既甚，竟戏以为题，制赋呈焉。幸未受呵责，而尚以为可教。顷拣故箧，旧稿犹存，已忽忽五十年。而刘师罹四凶之厄，抱

---

① 此表转引、改编自王蕾：《图书馆、出版与教育：哈佛燕京学社在华中国研究史（1928—1951）》，桂林：广西师范大学出版社，2018年，第142、143页。

恨以终,亦逾廿载。恻怆之余,不禁怒愤之填膺也。丁卯十二月,鄙安王世襄识。①

民国二十七年戊寅（1938） 先生四十三岁

在燕京大学国文系任副教授。 本年先生家搬至燕京大学院内太和厂一号。

1月6日（丁丑年腊月初五）亥时，女立嬿（乳名小燕）生。

编者按:上述先生子女立一、立三、立四、立嬿出生日期,皆据先生手写子女生辰八字字条。该字条原夹在先生藏书《艺海珠尘》之内,今藏于北师大图书馆。

2月12日下午，于书肆遇钱玄同。《钱玄同日记》当日载:

> 下午略浏览西路一周。……遇刘盼遂。②

2月22日下午，于厂甸遇钱玄同。《钱玄同日记》当日载:

> 下午四时至五时至厂甸一看,遇刘盼遂。③

3月4日晚七时，燕大国文学会在先生家开会。《容庚北平日记》

---

① 据王世襄手稿照片录入。
② 杨天石主编:《钱玄同日记(整理本)》下册,北京:北京大学出版社,2014年,第1319、1320页。
③ 杨天石主编:《钱玄同日记(整理本)》下册,北京:北京大学出版社,2014年,第1322页。

当日载:

> 国文学会在刘盼遂家下午七时开会。①

5月4日午间,容庚与孙海波到先生家聚餐。《容庚北平日记》当日载:

> 孙海波来,同往刘盼遂家午饭。②

5月27日午间,容庚等人在先生家聚餐。《容庚北平日记》当日载:

> 十二时在刘盼遂家聚餐。③

8月18日,顾廷龙为先生所藏《西吴韩氏书目》作跋。 跋曰:

> 《玉简斋丛书》中所刊《近古堂书目》与《绛云楼书目》相同,惟删去册数。今按此目则与二者并同,册数尚存,一如《绛云》。三本文字小有出入,则传钞之讹,于是知此目与《近古堂目》皆《绛云》之变题。盖牧翁著述既罹禁网,藏家因易名庋之,以避耳目。观所收史部各书,非有力者不能致之,其非牧翁而何! 西吴,湖州之旧称。刘继庄《广阳杂记》云:"苏州东吴也,润州中吴也,湖州西吴也。"遍检《湖州府志》列传,韩姓仅数人,而明季无显者,亦无藏家,故西吴韩氏实系伪托,其何以名西吴韩氏者,则不可知矣。徐森玉君尝收

---

① 容庚著,夏和顺整理:《容庚北平日记》,北京:中华书局,2019年,第525页。
② 容庚著,夏和顺整理:《容庚北平日记》,北京:中华书局,2019年,第533页。
③ 容庚著,夏和顺整理:《容庚北平日记》,北京:中华书局,2019年,第535页。

得一旧钞本,后归陈彦文君统,此当其传钞者也。盼遂先生出以见示,率记归之。一九三八年八月十八日。①

编者按:先生所藏《西吴韩氏书目》1938 年曾借燕京大学图书馆另抄,另抄本今在北京大学图书馆,《北京大学图书馆藏古籍善本书目》有载。先生原藏抄本"文化大革命"后则不知下落。

秋季新学年开学后,先生在国文系主讲的课程主要有骈文选读兼习作、声韵学和训诂学。 据哈佛燕京学社年报,先生本学年(1938—1939 学年)实际授课信息如下表②:

课程名称	学生听课人数		学分
骈文选读兼习作	秋季	春季	2-2
		10	9
声韵学	11		3
训诂学		23	3

9 月 19 日晚间,到燕京大学礼堂参加国文系本学年迎新会。 9 月 23 日出版的《燕京新闻》有《国文系将积极表现新姿态》的专题报道,节略如下:

国文学会于本月 19 日(星期一)下午七时半于适楼礼堂举行迎新会。到会者有郭绍虞、刘盼遂、董璠、王西征、郑骞诸先生及男女同学廿余人。首由该会主席何繙飞君致词,略谓此时此地得与师长及新旧同学聚首一堂,殊为难得等语。继为该系主任郭绍虞先生报

---

① 顾廷龙著,《顾廷龙全集》编辑委员会编:《顾廷龙全集·文集卷上》,上海:上海辞书出版社,2015 年,第 144 页。

② 此表转引、改编自王蕾:《图书馆、出版与教育:哈佛燕京学社在华中国研究史(1928—1951)》,桂林:广西师范大学出版社,2018 年,第 144 页。

告该系近年来之情况及将来之计划。①

9 月 27 日晚间，到郭绍虞宅，参加燕京大学国文学会本季第一次学术演讲会，主讲人为吴雷川。 9 月 30 日出版的《燕京新闻》有《国文学会中吴雷川先生讲为学与治生之道》的专题报道，节略如下：

> 国文学会于本月廿七日晚七时，在朗润园十四号郭绍虞先生宅，举行本季第一次学术演讲会。到会者有郭绍虞、吴雷川、董璠、刘盼遂、王西征诸先生及同学三十余人。首由郭绍虞先生致辞，略谓："此为本学季第一次学术演讲会，敦请吴雷川及容庚先生演说。吴老先生年高德劭，可为人师，故请吴先生谈谈处世治生问题。容先生从事研究整理金石学有年，故请其报告治学经历。"②

11 月 11 日晚间，燕京大学国文学会演讲会在先生家中举行。 先生与郑骞作了演讲。 先生的讲演题目为《墨子是蒙古人》。 容庚日记当日载：

> 晚，刘盼遂家开国文学会。③

11 月 18 日出版的《燕京新闻》有名为《墨子是蒙古人：刘盼遂先生讲》的报道，节略如下：

> 国文学会演讲会，于十一月十一日下午七时，假天和厂一号刘盼遂先生宅举行。讲员为刘盼遂先生与郑因百先生。到会者有郭

①《燕京新闻》1938 年 9 月 23 日，第 2 版。
②《燕京新闻》1938 年 9 月 30 日，第 2 版。
③ 容庚著，夏和顺整理：《容庚北平日记》，北京：中华书局，2019 年，第 555 页。

绍虞先生、董璠先生等三十余人。刘先生讲题为"墨子是蒙古人"，郑先生讲题为"中国戏曲的研究"（郑先生讲词已刊另条）。①

编者按：《墨子是蒙古人》原文未刊，《燕京新闻》只录大意，已收录于《刘盼遂著述集》第 2 卷《百鹤楼文史论丛》。先生所谓"墨子是蒙古人"，是以墨子为北狄种。闻一多《伏羲考》"匈奴龙图腾"条曾引先生此说曰："刘盼遂说墨翟是北狄种，这里所讲的是匈奴风俗（《燕京新闻》民国二十七年十一月十八日）。"②

是年，与瞿兑之、徐一士、柯燕舲、孙念希、谢国桢、孙海波等常聚会。据谢国桢回忆：

> 我和一士神交虽久，但过从最密却在事变后那一年。那时我刚从香港回来，家居极为无聊，就常和瞿兑之、徐一士诸兄在一起谈天。事变的初起，生活尚不甚贵，就约会每星期三在一块聚餐。那时在一处聚会的朋友，除了兑之、一士和我以外，还有柯燕舲、孙念希、刘盼遂、孙海波诸兄，共总有七个人。聚会的地点，不是在兑之家，便是在燕舲和我家。③

---

① 《燕京新闻》1938 年 11 月 18 日，第 2 版。
② 闻一多：《伏羲考》，上海：上海古籍出版社，2006 年，第 43 页。
③ 谢国桢：《一士类稿序》，谢国桢著，姜纬堂选编：《瓜蒂庵小品》，北京：北京出版社，1998 年，第 187 页。

民国二十八年己卯（1939）　先生四十四岁

在燕京大学国文系任副教授，兼任研究院导师，指导范围为训诂学。①

1月17日，钱玄同病卒。

编者按：先生对钱玄同甚为尊敬，钱玄同在学术上曾指点过先生，对先生之长则褒奖，对先生之误亦当面指出。北平沦陷期间，二人曾互相勉励"决不做汉奸"，不在伪大学任教。

1月27日（戊寅腊八），在所藏黄侃《文心雕龙札记》书衣上题记：

《文心雕龙札记》，足本讲义。戊寅腊八盼遂订。

2月4日，访容庚。《容庚北平日记》当日载：

刘盼遂来。②

3月17日下午，燕大国文学系在先生家开会并聚餐。《容庚北平日记》当日载：

---

① 《燕京大学同学会会刊·本届研究院导师及其指导范围》，1939年，第22页。
② 容庚著，夏和顺整理：《容庚北平日记》，北京：中华书局，2019年，第564页。

四时半至刘盼遂家开国文学系讨论会并聚餐。①

4月，刘大绅（刘鹗四子）所撰《关于〈老残游记〉》一文刊于辅仁大学《文苑》第 1 期。 大绅将此文抽印本赠予先生，因先生喜好《老残游记》一书，且对刘氏收藏甲骨过程较为关注。 先生阅读全篇并在其上作批校。

编者按：该抽印本今在编者处。上有先生批校十余处。今将先生朱笔校字罗列如下：

第 5 页"此后先君因创设海北公司"（注十一）后，删除"此事另详于后"。（编者按：盖其后亦未提及）

第 10 页注十七"及当时官司纪录，孝订其事"，校"孝"字为"考"字。

第 10 页注十八"先君以豪放称，罗先生以致慎称"，校"致"字为"敬"字。

第 12 页注五"前绅曾见某先生，即当年在文襄处参与密务者"，校"务"字为"勿"字。

第 12 页"要求借用初原编印本校对"，乙"原编"为"编原"。

第 15 页"至兰州，姻丈茅实君先生"，校"茅"字为"毛"字。

第 16 页注十二"先君及沙彪纳氏曾共斡（干）旋"，校"斡（干）"字为"斡"字。

第 16 页注十二"强先君代索力役负草"，"代"后补"所"字。

第 19 页注四"隐寓冬菰叶四字"，校"菰"字为"烟"字。

第 19 页"卒因此致人之攻许"，校"许"字为"讦"字。

第 20 页"鹗字铁云，又字公约，原名孟鹏，字云抟（即记作

① 容庚著，夏和顺整理：《容庚北平日记》，北京：中华书局，2019 年，第 569 页。

者)",于"即"字后补"游"字。

第 21 页"今当正告兄弟子侄曰",于"告"字后补"吾"字。

另有蓝笔、墨笔质疑多处,从略。

5 月,《百鹤楼读书札记》刊于燕京大学《文学年报》第 5 期。

5 月(己卯夏首),先生在自藏光绪吴县谢氏刻本《烬余录》书衣背白页以朱墨二笔题记道:

> 此《望炊楼丛书》单本也。《丛书》共含六七种,皆吴下旧闻。光绪中吴县谢氏刊,民十三文学山房印。己卯夏首,盼遂记。

5 月 17 日,访容庚。《容庚北平日记》当日载:

> 刘盼遂、沈国华、顾培懋来。①

6 月 3 日,与董璠、容庚同访郭绍虞。《容庚北平日记》当日载:

> 刘盼遂、董鲁安来,与同访郭绍虞。②

7 月 26 日(己卯夏六月十日),中学恩师张星蔚病逝于长葛。 先生应张星蔚四子之请,撰《长葛张公墓表》。 该墓表由许诣端篆额、王广庆书丹,至 1946 年 11 月立石。

编者按:该碑今在河南省长葛市大周镇梁庄。编者曾实地考察,见碑额刻有福禄寿三仙像及"斯文在兹"四字。碑体保存尚可,有下沉。

---

① 容庚著,夏和顺整理:《容庚北平日记》,北京:中华书局,2019 年,第 575 页。
② 容庚著,夏和顺整理:《容庚北平日记》,北京:中华书局,2019 年,第 577 页。

文字则受损颇多,难于辨识。为保护文物,当时未进行深掘,故《刘盼遂著述集》所录之文亦多缺失。

　　夏,与燕京大学管理者发生矛盾,受到排挤,燕大管理者欲撤换先生。容庚、郭绍虞等同事亦与校方交涉,《容庚北平日记》本年6月2日载:

　　　　学校欲撤换刘盼遂,与郭绍虞往见周学章及司徒校长。①

《吴雷川日记》本年5月31日载:

　　　　五时半绍虞来,谈刘盼遂事。至六时,余将晚饭,遂去。七时至绍虞处,续谈刘事。

6月11日载:

　　　　早间绍虞来,谈刘盼遂及高贻纷事。②

　　编者按:据先生家人及学生回忆,此事因先生拒绝参加燕京大学团契活动而起,另有他故,今不知详情。

　　7月24日午间,燕大国文系教员在容庚家为先生饯行。《容庚北平日记》当日载:

　　　　十二时国文系教员在吾家饯行刘盼遂、顾言是。③

---

① 容庚著,夏和顺整理:《容庚北平日记》,北京:中华书局,2019年,第577页。
② 吴雷川著,李广超整理:《吴雷川日记》,北京:商务印书馆,2020年,第221页。
③ 容庚著,夏和顺整理:《容庚北平日记》,北京:中华书局,2019年,第582页。

8月17日，容庚访先生，并为先生运行李至其新居。《容庚北平日记》当日载：

> 访刘盼遂。至学校。一时乘大汽车至张园，为李枞运书，先为刘盼遂运行李至其新居。①

编者按：先生此"新居"在西单大门巷三号。

9月21日，吴承仕病卒。

编者按：吴氏生前，先生以师视之。先生"三礼"等讲义曾以吴先生相关著作为底本，作《论衡集解》等著述时亦曾向吴先生请教。吴先生生前赠先生之书甚多。

是年，加入瞿兑之发起成立的"国学补修社"，该社成员还有徐一士、谢国桢、孙念希、孙海波等。谢国桢曾回忆道：

> 不久的时光，就由兑之发起了国学补修社，是每星期的朝晨，约会莘莘的学子，一起讲学，很有不少同学得了益处。②

次年伪北平市政府《市政公报·命令》中曾批准该社成立。原训令如下：

> 训令教育局：准内务总署咨以据孙念希等呈拟办国学补修社
> 业准备案抄同原呈简章请查照转知等因抄发原件令仰知照由
> 　准内务总署民字第一八七六号咨内开：案据国学补修社董事孙念希等呈以拟办国学补修社，缮具简章，请鉴核予以备案等情。据

---

① 容庚著，夏和顺整理：《容庚北平日记》，北京：中华书局，2019年，第584页。
② 谢国桢：《一士类稿序》，谢国桢著，姜纬堂选编：《瓜蒂庵小品》，北京：北京出版社，1998年，第187页。

此,查该学社宗旨在补助学校,培养诸生国学基本知识,有裨士林,事属公益,自可准予备案。除批示外,相应抄同原呈及简章,咨请贵公署查照,并分转知照等,因准此合行抄发原呈及简章,令仰该局知照。此令。

附件(略)

中华民国二十九年十一月五日　市长　余晋龢

秘书长吴承湜代行①

后该社成员陆续有人入伪大学任教,先生不再参与该社活动。

民国二十九年庚辰(1940)　先生四十五岁

春至秋,失业中,只在家读书。数月家无进项,生活困苦,一度靠典当维持生活。日伪控制的大学曾三次以先生旧日友朋为说客,劝其前往任教,日人控制之东方文化事业委员会亦邀其前往编纂《续修四库全书提要》,许以丰厚薪水,先生均断然拒绝。先生幼子立四此时患病,因缺医少药而夭折。

先生长子立一,初中时曾就读于育英中学,与史树青为同年级同学。② 少年时曾得重病,经当时北平名中医袁鹤侪先生诊治而痊愈。袁氏医案曾记此事曰:

① 伪北平市政府:《市政公报》第 103 期《命令》,1940 年,第 4 页。
② 此据北京二十五中校庆筹备组、北京市育英中学校校友会编:《美哉壮哉我育英——北京二十五中建校一百二十六周年纪念·历届学生名册》"一九三八年初中毕业生"条,1990 年内印本,第 8 页。

　　有刘立一者,盼遂先生之长公子也。忽每日下午发热,西医诊为肋膜炎,予以施手术,打针、服药,卧病于某医院,凡三阅月,热不稍减,据医谓,肋膜炎已痊,似改肺病。虽商之于该医院长,伊谓只得再卧床三数月,再看其热如何。病者颇不耐,遂出院,由友人介绍余予诊约一周星,其热全退。凡服药四十余剂,而病痊愈。①

立一于此时逃出沦陷区,奔大后方,欲加入抗日队伍,后死于后方,死因不明。 据先生家人回忆,先生任教辅仁时,有人夜半送信,告立一死讯。 时局势紧张,故未声张。 或传先生二子皆病死于此时,误也。

《西南联大行思录》一书曾记载任继愈先生的回忆,涉及刘盼遂先生在沦陷区的生活:

　　当年北平,也有留下的人们。任继愈先生对我提起一位教授刘盼遂。在他那淡淡的语气中,有一种深切的缅怀:

　　历史系一个教授,他留在北平,没有走。有人劝他,劝的人也是学历史的,说:你看看这些历史,南渡以后,谁打回来过? 你就别在那儿苦守了。你就跟这个伪政权合作、去伪大学教教书,别过这苦日子了。

　　这个人说什么也不干。这个人叫刘盼遂,是个历史学家、北师大的教授。他就卖点书、卖点东西来维持生活。苦熬了这么几年,没干伪政权的事,没做伪政府的教员。

　　在"文化大革命"中,他投水死了,这人是很有气节的一个人。

---

① 袁鹤侪著,袁立人整编:《御医袁鹤侪医学存真》,石家庄:河北科学技术出版社,2017年,第420页。

"刘盼遂是老清华国学院的一个学生,师从梁启超。"①

罗常培1946年4月24日致胡适的信也可作为先生在沦陷区坚守气节的旁证:

> 现在雪屏主持下的大学预备班下设八分班:(一)北大二院,雪屏主任;(二)北大一院,縠生任班主任,教授有平伯、郑因百、容庚、孙楷第、徐祖正、李九逵、纪鹤轩、吴叶筠、刘盼遂、许世瑛等(除平伯、子书、盼遂外皆附逆,且不见经传)……②

夏,西迁的金陵大学需要研究人员,罗根泽与孙次舟等人致信先生,推荐刘铭恕到金陵大学任教。 刘长文《刘铭恕先生传略》记道:

> 1940年,西迁成都的金陵大学需要研究人员,已在中央大学(已迁成都)的罗根泽和齐鲁大学(亦已迁成都)的孙次舟等人推荐刘先生到金陵大学,并于当年夏天发出聘书。他们致信刘盼遂先生(居留北平),刘盼遂先生又写信给家乡,家乡再写信给刘先生,但因战事交通阻断,刘先生辗转于1941年1月方得入川。③

秋,刘铭恕在河南嵩县获得一批古物,并于次年携之入蜀。 孙次舟《嵩县唐墓所出铁羁铜尺及墓志之考释》一文记道:

---

① 张曼菱:《西南联大行思录》,北京:生活·读书·新知三联书店,2019年,第39页。
② 中国社会科学院近代史研究所中华民国史组编:《胡适来往书信选(下)》,北京:中华书局,1980年,第103页。
③ 刘长文:《刘铭恕先生传略》,《刘铭恕考古文集》,郑州:河南人民出版社,2013年,第1639页。

友人刘叔遂先生,来自洛阳。箱箧中,故书数卷而外,复有铁剪刀、铜花尺、墓志打本各一。询所自来,云去秋偶游嵩县,所识翟生,言其亲家韩某曾于耕田之际,发现大批古物,颇多异品。因烦翟生为介,前往索观。……叔遂观览之下,爱玩不忍遽释,韩氏乃慨然以铜尺及剪刀相赠,并为拓印墓志一分,借慰访古之情。①

编者按:抗战胜利后,铭恕将此唐代铜尺转赠盼遂先生,曾有学人来信询问该尺具体尺寸,以便研究唐代度量制度。先生去世后,此唐尺不知所终。

10月,由日人桥川时雄主纂、沦陷区部分中国文人参编之《中国文化界人物总鉴》一书出版,将民国以来中国文化界、学术界知名人物姓名、生卒年、籍贯、研究方向、师承、出身学校、经历等罗列甚细,先生亦在其中。该书编纂时,日人及先生某旧友亦曾邀其加入,先生以其为文化侵略之工具书,坚决不与。该书介绍先生情况如下:

劉盼遂:一八九九—X。名は銘志、字を以て通用さる、河南息縣の人。かつて山東女子師範學校、曲阜師範、河南光州中學、等の教員に歷任。後清華大學研究院に入る。民國十五年に卒業して國立清華大學、國立師範大學の教授に歷任、近くは燕京大學副教授に任ず。其の著に「說文漢語疏」、「世說新語校箋」、「後漢書校箋」、「爾疋草木蟲魚釋例補」、「春秋名字解詁補正」、「段王學五種」七卷(民國二十五年、來薰閣出版)、「文字音韵學論叢」(二十四年、人文書店)、「長葛縣志」十二卷、「太康縣志」二十卷、「汲縣志」三十卷。

---

① 孙次舟:《嵩县唐墓所出铁翦铜尺及墓志之考释》,《中国文化研究汇刊》第1卷,第61、62页。

11 月 10 日，友人辅仁大学教授高步瀛去世。

11 月底，受辅仁大学校长陈垣之约，任辅仁大学文学院国文学系讲师。 俸给为每月 140 元加津贴 70 元。[1] 初到辅仁，讲授《汉书》（编者按：系接续高步瀛先生之课）等课程。 时辅仁大学名师荟萃，实力雄厚。《北京辅仁大学校史（1925—1952）》记载：

> 在抗日战争期间，国立大学纷纷迁往内地，1941 年燕京大学停办，辅仁大学成为北平沦陷区唯一不受敌伪控制的大学。当时，经陈垣校长的聘请，许多名师云集辅仁，中国文学系的教师阵容尤为强大，社会知名专家如沈兼士、郭家声、余嘉锡、高步瀛、罗常培、魏建功、唐兰、孙人和、顾随、赵万里、孙楷第、于省吾、刘盼遂、储皖峰、陆宗达等，都担任了本系的必修或选修课的教学。这一时期国文系的教师队伍，可谓人才济济，鼎盛一时。[2]

12 月 13 日（十一月望），从清华同学谢国桢处购得李祖望藏书四种，并在其中《字林考逸》书衣后题记：

> 廿九年十一月望，从刚主所买得李祖望藏书共四种（许注《杜诗》、郝疏《山海经》、《拜经文集》、《字林考逸》），共洋三十五版。时在辅大研究所击蒙已两周矣。鹤叟。

---

① 《民国三十一年北京特别市公私立大学校教职员名册·私立辅仁大学》。
② 北京辅仁大学校友会编：《北京辅仁大学校史（1925—1952）》，北京：中国社会出版社，2005 年，第 107 页。

民国三十年辛巳（1941）　先生四十六岁

在辅仁大学国文学系任讲师。 本年为三、四年级上两门选修课，其一为"《汉书》研究"，每周两小时，全年四学分；其二为"古礼制研究"，每周两小时，全年四学分。①

2月13日下午，到辅仁大学上"《汉书》研究"课（本学期每周一下午授课），从《食货志》讲起。 董毅（时在辅仁大学国文系读三年级）《北平日记》中记道：

> 中午饭后，看了会报，便到小马屋中坐坐，很快就又到二点上课了。《汉书》研究今年不讲本纪了，讲开《食货志》了，想今年大约也就能讲这么一个志吧。按本文讲两小时只讲了二三页而已，无聊。②

3月20日下午，到辅仁大学上"《汉书》研究"课，讲《外戚传》，提及古代女子无裤问题。 董毅《北平日记》中记道：

> 下午第一二时是"《汉书》研究"。讲《外戚传》，不知何故，刘盼遂先生忽然讲到女人穿裤子问题。谓女人之穿裤子，只是近数百年

---

①《民国三十年度私立辅仁大学一览·文学院·国文学系·本科学科说明》。

② 董毅著，王金昌整理：《北平日记（1939年—1943年）》，北京：人民出版社，2015年，第722页。编者按：观董毅日记，其本人偏好诗词小说，对小学、考据无甚兴趣，非只不喜刘先生"《汉书》研究"课。然所记为青年学子真情流露，亦有史料价值，故本谱亦采撷其中与刘盼遂先生相关片段，以补史阙。

之事耳，约宋以后方有。赵武灵王胡服骑射，谓之胡服、夷装，又名急装，武王服也。宋以前之书中每于言男女情爱之诗词，其作品中，多无言及关于裤子之事者。如秦少游之词中云："香囊暗解，罗带轻分，谩赢得、青楼薄幸名存……"罗带轻分，下未言其他，可见女人是时当无裤子类之衣服也。又唐小说《大业拾遗记》《迷楼记》等记隋炀帝之淫乱，谓风穿宫女衣上覆颈肩，下体尽露，帝见而喜之，是以一女古无裤之证。不料他随便说一句话，还有许多证据。后与朱君泽吉谈及，朱君谓刘先生之言不可靠，且是否古时女子无裤，亦非数语所能解，亦需详考。[1]

4月，辅仁大学司铎书院海棠花开，先生清华学弟、时在辅大国文系任教的储皖峰游观后，作《海棠杂咏》诗并以示先生，先生感和五首。先生和诗后刊于1947年2月6日《经世日报·储皖峰教授纪念专号》，录之如下：

和储教授逸庵《海棠杂咏》五首

岁行辛巳四月中旬，逸庵以辅仁大学司铎书院海棠诗见示，索和。拈笔感怀，万端交集，强成五篇，用报崇命。原诗颇饶家室之私，情见乎辞。故于末章调之云尔。

一种天生命妇花，春来还发旧王家。空蒙香雾黄昏院，惟少当年燕子斜。

司铎书院，故清恭王府也。内有鉴园，海棠十余本，高拂檐际，均异种。宋人词："海棠开后，燕子来时，黄昏庭院。"

乐寿堂前几万枝，山翁曾此倒金卮。即今狼籍殷红里，海气昏

---

[1] 董毅著，王金昌整理：《北平日记（1939年—1943年）》，北京：人民出版社，2015年，第753页。

昏忆奘师。

颐和园乐寿堂前海棠四株,枝条楼俪,直称花海。卢变前,每岁花时,恒从陈寅恪师饮酒共下。今师远阻港澳,音耗久沈。每一溯洄,辄唤奈何。

妖韶帚子两三窠,省得他年载酒过。清华园里西南角,无主风前奈尔何。

陈师旧居清华园西南院,中有新植海棠二株。根经断,花未能繁。盼遂晋谒,往往赐之小饮。幕天席地,不让许慎选花裀也。

海红豆出海南天,记入唐贤海药篇。欲为名花问初地,胡笳卉服已三年。

李德裕云,花果之名海者,皆自异域来也。犹今人之称洋矣。

几丛微笑映回廊,少妇丰秋少女香。怪底江东储学士,每临花影忆红妆。

后先生任教北师大时,曾应其弟子聂石樵、邓魁英夫妇之请,将此五首诗题于聂先生扇面之上,并在跋中道出五首诗主旨,而其中诗句与《经世日报》所刊亦略有不同:

海红豆出海南天,记入巨唐海药篇。欲为名花问初地,夷讴卉释已三年。

乐寿堂前几万枝,山翁曾共倒金卮。而今狼藉殷红里,海气昏昏忆奘师。

妖韶帚子两三窠,省得他年载酒过。清华园里西南角,无主风前奈尔何?

一种丛生命妇花,春来还发故侯家。空蒙香雾黄昏院,无复当年燕子斜。

几丛粉泪映回廊,少妇丰秋少女香。底怪江东储教授,也从花影忆红妆。

上庚辛之际咏海棠诗五首。一哀海南。二念寅师。三伤清华陈宅海棠。四吊故恭王府花圃。五调老友储一广也。

编者按：此扇今尚存邓先生家中。《文教资料》1986 年第 3 期封二有图。

先生亦通过其弟刘铭恕，将此五首诗转寄给在西南后方的陈寅恪，陈以旧作《燕京西郊吴氏园海棠》复书。 此后先生常与陈寅恪通信，皆通过其弟刘铭恕周转。 刘长文《刘铭恕先生传略》记道：

> 当时，陈寅恪先生也在成都，二人在北平曾有过从，亦因先生之兄刘盼遂先生与陈先生的关系，此时刘先生与陈先生二人往来则多起来。 适刘盼遂先生仍留居北平，他与陈先生常有书信往来，但都寄至刘先生处，再由先生转送到陈先生手中；同时，陈先生的回函也经刘先生寄往北平。[1]

编者按：陈寅恪先生致刘盼遂先生的信件，皆毁于1966 年 8 月先生被抄家时。刘盼遂先生致陈寅恪先生的信件不知尚存否，待考。

4 月 20 日午后，参加辅仁大学语文学会第二次常会，并作了题为《说蜆》的讲演。 5 月 10 日出版的《辅仁生活》第 15 期有相关报道，全文如下：

本期第二次语文学会　刘盼遂先生主讲

语文学会原定四月五日开第二次常会，以是日正值清明节放假

---

[1] 刘长文：《刘铭恕先生传略》，《刘铭恕考古文集》，郑州：河南人民出版社，2013 年，第 1640 页。

延期。后改于四月二十日午后二时半举行，届时师生到会者共计十三人，首由刘盼遂先生演讲，讲题为"说蚬"，引《尔雅》"蚬缢女"及其他证据，氏谓蚬虫之悬缢，如蚕之作茧，系自然天性，今俗呼之"吊死鬼"似即此虫。嗣后又由研究生孙德宣先生讲"阢陧词之分析"，引证亦颇丰富，结果谓"阢陧"释不安，系由动摇、高危及残毁断绝三义从变而来。五时讲毕，茶话后散会。[1]

6月19日下午，辅仁大学国文系三年级学生"《汉书》研究"选修课期末考试，考试题目为"将《贾谊传》中之《治安策》缩写隐括出数百字之短文"[2]。

9月，《谈倒用印与篆籀之关系》刊于《辅仁大学语文学会讲演集》第2辑。 文中列举文献中记载的倒用印案例，并考察说，倒用印实际上源于道家的厌胜之术，由葛洪《抱朴子》可证。

编者按：此文为先生本年为辅仁大学语文学会所作报告的整理本，报告日期不明。

9月7日晚，到森隆菜馆，参加辅仁大学毕业生李景慈（1937级）和王慧敏的婚礼，并担任证婚人。 第二天的北平《实报》对本次婚礼有专门报道，其中涉及先生的部分节引如下：

　　时间在四五点之间，来宾开始继续"光临"了。自然，这里一派是"不惑"与"而立"之间的，一派是弱冠左右的：前者有沈启无先生、刘盼遂先生、赵荫棠先生、朱肇洛先生、王青芳先生；后者有袁笑星先生、王石子先生、林栖先生、李道静先生和许多文艺界的青年……他们似乎都有点期待，期待这位新娘怎么还不来呢？

---

①《辅仁生活》第15期"新闻"，1941年5月10日，第8、9页。
②董毅著，王金昌整理：《北平日记（1939年—1943年）》，北京：人民出版社，2015年，第846页。

证婚人是刘盼遂先生，辅仁文学院教授。司仪是散文家林栖，他还直冲着大家咧嘴，也不知怎么那大的喜兴。新夫妇交换饰物了，证婚人宣读证书了……一幕一幕的都演了过去。①

9月29日下午，为辅仁大学授"《后汉书》研究"课（本学期每周一下午授课）。董毅《北平日记》记道：

上了两小时的"《后汉书》研究"，很无聊，教室椅子不够坐，挤得很，第二时就走了一小半，今天又未讲书，又闲话范晔一小时许，没劲。刘盼遂自言，其读书之法只重寻章摘句而已，对书发生何问题心得非甚所长，为此则在"研究"二字上之兴趣与意义便差了许多，每次讲书如同讲国文，所以多数同学，不甚满意其教法。②

10月5日（中秋），在东安市场购得翻刻武英殿本《学林》十卷。先生于该书扉页墨笔题记：

卅年中秋得于东安市场，价二。版后印本有白页，应觅初本或湖海楼本茜之。盼遂记于京华大门巷之三号。

10月22日（九月初三）又朱笔题记：

九月初三借辅大图书馆陈本补抄讫。

<hr>

① 《昨天森隆菜馆里的一幕人生喜剧——李景慈婚礼观纪》，北平《实报》，1941年9月8日，第4版。

② 董毅著，王金昌整理：《北平日记（1939年—1943年）》，北京：人民出版社，2015年，第940页。

10月9日，先生在山西大学的恩师、一代硕儒郭象升在太原病逝。①

10月27日（夏历九月八日）为傅增湘七十寿辰，留居北平百余位学人为其贺寿，并多撰有贺寿诗文，先生亦作七言律诗一首贺之。后贺寿诗文皆收录于当年出版的《雅言》卷十《藏园老人七秩寿言专刊》。先生之诗曰：

> 鹓鹣学士人争识，艳说衡阳赵女娟。
> 坐拥百城天隐子，出游五岳地行仙。
> 已从黄嬭颐贞性，宁假秋英制颓年。
> 双鉴高楼许宗仰，笛声还奏鹤飞篇。

11月24日，先生所授辅仁大学国文系三年级选修课"《后汉书》研究"结课考试。据董毅日记记载，当天考试题目为"光武武功与马援功绩之简表"②。

民国三十一年壬午（1942）　先生四十七岁

在辅仁大学文学院任讲师。除续授"《后汉书》研究"选修课外，为国文学系又新增两门课：为二年级学生开必修课"经学通论"，

---

① 据夏明亮：《文化三晋浪淘沙：山西百年百位文化名人小传》（下），太原：山西人民出版社，2017年，第769页。

② 董毅著，王金昌整理：《北平日记（1939年—1943年）》，北京：人民出版社，2015年，第996页。

每周两学时，四学分；为三、四年级开选修课"古礼制研究"，每周二学时，四学分。"古礼制研究"亦为研究所史学部选修课。① 同时在中国大学兼课，讲授甲骨文等课程。

编者按：今见刘盼遂先生在中国大学的甲骨学讲义铅印本，系以容庚《卜辞之研究》为底本。

1 月 26 日下午，到辅仁大学授"《后汉书》研究"课时，提及其师王国维晚年自杀的种种原因。 董毅《北平日记》记道：

> 下午两小时"《后汉书》"，第二小时聊天，说王国维之晚年及其自杀的种种原因。刘盼遂先生是他的弟子，讲这个倒比讲书听的人多，安静得很，半小时多下课。②

2 月 6 日，清华同学、辅仁大学教授储皖峰病逝。

3 月 2 日下午，到辅仁大学授"《后汉书》研究"课。 董毅《北平日记》载：

> 说了一堂的元宵。③

3 月 9 日下午，到辅仁大学授"《后汉书》研究"课。 董毅《北平日记》载：

---

①《民国三十一年度私立辅仁大学一览·课程·文学院》，第 21、22 页。

② 董毅著，王金昌整理：《北平日记（1939 年—1943 年）》，北京：人民出版社，2015 年，第 1072 页。

③ 董毅著，王金昌整理：《北平日记（1939 年—1943 年）》，北京：人民出版社，2015 年，第 1112 页。

讲了两小时《党锢列传》。①

5 月，辅仁大学史学会邀先生参加当月 16 日的常会，并请先生作讲演。

编者按：事见当月 1 日出版的《辅仁生活》第 4 卷第 3 期《本校学术消息》。因材料所限，未知先生是否参会并作演讲，待考。

夏某日，为辅仁大学国文系讲授"经学通论"课，偶提"打抽丰"一语的来源。 时值抗战最艰苦时期，沦陷区生活越发困难。 先生想起上年夏天为学生上课时，天气炎热，曾自费为台下学生买西瓜以解暑气。 此时欲再掏钱买西瓜，口袋中竟无一文，望前排学生以红铅笔做笔记，与上年相同，乃仿唐崔护《题都城南庄》，口占一首以自嘲，诗曰：

> 去年今日此楼中，铅笔西瓜相映红。
>
> 铅笔只今依旧在，西瓜何处打抽丰。

此诗一出，引得哄堂大笑。 时台下有学生刘在昭女士将此诗记录于笔记。

编者按：刘在昭女士所记笔记今尚在，内另录有先生其他诗作，如《送陆东南归》等，皆已发表过。至于所讲授之经学内容，记录过简，且多引前人所述，故编者此前整理《刘盼遂先生著述集》时未收录。

7 月 7 日，清华同学、目录学家、中正大学教授姚名达在江西抗战前线牺牲，是为抗日捐躯教授之第一人。

11 月 22 日（孟冬之望），赴于省吾宴，观其所藏古剑。 归来后

---

① 董毅著，王金昌整理：《北平日记(1939 年—1943 年)》，北京：人民出版社，2015 年，第 1118 页。

在市场购得清光绪二十九年山东书局铅印本《东塾读书记》和吴印臣本《清异录》。 先生于《东塾读书记》书衣背白处题曰：

> 三十一年孟冬之望，于思泊翁招饮于翠花胡同，观其藏剑。归过市场，以二元二角得此书及吴印臣本《清异录》。

11月底（孟冬下旬），在西单商场购得吴承仕《经典释文序录》铅印本一部。 先生于该书书衣背白页用墨、朱二笔各题一行，墨笔题记曰：

> 民国三十一年孟冬下旬，以半价得于西单商场。盼遂。

又朱笔题记曰：

> 宋初曾注释《经典释文》，见《册府元龟》。刘汝霖说。

民国三十二年癸未（1943）　先生四十八岁

在辅仁大学文学院任讲师。 本年除上两年所教课程外，为国文学系二到四年级本科新开"《文心雕龙》点读"一门选修课，每周二学时。①

春，购得吴兴嘉业堂刻本《郑堂读书记》七十一卷，于该书末页

---

①《民国三十二年度私立辅仁大学一览·文学院·国文学系》。

题识：

> 癸未春以六十元得于易夏氏，仲子刘盼遂。

1月5日，午间赴杨宗翰家宴，同席多燕京大学原同事。 邓之诚日记当日载：

> 午赴城坊街四十一号杨宗翰招饮，肴核颇丰，同座有洪煨莲、陆志韦、齐思和、邓以蛰、郭绍虞、刘盼遂及一顾君，中德学会两德人。 今日之聚，本有张星烺，以被拘未至。[①]

1月10日，为所藏《郝氏遗书》本《补宋书刑法志一卷食货志一卷》补装书衣并隶书题书名。 落款："盼遂题于大门巷。 廿二、元、十。"

2月16日午间，赴容庚宴。《容庚北平日记》当日载：

> 请张效彬、于省吾、刘盼遂、孙海波、启功午餐。[②]

6月（癸未五月），学生史树青赠其所著《念春词》两部，一题"盼翁夫子大人教正，树青敬呈"，一题"盼遂夫子大人教正。 癸未五月树青拜呈"。

10月（癸未九月），史树青又赠其所著《待秋词》一部，题曰："盼翁夫子大人教正，癸未九月树青拜呈。"

12月，周越然等著《蠹鱼篇》由古今出版社出版。 中有谢兴尧

---

① 邓之诚著，邓瑞整理：《邓之诚文史札记（上）》，南京：凤凰出版社，2016年，第171页。

② 容庚著，夏和顺整理：《容庚北平日记》，北京：中华书局，2019年，第679页。

《书林逸话》一篇，在谈及"南北书价之比较"时曾引先生之语，涉及先生藏书与读书观，故节录如下：

> 近闻西南各地，旧书古籍，搜罗已空。据友人云："成都昆明市上，凡昔日地摊上几大枚（铜板）一本之书，在西南即可称善本。"虽不无言过其实，但兵燹之余，又兼学校林立，学人丛聚，图书缺乏，可以想见。友人刘盼遂尝谓不能西征，最大原因在无书可读。余亦云然。盖向在故纸堆中求生活者，一旦离去，真如鱼之失水。因与书价有关，故并及之。①

12 月 11 日，在重庆中央大学任教的李长之参加了该校第一次学术座谈会，在谈到"薛宝钗是否可爱"这一问题时，李先生引用刘盼遂先生在清华讲课时所说的话来回答。因与先生有关，节录如下：

> 问：李先生说，近来有青年人爱史湘云，而我平日的观察，大家都爱薛宝钗，（众笑）到底薛宝钗的评价怎样呢？
>
> 李先生答：这个问题，我却愿讨论，我介绍刘盼遂先生的话，他说："在日常生活中，我们喜欢薛宝钗，因为她能干，识大体，是个好主妇，但是在精神上，我们却不愿有个打算盘、挂钥匙的爱人。"这就是艺术与实际有距离的问题。②

是年至下一年，清华同学罗根泽的《中国文学批评史》分四册由商务印书馆出版。罗氏在书中曾提及先生之助力。如该书自序言：

---

① 谢兴尧：《书林逸话》，周越然等：《蠹鱼篇》，上海：古今出版社，1943 年，第 70、71 页。

② 《艺文丛话（一）:〈水浒传〉与〈红楼梦〉》，《中国文学》第 1 卷第 1 期，1944 年 4 月，第 77 页。

陈钟凡、郭绍虞两先生《中国文学批评史》，方孝岳先生《中国文学批评》，日人铃木虎雄《中国古代文艺论史》，皆曾参阅；朱自清、朱东润、伍叔傥、汪辟疆、李翊灼、李长之、胡小石、吴世昌、楼光来、黎锦熙、刘盼遂、刘汝霖、储皖峰诸先生，皆曾商正。匡启之谊，所不敢忘。①

又《音律说下》"刘韬的病犯说"条曰：

此与前节王彬，皆刘盼遂先生告知。②

民国三十三年甲申（1944）　　先生四十九岁

在辅仁大学文学院任讲师。

2月23日，吴其昌病逝于四川乐山。　吴其昌为先生在清华研究院里最要好的朋友之一，先生得知噩耗后，极为悲痛，曾有悼亡诗。

编者按：该诗今未查见。

4月7日（三月望），在西单商场购得鸿宝斋铅印本《谐铎》四册。　先生在该书扉页上题曰：

---

① 罗根泽：《中国文学批评史》第一分册《周秦两汉文学批评史·自序》，重庆：商务印书馆，1944年，第3页。

② 罗根泽：《中国文学批评史》第二分册《魏晋六朝文学批评史》，重庆：商务印书馆，1943年，第62页。

　　　甲申三月望得于西单商场,价三金。盼遂记。

4 月 14 日晚间,容庚晤先生。《容庚北平日记》当日载:

　　　晚间访孙海波,晤刘盼遂。①

5 月 25 日,陈寅恪有致刘铭恕信,并问先生近况。陈书原文如下:

铭恕吾兄先生左右:
　　久未晤教,渴念无已。得暇能惠临一谈否? 前借之《后汉书》共拾贰册奉还,即希查收为荷。令兄有信来否? 近况如何? 有谓辅仁被封闭者,确否? 匆复,顺颂
　　著祉。

　　　　　　　　　　　　　　　　　　　弟陈寅恪拜启
　　　　　　　　　　　　　　　　　　　五月廿五日

9 月 3 日,访容庚。《容庚北平日记》当日载:

　　　刘盼遂来。②

9 月 4 日晚,容庚访先生。《容庚北平日记》当日载:

　　　晚饭后访孙海波、刘盼遂。③

---

① 容庚著,夏和顺整理:《容庚北平日记》,北京:中华书局,2019 年,第 726 页。
② 容庚著,夏和顺整理:《容庚北平日记》,北京:中华书局,2019 年,第 739 页。
③ 容庚著,夏和顺整理:《容庚北平日记》,北京:中华书局,2019 年,第 739 页。

11月24日（甲申小雪后二日），学生史树青与同学宴饮，作诗一首，并录呈先生。先生后将该诗稿装池在其所藏雍正刻本《李长吉诗》函套后。诗曰：

经年悟道未全荒，折东正宜趁小阳。

遣醉谈诗邀胜侣，校书读画老东堂。

座中旧雨联今雨，廊外风光更雪光。时天阴微雪，翌晨果应来年课卜矣。

人笑僧贫偏好事，是日余以旧藏《元复业志》石搨本分贻同座。自知双眼傲汪郎。筱鹤同年在座，故戏调之。

甲申小雪后二日，阎季方贵森招谯同窗廿八人，座上写感，率尔成吟。录奉

盼翁夫子大人教诲。

弟子树青呈稿

民国三十四年乙酉（1945）　先生五十岁

在辅仁大学文学院任讲师。

4月9日（二月廿七日），在甘石桥书肆购得清光绪十三年上海同文书局石印本《全唐诗》九百卷三十二册，先生在该书前衬页上墨笔题记曰：

乙酉二月廿七日，购于甘石桥书肆，价一千二百元，可云廉已。

去岁九月来薰阁有殿版初印者,装十楠豫匦,索值六千元。当时以过印未成交,至今惜之。

初夏,为其所藏嘉庆十四年孙星衍刻本《古文苑》九卷书函上题签并记曰:

> 古文苑,顾千里校刊九卷本。乙酉初夏盼遂题。

夏,学生郭预衡从辅仁大学国文系毕业,毕业论文为《战国策辨证》。此论文在撰写过程中曾得先生等辅仁名师指点,故郭先生于论文序言中说:

> 此书历一寒暑,先后承教于余季豫、孙蜀臣、刘盼遂、赵斐云、周燕孙诸先生。赖诸师长鞭策之严,得尽书中阪迁延之功。

学生李步云从辅仁大学国文系毕业,毕业论文为《诸葛忠武侯文集校注》,指导教师为先生。先生在其论文前衬页题曰:"给九十二分。"后钤白文"刘盼遂"印。

学生史树青从辅仁大学国文系毕业,先生以篆书作"箧底碎文征旧史,扇头迴句记新词"一联赠之。

编者按:据史先生生前回忆,此联在"文化大革命"期间被抄,后未发还,当已丢失。

抗战胜利后,胡厚宣到北平、天津搜集甲骨,经先生与徐宗元(先生在中国大学的学生)介绍,由来薰阁老板陈济川陪同,到天津见到王襄所藏甲骨。①

---

① 胡厚宣:《五十年甲骨文发现的总结》,上海:商务印书馆,1951 年,第 50 页。

秋，子刘立三入辅仁大学史学系读书。

11月，国民政府教育部将北平原日伪控制的大学改编为八个临时大学补习班，令原在伪大学上课的学生先补习再进行甄审考试，方能毕业。此举遭到沦陷区民众的强烈反对。后国民政府教育部取消甄审考试，并改北平临时大学补习班为临时大学，以使尚未毕业的学生完成最后学业。临时大学补习班及临时大学存在不到一年。

先生曾与辅仁大学国文系一些同事在北平临时大学补习班第二分班和后来的临时大学兼课，该分班主任（负责人）为郑天挺，上课地点在北大一院。故罗常培1946年4月24日致胡适的信说当时"北大一院，毅生任班主任，教授有平伯、郑因百、容庚、孙楷第、徐祖正、李九逵、纪鹤轩、吴叶筠、刘盼遂、许世瑛等（除平伯、子书、盼遂外皆附逆，且不见经传）"①。余嘉锡1945年12月29日致柴德赓的信，亦提及辅仁大学教师在临时大学补习班兼课事，虽未提及先生姓名，但亦可作为此段历史的旁证：

> 临时大学补习班筹备许久，至今始将课表粗行排定，下星期或可上课。……现在第二分班（即文学院）主任室（郑毅生），周在研究所。……伪教员留者不过半数（许瞎由正降副，谢国桢降讲师，朱肇洛免教授职教普通国文，江绍原、冯承钧留教授），余皆新聘，大抵取材于辅仁国文系兼课者，有蜀臣、献吉、燕荪、斐云、子书等，多者四小时，少仅二时耳。……如此棋布星罗，附庸亦蔚为大国，宜哉辅仁之招嫉视也。②

是年，刘铭恕所作《元人杂剧中所见之火祆教》一文刊于成都金

① 中国社会科学院近代史研究所中华民国史组编：《胡适来往书信选（下）》，北京：中华书局，1980年，第103页。

② 柴念东编注：《柴德赓来往书信集》，北京：商务印书馆，2018年，第419、420页。

陵大学中国文化研究所出版的《边疆研究论丛（民国三十一至三十三年度）》。铭恕在"后记"里提及先生在该文撰写时给予的支持，言辞颇感人，文曰：

> 前岁草成此稿后，曾函禀家兄盼遂先生。旋家兄于艰难苦恨苟全性命之秋，复自故都以《枣林杂俎》《字书误读》二事见教。今当敬谨补入时，感激之余，不知涕泪之横流也。①

是年末至来年春，曾指导在北平临时大学就读的李洵作《辽宋金三史纂修考》的毕业论文。李洵晚年曾回忆道：

> 刘盼遂先生是我毕业论文的指导老师。刘先生是文献学专家，当时给我们讲史料选读课。我的毕业论文题目是《辽金宋三史纂修考》，原由谢先生指导，后来他离开了学校，（编者按：谢先生指谢国桢。据《谢国桢自述》一文，1946年春，因谢父当时在安阳病危，谢先生回安阳省亲。②）就改请刘先生指导了。他看稿子很仔细，不放过任何问题。我的这篇论文有十来万字，资料抄了二十万字。经过刘先生的指教，我几乎把有关的重要文献都看过了，坐了十个月的图书馆，总算把毕业论文完成了。原稿上保存了很多刘先生的眉批，都是一笔不苟的蝇头小楷。他当时对我说过一句话，至今不忘，那就是写文章要做到"无一字无来历"。这句话，我每次写文章时都会自然地想到它。③

---

①刘铭恕：《元人杂剧中所见之火祆教》，《边疆研究论丛（民国三十一至三十三年度）》，1945年，第50页。

②谢国桢：《谢国桢自述》，高增德、丁东编：《世纪学人自述（第1卷）》，北京：北京十月文艺出版社，2000年，第383页。

③李洵：《李洵自述》，高增德、丁东编：《世纪学人自述（第6卷）》，北京：北京十月文艺出版社，2000年，第129、130页。

民国三十五年丙戌（1946）　先生五十一岁

春夏，在辅仁大学文学院任讲师，并在北平临时大学补习班兼课。

春（丙戌之春），先后购得宋牧仲批校、温云心旧藏和胡石查旧藏朱圈本明毛晋绿君亭刻本《苏米志林》各一部。①

2月，顾颉刚返回北平。10日顾氏访先生与王静如，谈筹划编辑"古文书"事。午间王静如宴请先生、顾颉刚、邓叔存等人。《顾颉刚日记》当日载：

> 步至前细瓦厂赴宴，与王静如、刘盼遂谈编辑事。……今午同席：邓叔存、李飞生、裴文中、刘盼遂、钱临照、苏秉琦、许道龄（以上客），王静如（主）。②

2月20日（丙戌燕九），李仲均赠先生高步瀛集注本《杜诗》一册。先生于书衣题曰：

> 杜诗，高阆仙集注本，李仲均惠贶。丙戌燕九，盼遂。

4月23日，《"北碚"音义说》刊于天津《民国时报》第3版副刊

---

① 据先生《毛子晋与绿君亭》一文所述。查两部书今皆在国家图书馆。
② 顾颉刚：《顾颉刚日记》卷五，北京：中华书局，2011年，第606页。

《史地》。

夏，学生赖新芳、翟雅明从辅仁大学国文系毕业，二人之毕业论文皆为先生指导。 赖新芳的毕业论文为《西汉人名与字关系研究》。翟雅明的毕业论文为《郑崿津阳门校注》。 翟雅明在其论文衬页上记道："78.刘盼遂先生指导。 翟雅明。"又在其论文前序中写道：

> 生梼昧浅识，沟瞀不学，岂能宣疑究奥乎？ 幸承刘师盼遂不吝指教。然自难免挂漏，尚祈诸师长教正之。

7月15日，《中国书中不规则记数法举例》刊于北平《文艺与生活》第2卷第1期。 该文注意到中国古代记数法方面的一种特殊现象，列举并分析古籍中所出现的"九十可省称为九""以乘法因子代得数""二百二十八可省称二十八，又以乘法因子表之曰四七""二万五千可改称二十五千""以日表十数，与六字合，而称十六""二十二可改称再十一""十八可省称为八""九十七可省言九七，而又倒为七九；八十六可省言八六，而又倒为六八""九十九可省称十九""记数有小数在大数上之例"等10种情况。

7月底（丙戌中伏），为所藏《清异录》补装书衣并题记曰：

> 《清异录》，吴昌绶刻本。丙戌中伏掬汗书。盼遂。

暑间，在西北大学任教的老友张西堂从陕西到北平，与先生一晤。

8月起，应袁敦礼之邀，受聘于北平师范学院，任国文系教授。[1]时北平师范学院准备从西北迁回，各系正在组建新的教师队伍。 至秋

---

[1]《国立北平师范学院教职员录·国文系》刘盼遂一栏注明"到校年月"为"三五、八、一"，1948年铅印本。

季该校各系教授队伍方正式确定，11 月 1 日正式开学。 当年 10 月 27 日出版的《华北日报》有相关报道，节录如下：

师院教授阵容

【中央社讯】国立北平师范学院，定于下月一日上课，各系主任及教授均先后经袁院长敦礼在国内外聘请，大部均陆续抵平。兹分别各系志各教员姓名如次：

国文系：主任黎锦熙，教授夏宇众、寿普暄、刘盼遂，兼任教授孙楷第，副教授王汝弼、李长之、曹鳌，讲师张鸿来、王述达、张拱贵、刘汝霖。①

10 月，李长之从西南返回北平，受聘复校的北平师范学院。 当月 31 日他写了一篇散文，名为《北平风光》，记叙了他重返北平的感受和访问师友的情况，其中一段与先生有关：

师大复校后，改为国立北平师范学院，在这里逢见了刘盼遂先生，他对于八九年的经过，也有一梦之感，如同俞平伯先生所说。②

10 月，刘铭恕随金陵大学回迁至南京。 次年在国立编译馆任编审。③

11 月 3 日，访朱自清。 朱自清日记当日载：

①《师院教授阵容》，《华北日报》1946 年 10 月 27 日，第 3 版。
②李长之：《北平风光》，《世纪评论》第 1 卷第 2 期，1947 年 1 月 11 日，第 15 页。
③刘长文：《刘铭恕先生年谱》，《刘铭恕考古文集》，郑州：河南人民出版社，2013 年，第 1652 页。

王静庐、侯芸圻及刘盼遂来访。①

12月18日，国民党第十一战区政治部第三科发请帖，邀请北平文化界名人参加当月21日下午在建国东堂举行的文艺欣赏晚会，先生亦在被邀请之列。该晚会由国民党第十一战区政治部、北平市文化运动委员会主催，北平市宣慰团主办。今存该请帖原件。

请帖正面（示意）：

师范学院

　　刘盼遂先生

　　凭帖入场　第十一战区政治部、北平市文化运动委员会主催

　　　　　　北平市宣慰团主办

　　（钤蓝印：十一战区司令部政治部第三科 35.12.18）

请帖背面（示意）：

　　谨定于本月二十一日（星期六）下午七时在建国东堂举行文艺欣赏

　　晚会特约请

　　　　　　周婷女士……………………诗歌朗诵

　　　　　　朱光潜教授…………………讲文艺理论

　　　　　　徐悲鸿教授…………………美术讲话

　　　　　　谢冰莹女士…………………创作经验谈

　　　　　　四维剧校…………………《二进宫》

---

① 朱乔森编：《朱自清全集》第10卷《日记下》，南京：江苏教育出版社，1997年，第430页。

王健之、王恂之女士……《双思凡》

敬希

光临

编者按：先生是否参加了当月 21 日举行的欣赏晚会，待考。

是年，曾与孙人和一同，向朱自清推荐辅仁大学历史研究所毕业研究生高熙曾到清华大学国文系任助教。①

是年，先生老友容庚离开北平返粤，先生曾设宴送别。

民国三十六年丁亥（1947）　先生五十二岁

在北平师范学院国文系任教授，当年月薪 460 元。②

2 月 6 日，《咏海棠五首》刊于《经世日报·储皖峰教授纪念专刊》，纪念清华同学、老友储皖峰逝世五周年。

3 月某日，清华同学、好友、时任教于西北大学的冯德清来信，邀请先生到西北大学任教。 先生于当月 16 日回信，告以不能前往之缘由。 原信内容如下：

永轩仁兄左右：

十余年之别，相思无限。廿六年春夏之际，接兄自武昌来函，属以古铜印相考。惟弟尚未作复，值芦沟变起，音耗遂乖。去暑，西堂

①刘玉凯：《博学与才情——高熙曾先生的学术人生》，《学海梯航：远去的先生们》，保定：河北大学出版社，2017 年，第 236 页。编者按：高熙曾是孙人和之婿。
②《国立北平师范学院专任教员名册(三十七年度)》。

兄来平,悉任教西大。嗣晤鲁任安兄①,益稔尊况佳善,私自幸慰。
顷蒙西堂招邀,并吾兄函劝,恨不能作着翅人立飞君前,以图倾吐。
惟居燕廿载,譬彼贾胡,动转不易,此中苦悰,仍希善为解围为企。
西风有便,尚希不吝尔音。此颂

道安! 不尽依依。

弟刘盼遂拜。三、十六

书眉补:"嫂夫人及侄辈均佳。"②

5月(丁亥暮春),撰成《毛子晋与绿君亭》一文。 据《苏米志
林》书中版心有"绿君亭"字样、书后有毛晋跋语及其他绿君亭刊刻
资料,考证"绿君亭"是毛晋的斋号。

5月20日,平津学生发起"反饥饿,反内战,反迫害"爱国运
动。 先生与北平师院的叶丁易、王汝弼、张云波、赵擎寰等教授也加
入游行队伍中。③

编者按:《北京师范大学纪事·一九四七年五月二十日》亦记述此
事,但将先生之名误作"刘酚远",宜改正。

初夏,徐宗元持其所藏《段王学五种》,请先生题记,先生为题段
玉裁佚诗一首并叙述《段王学五种》成书后各方提供佚文事:

高阁今何在,高风庶可跻。

我久客姑苏,时见当年绨。

云霞装潢色,时见主人题。

---

① 鲁任安,即鲁宝重(1903—1966),河南新野人,著名化学家。早年就读于信阳河南
省立第三师范,与冯德清为同班同学。曾留学德国,归国后曾任教于中华大学、中央大学,
后长期在北师大任教。

② 据冯天瑜先生提供原信图片录入。

③ 徐康:《青春永在:1946—1948 北平学生运动风云录》,北京:北京出版社,2004 年,
第 59 页。

今朝复读画，故实犹堪稽。

人生事经籍，有如畲耕畦。

胡为伇利名，坐令垄生藜。

聚散虽无定，价非珠玉齐。

右为段大令题《毛氏汲古阁图》。萧仲圭兄自德化李氏藏帧钞示者。予著《段王学五种》梓行后，四方同志以邮筒竞寄佚珠及自己搰阅往闻所得者，无虑一百余事。信书囊之无底也。颇傒就加苦香，再正有道，第沧海横流，不浦何日了愿耳！

尊六大兄出藏本督题，爰叙梗概于此。

刘盼遂　丁亥初夏①

6月，《毛子晋与绿君亭》刊于北平图书馆《图书季刊》新第8卷第1、2期合刊（又见当年7月5日北平《经世日报·文献周刊》第13期）。

6月（孟夏），学生侯坤从辅仁大学国文系毕业，毕业论文为《〈通鉴〉地名今释》，先生担任了她的毕业论文指导教师，并为其题写了论文题目："通鉴地名今释　自周讫晋　临汾侯坤。"侯坤在该论文前序末写道：

> 余学浅识陋，不揣绵薄，草成此篇，遗误之处，必不可免。幸蒙刘师热心指导，并致谢意。丁亥孟夏，临汾侯坤书于养云别墅。

6月11日，《谈倒用印》刊于《经世日报》第3版《读书周刊》第43期。

编者按：此文为1941年《谈倒用印与篆籀之关系》一文的删改本。

---

① 据宋健先生提供图片录入。据《毛氏汲古阁图》(今在国家图书馆)上段氏原诗墨迹，次"时见"应为"珍重"，"今朝"应为"今晨"。萧仲圭即萧璋，时与先生同在北平师范学院国文系任教。

秋，曹述敬到北平师范学院国文系任助教，和刘盼遂先生相识并熟稔起来。曹氏《漫忆刘盼遂先生》一文有其与先生交往的回忆，虽非全在本年，亦在此后数年之间，但其内容极见当年先生性格和藏书癖好，故节录如下：

> 我1947年在北京师大中文系任助教，在黎锦熙先生的指导下编撰一部《汉字形音大系》。盼遂先生是专任教授。那时的助教要坐班，并且兼管一些行政事务。我负责为系购买图书和指导学生选课事宜，和教授们接触多，很相熟。我虽然没有听过盼遂先生讲课，但他是我的老师辈的学者，我对他很敬重。但是盼遂先生平易近人，没有一点架子，和我很是随便。他见我桌上摊着很多文字学书，他就评论什么书学术价值高，什么书差一点。他对清代和现代、当代很多学者的地位、成就就像是胸有成竹，随口就能说出来。这大约因为他对《世说新语》太熟了，深受其中"识鉴""品藻"人物的影响吧。譬如他见我看阎若璩的《潜邱札记》就说：阎若璩是清代第一流的大学者，这部书很好。见我看梁章钜的《退庵随笔》，就说：梁章钜是清代三流学者。盼遂先生早年上过山西大学国文系，我是山西人，随便问起山西大学从前几位著名的教授。他特别赞美晋城郭允叔（象升），说郭的学问很深，在全国也是数得着的。说李亮工（镜蓉）博闻强识，也颇难得。再问他另外的某教授，他就觉得不值得称赞了。他对现代北京的一些学者也常有所品评，大体是推许的多，对个别人也有微词。
>
> ⋯⋯⋯⋯⋯
>
> 盼遂先生在购买图书方面对我常加指点。1947年故宫博物院影印出版（由彩华印书局影印）的宋濂跋本《王仁昫刊谬补缺切韵》只有200本，凭介绍信购买。我买得一本，就是由于盼遂先生较早地给我传递了信息。这书迄今对我教学、研究都很有用，这使我常

想起盼遂先生。在这方面只有一件小事，我始终不理解盼遂先生的用意。大约是在 1948 年，我在琉璃厂富晋书社买了一部李遇孙辑的《金石学录》，是西泠印社活字本(山阴吴氏《遁庵金石丛书》)。版本虽然不错，但书并不难得。不意盼遂先生看见，非常喜爱，表示希望我能让给他，他以其他书相赠。并说爱藏书的人互换图书是平常事。我对这书并非特别需要，应该立即答应赠给他的。但我一时执拗，觉得盼遂先生这一要求比较奇怪，便说："这书并不难买，我一定另买同样一部赠送。"他似乎有点失望。我再到富晋书社去买，这书没有了。我郑重委托掌柜为我收集一部。不久买到了，便即署名奉赠先生。他很高兴，第二天便带来钮树玉的《段氏说文注订》和《说文新附考》两书送我，并说："这两书对你研究《说文》有用，版本也好。"我只好收下。其实我并没有想过跟盼遂先生互相换书，我只是感到盼遂先生藏书成癖，有点奇怪，所以一时执拗没有立即把我先买的那部送他。后来每想到这事，总觉得有点抱歉，实在不该那样对待前辈学者的。①

10 月 18 日，朱自清访先生。 朱自清日记当日载：

> 访乃桐、何市长、盼遂、静如、芸圻，遇张西堂。②

10 月 26 日，钱玄同卜葬于西山福田公墓。 袁敦礼、徐炳昶及包括先生在内的北平师院国文系诸多教员前往悼念。

12 月，杨树达有致于省吾书并《〈诗〉"履我即兮""履我发兮"解》等二文，并请其将此二文转交先生。 于省吾当月 29 日给杨树达

---

① 曹述敬：《漫忆刘盼遂先生》，《史学史研究》1992 年第 3 期，第 10—12 页。
② 朱乔森编：《朱自清全集》第 10 卷《日记下》，南京：江苏教育出版社，1998 年，第 475 页。

回信道：

> 遇夫先生阁下：
>
> 　　奉惠缄并尊著《诗》意两解，思锐识卓，精壃不磨。盼遂久未晤面，俟相见时必将尊著转示。……①

　　是年，购得西单保安寺 23 号院。 先生居京二十余年，辗转租房六七处，始有自家之宅。 此宅原为清末民初江西丰城会馆，后会馆迁址，此宅售予私人。 宅内共两进院子、十四间房，大门门楣上题"居之安"三字。 先生购得后亦未重命名，此后一直居住于此。 清华同学侯堮不久后从文昌胡同迁居到保安寺 19 号，二人成邻居。

　　编者按：长期居京同学之中，先生与侯堮、谢国桢二人关系较近。先生"文化大革命"时被迫害致死后，谢国桢对侯堮颇有微词，以为侯堮污蔑同学、见死不救，见其所著《悔余诗存》内。详本谱"1966 年"条。

民国三十七年戊子（1948）　　先生五十三岁

　　在北平师范学院国文系任教授，月薪增至 480 元。②

　　上年末至本年初，向同事陆宗达借阅黄侃手批本《说文外编》，并告知同事曹述敬。 曹氏随即买一部，过录黄氏批语，并在书后作跋。曹氏《漫忆刘盼遂先生》一文记此事曰：

---

① 杨逢彬整理：《积微居友朋书札》，长沙：湖南教育出版社，1986 年，第 159 页。
②《国立北平师范学院专任教员名册（三十七年度）》。

有一个时期,陆颖明(宗达)先生和我同在一个教研室,盼遂先生也常来。有一次盼遂先生向颖明先生借阅一部雷浚的《说文外编》,盼遂先生向颖明先生还书时对我说,雷氏这部书很平常,他向陆借阅这书是因为这边有黄季刚先生亲笔批语。他让我也看看。我看后觉得很好,随即买了一部过录了黄氏的批语,并在书后写了几句跋语,现在抄录如下,作为缅怀刘盼遂先生和陆宗达先生的一点纪念:"慈溪陆宗达先生师事季刚黄侃,出其所藏黄君手批本《说文外编》示息县刘盼遂先生,刘先生又以示敬。敬因急购《说文外编》一部,依次恭录黄君之说。书价法币十二万元。凡一日夜录竟。刘先生亦黄门弟子云。戊子元月八日,曹述敬记。"①

1月4日,购得明套印本《韦苏州集》一套五册。先生于末页墨笔记道:

民国三十七年一月四日得于吕祖阁,价三十五万元。盼公题。

2月10日(戊子鸡日),为史树青藏明陶望龄《兰亭古迹》卷子作跋,3月底(中春下澣)再题。先是,1941年(辛巳)史树青在护国寺买到明陶望龄榜书"兰亭古迹"四字真迹,后请余嘉锡、周肇祥、俞陛云、启功、王森然、沈伯龙及先生等十余家题跋。先生之跋文如下:

右军《兰亭集序》,清奇逸品,千古如新,顾不见收于德施《文选》。论者方诸《尔雅》草木之不及杏、虫鱼之不及胡蝶,杜诗之不及海棠,同为千古不可解之恨事。今所以谓《文选》重征实而《临河叙》贵在深虑,与太子恉趣背驰,故宁盖阙。不然,则僧佑《弘明集》

---

① 曹述敬:《漫忆刘盼遂先生》,《史学史研究》1992年第3期,第12页。

名理缤繵,董泽之蒲,岂有既乎? 此中天机,固应求诸牝牡骊黄之外者矣。庶卿以此卷索题,辄拉杂书之如此。

戊子鸡日　息县刘盼遂

偶闻徐昂发《乙未亭诗集》有《游犬亭山青棘园》诗五律一首,自注云:"余幼时梦是陶周望后身,园为周望读书处,泛舟始至,恍若昔梦。"是石篑身后,纷呈沾溉于无穷矣。特为拈出,以备字录。

中春下澣盼遂又记①

编者按:《兰亭古迹》卷原件及题跋今尚在史树青后人处。史树青《明陶望龄兰亭古迹题榜卷》一文配有原件及题跋图片,但先生题跋图片过于模糊,此处识读当有讹误。

3月21日(戊子春分),在所藏明嘉靖二十九年顾汝达刻本《南唐书》补抄缺页并于序页上题记:

戊子春分,盼遂补抄于北京。

4月8日深夜,国民党特务在北平师范学院殴打并抓捕进步学生,酿成"四九惨案"。 4月9日,北平师范学院教授会决定,由黎锦熙、傅种荪与先生三人共同起草罢教宣言,声讨国民党特务的罪行。 之后师院教授会又两次发表宣言,罢教最终取得胜利。 三先生共同起草的罢教宣言原文如下:

师院教授会为"四九"血案发表宣言

当此行宪初期,竟有暴力横行,破坏人权,何胜喟叹! 缘四月八日夜零时三十分,本院突来身分不明之暴徒约五六十人,逾墙而入,

---

① 据史树青:《明陶望龄兰亭古迹题榜卷》,《收藏家》2000年第6期。

直奔南部斋宿舍,持有手枪、木棍、铁棒等物,从睡梦中将学生王公宇等九名施以毒打,未容穿衣,裸体架去,血洒道路,直至和平门。同时又击伤学生贡承先、荆又新二人,头颅破裂,卧血泊中,不省人事。又将本院自治会理事会办公室、历史学会、教育学会、英语学会、地理系测候室等均行捣毁,并抢去英语系收音机三架、留声机唱片百余张,炊委会存现钞三百余万元以及王公宇等之衣服、书籍、提琴等物,扬长而去。今早全院员生睹此惨状,靡不惊心动魄,同一愤慨。学生向北平行辕请愿,延至黄昏,迄无结果;询诸警备司令部,则答以不知。似此惨剧,竟发生于文化最高之古都,而又适在教育之最高之学府,则此种暴行,行将随时随地发生,势必人人自危,校校告惊,瞻念前途,战栗如何! 同仁等因此不惜忍痛出此罢教手段,以争取生命安全之自由,誓不达到被劫学生安全脱险,并政府确实保障人权、将来不再发生此类事件,不再复教。谨此宣言,尚祈鉴察。[①]

1949 年春北平和平解放后,毛泽东主席到北师大看望他的老师黎锦熙等北师大知名教授。"毛泽东问起了 1948 年发生在北京师大的'四·九'血案,赞扬了师大教授这当中的表现,说:'你们《四九血案教授罢教宣言》,写得好! ……'"[②]

6 月中旬,中国人民解放军中原野战军攻打开封,国民党反动派竟派飞机对开封进行无目标轰炸,民宅、商店、学校和古建筑均遭到严重破坏,居民死伤无数。 6 月 28 日,平津各大学院教授一百零四人联

[①] 北京市档案馆编:《解放战争时期北平学生运动》,北京:光明日报出版社,1991 年,第 297 页。

[②]《四九罢教宣言写得好》,翰青:《开国领袖们的老师》,北京:红旗出版社,2002 年,第 400 页。

合签名并发表宣言，"呼吁停止破坏文化机关及轰炸古城开封"①。 先生亦在一百零四人之列。

秋，新学期开学后，先生主讲"三礼选读""史籍选读"。②

9月，加入"一九五〇年孔子二千五百年诞辰纪念筹备会"。 当月19日下午5时，筹备会在团城国学社开会，商讨纪念事宜。 当月20日出版的《大公报》第1张第3版对筹备会情况做了报道：

孔诞二千五百年

平学术界着手筹备纪念

【本报北平电话】黎锦熙、徐炳昶、冯友兰、张东荪、齐思和、梅贻宝、杜任之、王捷三、张伯驹、傅铜等十教授邀约各大学研究孔子学说之学者于十九日下午五时在团城国学社开会，商讨纪念孔子二千五百年诞辰事宜，议决：㈠成立孔子二千五百年诞辰纪念筹备会。㈡就北平十五文化机关推举干事如下：清华大学冯友兰、张季同，北大朱光潜、唐兰、俞平伯，师范学院李长之、刘盼遂，艺专张恒寿，燕大齐思和、梅贻宝，辅大刘汝霖，中法王静如、顾随，华北学院杜任之、张申府、傅铜，中国大学徐宗元，中国大辞典编纂处黎锦熙、徐一士，北平图书馆袁守和、王重民，北平研究院徐炳昶，故宫博物院马衡、张庭济，国学社王捷三，北平美术会张伯驹。㈢纪念事业分为：一、征集论文及专著，二、举行纪念讲演，三、举行关于孔子文物之展览会。

---

① （北平）《新民报》1948 年 6 月 29 日。转引自陈民、青莱藻编：《九三学社》，北京：文史资料出版社，1981 年，第 14 页。

② 《师院教授阵容及本学期所授课程》，《华北日报》1948 年 9 月 26 日，第 5 版。

10月，北平师范学院恢复原名北平师范大学。①

10月15日，当天出版的《华北日报》第5版对"孔子二千五百年诞辰纪念筹备会"作了报道，称当月17日将再举行全体大会及干事会，并称先生已筹备《孔子之文字学》论文。 报道全文如下：

纪念孔子二千五百年诞辰　筹备会定期召开　讨论纪念方式
筹备干事廿七人已推定

【中央社讯】平市文教界名流，于九月十九日组织"一九五○年孔子二千五百年诞辰纪念筹备会"，定十月十七日晨十时假欧美同学会游艺室，召开全体大会及干事会，筹备干事由平市十五学术机关推举代表齐致中、梅贻宝、张东荪、冯友兰、张季同、李长之、刘盼遂、刘汝霖、王捷三、徐炳昶、黎锦熙、徐一士、徐宗元、杜任之、张申府、傅铜、张恒泰、王静如、顾随、朱光潜、唐立庵、俞平伯、袁同礼、王重民、张伯驹、马衡、张庭济等二十七人担任。纪念之方式为：㊀征求论文及专著，㊁届期举行讲演，㊂届期举行展览会，展览关于孔子之文物。至论文已有筹备者傅佩青之《孔子一贯之道》，张申府《孔子与亚里士多德》，李长之《艺术世界中之孔子》，刘盼遂《孔子之文字学》，刘汝霖《孔子思想史之蜕变》。

编者按：此报道中提到的先生《孔子之文字学》一文，今未查见。

10月16日，当天出版的《大公报》第1张第3版刊发报道，称"孔子二千五百年诞辰纪念筹备"将于次日再开，并推举先生和李长之起草筹备会缘起和征文启事。 报道全文如下：

---

① 北京师范大学党委办公室、校长办公室编：《北京师范大学纪事》，北京：北京师范大学出版社，2012年，第162页。

纪念明年孔诞

明天再开筹备会议

【本报北平电话】孔子二千五百年诞辰纪念筹备会定十七日上午再度举行会议。上次十五学术团体举行会议时,对于纪念会事项曾决定:㈠征求论文及专著;㈡届时举行讲演;㈢届时举行展览会,展览关于孔子之文物。公推刘泽民考证孔子诞生的事因,公推刘盼遂、李长之起草缘起及征文启。本届筹备大会则由傅铜教授召集。

编者按:据10月18日出版的《大公报》第1张第3版刊发的《二千五百年孔诞将编印纪念丛书》一文,该筹备会议征文启事最后由李长之拟定。

己丑（1949）至丙午（1966）

己丑（1949）　先生五十四岁

春夏，在北平师范大学国文系任教授。

北平和平解放前，曾有人劝说先生离开大陆到台湾，也有人邀请先生到香港任教，先生皆拒绝。

1月底至2月初，北平和平解放。此后先生各种履历中"参加工作时间"一栏皆填写为"1949年2月"。

春，将自己历年所作诗词辑为一卷，名曰《百鹤楼诗词集》，准备交来薰阁出版，因故未成。

编者按：此诗词集稿本今不知下落。

春，河南息县解放后，先生之父刘际堂之门生、息县名士吕慈泉曾到先生家暂住。吕慈泉曾外孙、潢川杨峰先生在《往事如烟——姥姥》第二章《息县吕家》中记述道：

> 刚刚解放时，吕慈泉老先生因为对新政策不明，曾前往北京，在西单刘盼遂家居住了半年之久，据说吕慈泉曾留下"过了西单就到家"的诗句（北京西城区西单商场斜对面的一个胡同里，刘盼遂积钱买的一个小四合院，院门上有一块小匾，上刻"安之居"三字）。

3月13日，与陈邦炜访马衡。《马衡日记》当日载：

刘盼遂偕陈君来谈,知葛天民明日回东北。①

6月5日上午,参加清华、北大、北师大等七校课程改革座谈会。次日出版的《人民日报》有专题报道,全文如下:

清华北大等七校中文系教授　昨座谈课程改革

【本报讯】清华、北大、华大、师大、燕京、辅仁、中法等七个大学中文系教授讲助于昨(五)日上午九时半在北大子民堂举行课程改革座谈会。并请有华北高等教育委员会及文化界人士参加。出席周扬、杨振声、罗常培、李广田、黎锦熙、余嘉锡、顾随、李何林、唐兰、魏建功、杨晦、高名凯、俞平伯、浦江清、陈梦家、许维遹、林庚、李长之、孙楷第、叶丁易、刘盼遂等六十余人。会上大家对中文系课程改革问题及语文和文学两者关系的问题发言极为踊跃。发言中一致指出今后各大学中文系,可以根据各校不同条件,各有重点。如清华偏重文学,北大偏重语文,不必强求一致。对于中国文化遗产,必须以新观点、新方法,加以整理和批判地去接受,开辟新中国学术研究的广大田地。(柏生)②

6月,以篆书为所藏《吴郡志》(明琴川毛氏汲古阁刻本)补题书签曰"宋修吴郡志",并记曰:"卅八年五月,盼遂题。"6月6日,又以行书为该书卷三十一至卷三十九补题书签,并记曰:"己丑五日后五日,盼遂题。"

7月,子立三从辅仁大学历史学系毕业。③

8月28日,为抗议8月5日美国国务院发表的中美关系白皮书,

---

① 马衡:《马衡日记:一九四九年前后的故宫》,北京:紫禁城出版社,2006年,第49页。
②《人民日报》1949年6月6日,第2版。
③《辅仁大学一九四九年毕业生通讯录》。

北师大、辅大教职员工在当天出版的《人民日报》上联名发布宣言，先生亦在二百余署名者之列。 宣言原文如下：

师大辅大教职员愤斥白皮书　坚决粉碎美帝新阴谋

靠拢苏联实行一面倒

【本报讯】为抗议美帝白皮书，师大教职员联名发表宣言，原文如下：本月五日美帝国务院发表了长达一千五十四页的所谓中美关系的白皮书，企图分裂中国领土，挑拨中苏关系。在五年来积极援助蒋介石失败之后，又还是死不甘心，妄想利用什么"民主的个人主义者"在各地进行其反苏反中国人民的特务活动，并且图穷匕见，想把台湾从中国人手里夺出来，塞到日本人嘴里去；这无异于自承将取日本帮凶的德、意的地位而代之。虽其阴谋诡计，必然遭到与援助蒋介石同样的失败，可是我们站在中国人民的立场，不能不以下列事实正告美帝：一、当日寇疯狂侵略中国时输送大量军火屠杀中国人民的是你们。二、日寇投降以后不许受侵略的中国人向日本人算账的是你们。三、在各地发生强奸妇女事件，派遣飞机、军舰积极帮助蒋匪运输军队到各地解放区进行内战的还是你们。你们和中国的关系与日本并没两样，只是数不清的血债。你们在中国人民的眼里已经和"九一八"以后的日本相同，除去愤恨并无其他。

　我们师大教职员同仁，除对美帝无耻的供状提出严重的抗议以外，还要自己警惕。白皮书的下流无耻，是与其所策动大西洋公约、太平洋公约是一致的。其目的不外与中国人民为敌，与全世界的人民为敌，我们必须彻底粉碎它。为了澈底粉碎美帝的侵略阴谋，我们必须靠拢苏联，靠拢东南欧新民主主义国家，靠拢全世界工农大众，因而我们必须拥护毛主席七一发表的《论人民民主专政》的一面倒政策。更进一步，我们愿意响应近来政府对中苏友好运动之号召。而尤其重要的是，我们全国的知识分子，再不要幻想什么中间路线,因为美帝正想利用我们的弱点,威迫利诱,在祖国进行反人民的罪行。过去汪精卫给日本帝国主义作走狗失败了,今天蒋介石给美帝作走狗又失败了。我们不倒在人民的这一面,就一定倒向反人民的那一面,而第三条路是没有的,难道说还不明白吗?

最后,我们提出,白皮书只是一纸无耻的供状,为了粉碎它的阴谋,就必须自己提高警觉,澈底实行毛主席的一面倒政策,响应政府的号召,全世界职工农民团结起来打倒美帝。①

(后附名单略)

9月11日,顾颉刚与王静如访先生。《顾颉刚日记》当日载:

> 访王静如,长谈。与静如同到刘盼遂处,并晤许翔五。②

9月27日,北平师范大学正式改称北京师范大学。③
10月9日,与侯堮同访马衡。《马衡日记》当日载:

> 侯芸圻、刘盼遂来。④

编者按:先生与侯堮本年数次访马衡,盖为其清华同学陈邦炜工作事,请马衡代为推介。

中华人民共和国成立后,时在银行工作的卞孝萱利用业余时间收集辛亥以来人物碑传,当时多有学者将其所藏碑传赠予或借给卞先生。 时先生将其所撰《梁任公先生传》手稿赠予卞先生。

---

①《人民日报》1949 年 8 月 28 日,第 4 版。
②顾颉刚:《顾颉刚日记》卷六,北京:中华书局,2011 年,第 516 页。
③北京师范大学党委办公室、校长办公室编:《北京师范大学纪事》,北京:北京师范大学出版社,2012 年,第 167 页。
④马衡:《马衡日记:一九四九年前后的故宫》,北京:紫禁城出版社,2006 年,第 90 页。

编者按：卞先生所辑《辛亥人物碑传集》1991年由团结出版社出版，先生《梁任公先生传》亦在列，文末卞先生亦言"据作者手稿"。此手稿今在编者处，共4页，以钢笔书写于清华大学红格稿纸之上，文字与团结出版社所刊相同。

卞先生至孝，尝广邀当时文人作诗文以娱母，得百余篇，集为《娱亲雅言》一部。 先生亦曾手书五言律诗一首以赠。 诗曰：

敬赋五律一首

济阴忠孝裔，清誉满扬都。

乐学缘将母，苦怀咏孝乌。

孤儿嫠妇泪，画荻碎钗图。

应豁皇天眼，纷纶下瑞符。

孝萱仁兄先生　雅属

息县刘盼遂拜稿

编者按：此诗稿今尚存，《冬青书屋藏名人书画选》一书有录。此据卞先生弟子、南京大学历史系武黎嵩先生所赐照片录入。

11月25日，在北师大图书馆遇马衡。《马衡日记》当日载：

> 赴师大图书馆访张云波，适刘盼遂亦在，因同观王羲之《应速帖》。[1]

是年底，吴晗担任北京市副市长，主管文教工作。 吴晗在清华大学历史系读书时曾听过先生的课，故几乎每次开会见到先生时，都以

---

[1] 马衡：《马衡日记：一九四九年前后的故宫》，北京：紫禁城出版社，2006年，第100页。

学生身份与先生交谈。 吴晗曾询问先生有无困难，先生回答："我很好，没有任何困难。"

庚寅（1950） 先生五十五岁

在北京师范大学中文系任教授。

3月26日，清华同学程憬在南京病逝。①

4月，刘铭恕到华北人民革命大学南京分校学习。 9月起任南京大学历史系副教授（1953年2月以后为图书馆馆员）。②

4月4日，与陈邦炜访马衡。《马衡日记》当日载：

> 刘盼遂、陈彤伯来约星期日往张文襄祠观海棠。③

但4月9日先生"以师大开会未到"④。

11月6日，北师大教职员工就抗美援朝、保家卫国发表联合宣言。 宣言后附三百余人名单，先生亦在名单之列。 次日出版的《人民日报》有专门报道。 节略如下：

---

① 陈泳超：《程憬先生学术年谱》，《程憬文存》，南京：江苏人民出版社，2018年，第347页。

② 刘长文：《刘铭恕先生年谱》，《刘铭恕考古文集》，郑州：河南人民出版社，2013年，第1652页。

③ 马衡：《马衡日记：一九四九年前后的故宫》，北京：紫禁城出版社，2006年，第123页。

④ 马衡：《马衡日记：一九四九年前后的故宫》，北京：紫禁城出版社，2006年，第124页。

清华大学等校院教职员工分别发表宣言

坚决拥护各民主党派联合宣言

尽最大努力为抗美援朝保家卫国的神圣任务奋斗到底

师范大学教职员工

美帝国主义在朝鲜大规模地疯狂侵略,并明目张胆地指令向我东北边境进军,严重地威胁了我国安全和世界和平。我们北京师范大学全体教育工作者,对这一法西斯侵略行为,是和全中国人民一样,有着不能容忍的愤怒。

我们深切明白,美帝侵略朝鲜,目的并不在朝鲜本身,而是它侵略中国、侵略亚洲、侵略全世界的第一步。所以我们必须支持朝鲜人民的自卫战争,"抗美援朝"就是"保家卫国",我们也深切体会到这个重大意义。

因此我们一致认为十一月四日各民主党派发出的联合宣言,是完全正确地代表了我们的意见。我们深信宣言中所指出的"世界上爱好和平的人民如果想要得到和平,就必须用积极行动来抵抗暴行,制止侵略。只有抵抗,才有可能按照人民的意志公正地解决朝鲜及其他地区的独立和解放的问题"。我们更深信宣言中所说:"正义是在我们方面,是在中国、朝鲜、越南、菲律宾的人民方面,是在全亚洲的人民方面,是在全世界爱好和平的人民方面。"美帝国主义是违反正义的,是违反人民的,是孤立无助的,是完全可以战胜的!

我们郑重地表示:

我们竭诚拥护各民主党派的联合宣言!

我们坚决地和全国人民在一起,为抗美援朝保家卫国而奋斗到底!

十一月六日①

---

① 《人民日报》1950 年 11 月 7 日,第 3 版。

11月10日下午，参加中文系全体教师集会，"商讨如何以具体行动来响应'抗美援朝　保家卫国'运动"。当月13日出版的《光明日报》对此有报道，全文如下：

师大中文系全体教授为抗美运动撰稿编书

【本报讯】师范大学中文系全体教授讲助于十日下午二时集会商讨如何以具体行动来响应"抗美援朝保家卫国"运动，当时决定全体出动，撰写论文、创作、编辑丛书等项。系主任黎锦熙，教授夏宇众、刘盼遂、陆宗达、黄药眠、叶丁易、钟敬文、彭慧、王汝弼、曹鳌等均当时认定自己拟定的题目。助教陈鸿秋、祝宽、徐着鞭、黎风、林玉明共同编辑"抗美诗歌选"，以供各机关学校宣传朗诵之用，由全体教授指导。并决定这些工作限于十三日以前完成，以后还要继续不断地做这些工作。①

11月16日，到北京大光明电影院，参加北师大中文系宣传队向群众进行的抗美援朝宣传工作。当月18日出版的《光明日报》对此有报道，节略如下：

北大等十五校宣传队今日出动街头

共六千五百余人，编成五十五队，宣传地区原则上在第五区

师大抗美援朝支会决出版纪念性刊物

【本报讯】中国人民保卫世界和平反对美帝侵略委员会师大支会于十四日上午召开全校各单位的工作干部会议，根据目前情况，决定了今后的工作对象转为有组织的群众，深入学校、工厂、机关和

①《光明日报》第 510 号,1950 年 11 月 13 日,第 2 版。

民众团体,在他们原有的组织基础上进行宣传推动工作。将采取座谈会讨论、小型晚会等形式来提高群众对美帝的认识和对美帝的仇视,使美帝在群众的思想中站不住脚。该会于十四日成立了迎接这一重大任务的新机构,设有总务部、时事报导部、联宣部三部。下设工厂组、学校组、居民组、艺宣组等,统一领导各区队。全校同学也已分为四区队,分别负责本市第二区,外城第六、八、九区等地,有群众五十万人。

十六日中文系的宣传队在大光明电影院向群众进行了一次有意义的宣传工作,除有同学以外,还有教授黄药眠、叶丁易、陆宗达、刘盼遂和八位助教先生也都参加。①

是年, 河南同乡、清华大学文学院毕业的孙道升与中央大学国文系毕业的郑文在华北人民革命大学学习期间, 曾一同到先生家拜访。郑文曾回忆道:

> 1950 年 2 月,由吴玉章老人介绍入北京华北大学学习,旋合并于华北人民革命大学政治研究院,同组 12 人,有沈先生从文与孙君道升。沈先生与余共一大床而居我右,孙君与高某共一大床而居我左。孙君为西北大学哲学教授,毕业于清华大学,常偕游颐和园、燕京大学、清华大学、圆明园旧址及香山诸名胜,纵谈所学,互有启发。……曾偕访息县刘盼遂先生。先生身高与余相侔,谈吐诚朴,蔼然可敬。语及《论衡》心得,心焉慕之。余之从事《论衡》也,此殆其始乎?②

---

①《光明日报》第 515 号,1950 年 11 月 18 日,第 2 版。
②郑文:《金城续稿·自传》,兰州:甘肃教育出版社,2005 年,第 15 页。

辛卯（1951）　先生五十六岁

在北京师范大学中文系任教授。

2月6日（大年初一），辛志贤等北师大中文系留校学生到先生家拜年。 辛氏后在《回忆刘盼遂师》一文中记道：

> 记得1951年春节的大年初一，我们留校的几位同学给先生拜年，当时先生正在工作，放下书热情招待我们。先生很健谈，并且很有风趣，使我们像回到自己家里一样。先生说："我现在两只手里攥的都是金的钱（按：指学术和珍贵资料），可惜的是缺一根钱串儿，这钱串儿就是马列主义。"后来的事实证明，先生总是认真对待政治学习和历次政治运动的，并试图用马列主义的理论指导自己的思想和学术研究工作。[1]

2月13日（辛卯谷日），陈寅恪托周一良转送《元白诗笺证稿》一部。 先生于该书末页记道：

> 辛卯谷日，承寅师属周一良教授自清华大学转寄此册。刘盼遂记于保安寺。

2月（辛卯新正），在琉璃厂购得宣统三年木活字印本《国朝书画

---

① 辛志贤：《回忆刘盼遂师》，《文教资料》1986年第3期，第63页。

家笔录》四卷。　先生在该书卷四末页墨笔题曰：

　　辛卯新正,得于厂甸,价一万五。鹤叟。

　　5月28日,北师大召开1951年体育大会,先生参加了3000米竞走比赛。　6月16日出版的《光明日报》对北师大这次体育大会作了专题报道,节略如下:

师大等四校举行体育会

师生们都提高了对"健康第一"的认识

　　【本报讯】北京师范大学于五月二十八日举行一九五一年春季体育大会。大会通过给毛主席的信,上面写着:"敬爱的毛主席:我们的体育大会是在您'健康第一'的号召下举行的……通过这次体育大会,将使我们的体育活动经常化起来,炼好我们的身体,随时准备为祖国服务。"

　　这次体育大会有百分之九十五以上的师生员工参加。像六十多岁的夏宇众、刘盼遂两位老教授都参加三千米竞走;四十年前参加过体育比赛的陆宗达教授,做了六个孩子的妈妈的赵荣春先生,七十二岁的杜海工友同志都卷进这个运动中来了。

　　大会始终洋溢着生动、活泼、紧张、愉快的气氛。①

　　7月,中国教育工会北京师范大学委员会为响应抗美援朝总会号召,继续加强抗美援朝工作而发表宣言,共有302人签名,先生亦在名单之列。　当月9日出版的《光明日报》对此有专题报道,节略如下:

---

①《光明日报》第721号,1951年6月16日,第3版。

师大、燕大工会发表宣言

加紧执行捐献工作贯澈爱国公约

【本报讯】中国教育工会北京师范大学委员会为响应抗美援朝总会号召,继续加强抗美援朝工作,发表宣言如下:

美国方面已经接受了苏联驻联合国代表马立克六月二十三日关于和平解决朝鲜问题的建议,并且接受了金日成、彭德怀两将军所提出的关于举行停战谈判的时间和地点,准备于七月十日至十五日在朝鲜三八线上的开城举行停战谈判。这一个停战谈判的消息,证明了中国人民的抗美援朝运动和中国人民志愿军与朝鲜人民军的英勇作战,对于美国侵略者的打击是何等的沉重!然而我们知道美国侵略者所以在这个时候提出了停战的要求,是在朝鲜人民和中国人民以及全世界人民的强大压力下不得不提出来的,因而和平解决朝鲜问题是有可能的。但这并不是说朝鲜问题就可以澈底解决了,也更不能说美国就会放弃了它侵略的阴谋及行动,相反的,美帝国主义者即使被迫在朝鲜停战,也只是解决朝鲜问题的第一步。它还占据着我们的领土台湾,并且越来越加紧地武装日本。这一切事实,就告诉我们:如果因朝鲜停战谈判而对美帝抱有任何幻想,降低我们的警惕性和松懈了我们的抗美援朝工作,那是绝对错误的!我们更要紧张地开展我们的抗美援朝工作,加速地建设我们强大的国防,来保卫我们伟大的祖国,保卫世界和平!

今天,我们响应抗美援朝总会的号召,提出下列两点保证:

(一)坚持认真执行我们的爱国公约,做好抗美援朝工作及本身岗位工作。

(二)搞好爱国捐献工作,把生产运动继续往前推进,以购买飞机大炮,并鼓励同学参加军事干部学校,为增强祖国的国防力量而继续努力!

在宣言上签名的有黎锦熙、王汝弼、陆宗达、黎风、陈鸿秋、赵荣春、曹鳌、赵琏、祝宽、钟敬文、彭慧、叶丁易、黄药眠、刘盼遂、夏宇众、林玉明、白寿彝、吴宏中等三百○二人。(师大通讯组)①

9月20日,《同情民间疾苦的杜甫》刊于北师大中文系编、北师大出版部出版的《爱国主义与文学》(《文艺集刊》第一册)一书。 该文认为"君看墙头桃树花, 尽是行人眼中血"两句应是杜甫的佚诗,举杜甫《客从》《遣遇》《解忧》《秋雨叹》《茅屋为秋风所破歌》等诗来证明,"杜甫对于当时被压迫人民的不幸和痛苦, 抱着深厚的同情。同时, 他对于当时的统治阶级的腐败和政治的黑暗, 也是极端不满的"。

是年, 张钫将军迁居北京。 先生与张将军是河南同乡, 也是老相识。 张将军迁居北京后, 逐渐与先生等河南老乡来往, 并常在一起聚餐。《风雨漫漫话张钫(十九)》一文曾记道:

张钫先生50年代初移居北京,住在文昌胡同甲字34号,家中常高朋满座,书画家尤多,每兴之所至,即濡墨挥毫,吟诗作画。时间久了,开支见绌,张钫先生即卖掉西安一处房子,以补招待之用,后来仍不能满足应酬之需,先生就开玩笑说:"我被你们吃穷了。"于是王雪涛、汪慎生、董寿平、刘盼遂诸位书画家和民革中央副主席郑洞国等人便凑份子到西单鸿宾楼吃饭。后来张钫先生搬至和平里11区,众人雅集如故,因居室狭小,遂动员董寿平先生也搬至和平里,以便活动。②

①《光明日报》第744号,1951年7月9日,第1版。
②赵跟喜:《风雨漫漫话张钫(十九)》,《洛阳晚报》2014年11月3日,C8版。

又陈子坚《回忆张伯英先生》一文曾记述道:

　　(张钫)移住北京,参加民革,任全国政协委员。他除参与政协和民革的政治活动外,五十年代他常接触的朋友有邵力子、李根源、申伯纯、米暂沉、郑洞国、楚溪春诸先生。他更喜欢研究书画诗词兼及金石文物,因而与董寿平(书画家)、刘盼遂(北京师范大学古典文学教授)、萧钟美(书法家)、汪慎生(画家)、曹恩吾(教授)、周景涛(出版社总编)等诸先生来往频繁,谈诗论画,有时同游园林山水。①

是年末至次年, 参加 "知识分子思想改造" 运动。

壬辰（1952）　先生五十七岁

在北京师范大学中文系任教授。　参加 "三反" 运动。

5月11日,当天出版的《光明日报》刊发报道,叙述北师大参加 "三反" 运动后的情况, 涉及先生, 节略如下:

　　北京师范大学和南开大学　"三反"运动后出现了新的气象

　　教师们纷纷学习马克思列宁主义、毛泽东思想,教学工作上都有了改进

　　【本报讯】北京师范大学,经过"三反"运动批判了资产阶级的腐朽思想以后,出现了新的气象。教师们比较以前认真负责,努力

---

① 陈子坚:《回忆张伯英先生》,中国人民政治协商会议河南省委员会文史资料研究委员会编:《河南文史资料》第18辑,1986年,第62页。

改进自己的教学工作;他们在思想上了解到教学工作,是应该从祖国的需要和同学们的需要出发,不能为个人的"名利思想"所支配;他们在运动中认识了自己的错误和缺点,因而迫切地要求学习,尤其是感到需要学习马克思列宁主义和毛泽东思想。

中文系的教师们,在普遍"洗澡"后,接着,即计划学习胡乔木的《文艺工作者为什么要改造思想?》、周扬的《整顿文艺思想,改进领导工作》、列宁的《党的组织与党的文学》、瞿秋白的《文艺的自由与文学家的不自由》等文件。外语系的教师们也准备学习前两个文件,并要求中文系的教师出席他们的学习会,给他们一些帮助。中文系的刘盼遂、王汝弼、陆宗达等教授,因为感到自己新文艺理论的修养不够,还虚心地参加听黄药眠教授的"文艺学"。[1]

9月,院系调整,原辅仁大学中文系、历史系等系并入北师大。合并后的北师大中文系实力强劲,拥有黎锦熙、钟敬文、黄药眠、穆木天、谭丕模、彭慧、陆宗达、萧璋、李长之、王古鲁、俞敏、王汝弼、启功、叶苍岑、梁品如、葛信益、陈秋帆及先生等名师,人称"十八罗汉"。

9月13日,青年时期友人许诣端在河南商水病逝。[2]

是年,北京市筹建陶然亭公园,先生受邀担任陶然亭建园顾问。其间,先生曾建言,对园内高君宇墓进行保护。 李修生先生回忆道:

老师在陶然亭建园期间担任顾问。园内有不少墓葬,建园时都被清理出园。老师提出,高君宇的墓不能搬迁,他是中国共产党早期北方党团组织的主要负责人和山西党团组织的创始人;曾是李大

---

[1] 《光明日报》1952年5月11日,第3版。
[2] 许家林:《躬耕教坛三十年——追忆家父许诣端》,中国人民政治协商会议河南省商水县委员会文史资料研究委员会编:《商水文史资料》第1辑,第57页。

钊学生,也是中国社会主义青年团的发起人之一,做过孙中山的秘书;在莫斯科出席会议时,曾与斯大林在同一党小组。高君宇因急性阑尾炎逝世后,葬在锦绣墩的北侧,坐南朝北。他的墓是石评梅给修的,墓碑上刻着高君宇的诗句:"我是宝剑,我是火花。我愿生如闪电之耀亮,我愿死如彗星之迅忽!"石评梅是北京师范大学附中的体育教师,也是著名的女作家。石评梅与高君宇是恋人关系,没有结婚。石评梅的墓是她哥给修的,在并列的位置,但墓碑是坐西朝东。现在,此墓地是"爱国主义教育基地"。

癸巳（1953）   先生五十八岁

在北京师范大学中文系任教授。

2月,李长之（署名张芝）所著《陶渊明传论》由棠棣出版社出版。李先生随即签赠先生一册。次年6月7日,阎简弼在《光明日报》副刊《文学遗产》上发表《读陶渊明传论》一文;7月10日,李长之在《光明日报》副刊《文学遗产》发表《关于〈陶渊明传论〉的讨论》一文;8月1日,阎简弼又发表《谈陶渊明的"命子"等诗句并简答张芝先生》一文。阎简弼二文认为,《陶渊明传论》所说"从血统角度看,陶渊明不忠于晋室"的观点是错误的。阎简弼的观点得到了郭预衡等人的支持,继而以《文学遗产》为主要阵地,在学术界掀起了一场对陶渊明问题的讨论,《文学遗产》编辑部为此专门出版了一部《陶渊明讨论集》。因李长之、阎简弼皆曾受业于先生,或劝先生参与这场讨论,先生未予回应。

8月20日,先生友人、原燕大同事、修辞学家董璠（鲁安）在北京病逝。

编者按:先生在燕大任教时,董璠曾任国文系主任,与先生交好。今北师大图书馆存董璠旧藏同治八年《文选李善注》二函,内有董璠朱墨二笔眉批百余条,多引先生《文选校笺》中语。

秋,聂石樵、邓魁英(原辅仁大学中文系学生,院系调整后合并到北师大)从北师大中文系毕业后,分配到古典文学教研室任助教。聂石樵主要由先生指导。聂先生生前曾回忆道:

> 我1953年毕业留校,分配到古代文学教研室当助教。当时古代文学教研室的教师有刘盼遂、谭丕模、李长之、王汝弼、启功等,他们的学问各有专长,并乐于教导帮助我,师生关系十分融洽。其中对我影响最大的是刘盼遂先生,其次是王汝弼先生和李长之先生,他们对我的培养决定了我一生的学术生命。[1]

邓先生亦多受先生指导,黎烈南《热爱专业 一心向学——邓魁英先生传略》一文曾记述道:

> 老教师既指导邓先生读些什么书,又教给她治学的方法。如刘盼遂先生让她读《昭明文选》,并说:"读《文选》要读李善注,李善注引征古书1600多种,从经史子集、文字训诂到佛学都涉及到了,价值高。五臣注则多讹误。"按老师的要求,先生认真读李善所注《文选》,并进而读高步瀛先生的《文选李注义疏》和刘盼遂先生的《文选校笺》等。[2]

---

[1] 过长宝:《学蔚醇儒姿 文包旧史善——聂石樵教授访谈录》,《文艺研究》2010年第8期,第79页。

[2] 黎烈南:《热爱专业 一心向学——邓魁英先生传略》,《古典文学知识》1994年第3期,第84页。

甲午（1954）   先生五十九岁

在北京师范大学中文系任教授。

2月，先生之父际堂先生逝世，享年八十五岁。

5月，北师大中文系先后召开助教座谈会和指导教师座谈会，对系内助教培养机制进行探讨。 先生参加了本次指导教师座谈会。

6月，先生之母李老夫人逝世，享年八十三岁。

夏，学生辛志贤毕业后，留在北师大中文系任教。 辛志贤在《回忆刘盼遂师》一文中曾追记他刚毕业时向先生请教读书的情况：

我刚毕业时请教刘老读《诗经》先读哪种本子好，先生说："先读朱熹的《诗集传》。"我惊疑地问："某某老师不是说朱熹不怎样吗？"先生说："唔！不能那么说，朱熹是很了不起的大学者。朱熹注的书的共同特点是简明，初学者应从简明的注本读起。先读《十三经注疏》本你几年都转不出来，那你一辈子能读几部分？"刘老说，读书应当分博览和研究，略读和精读。在博览的过程中，当你发现值得研究的问题时，你再确定精读什么书，精读什么部分，而精读则属于研究。不管博览或精读，都应当注意先读本文，本文已读懂了则用不着再去读注，或者看过注读懂了就不再去读疏。精读是你发现有疑难的问题要研究，要找出正确的答案，或准备要写文章，即你掌握的材料越多越好。这样写出来的文章论点才全面，才站得住脚。①

① 辛志贤：《回忆刘盼遂师》，《文教资料》1986 年第 3 期，第 67 页。

秋，在北师大中文系讲授古代文学先秦部分。 王乾生（1953级）《"良工不示人以璞"——怀念刘盼遂教授》一文曾追记当时先生上课的情境：

> 刘盼遂教授给我最初的印象是在课堂上。那是1954年的秋天，我上中国语言文学系二年级，刘先生给我们讲授中国文学先秦散文的作品部分。
>
> 跟一般的河南"侉子"比较，他这位河南老乡，绝对是又小又矮的个儿。一副粗质的近视镜架在瘦小且已显苍老的脸庞上，常年穿戴着的是黑色中山服、干部帽。上课堂，没有教授们常用的大皮包，黑布提兜拎着讲义，连脚上蹬的也是圆口青布鞋。一切似乎都在说明，他喜欢朴拙无华的老格局。不过，他还真不老，当他忘情于讲课而自得其乐时，便会发出格格的爽朗笑声，充盈着整个教室——当年新校的东饭厅，把心领神会的或者茫然而随声附和的学生们引逗得哄堂大笑。他是那样的精神健旺和富于风趣！其实，他只不过五十挂零的年岁。
>
> 刘先生讲课，朗读时通常是右手拿着摘下的近视镜，左手把讲义尽量地贴近鼻尖，声调抑扬顿挫，很有韵味。然而，一进行纵意讲述时，那浓重的乡音和快促而平淡的语调，就使我们一些南方来的、还没完全摆脱中学教学艺术熏陶习惯的学生很不适应，以致叫苦不迭。也因此，对刘先生讲授的课程内容，我实在没有多少深刻的印象。真正印象深刻的倒是这样的两件事。
>
> 一是刘先生第一课的开场白。究竟是因为换来了"老"教师而提高了听课兴趣，还是这开场白本身的独特吸引了我，我已记不清了。但那缓慢而沉静的声音却长期地嵌在我的记忆中："我给你们讲先秦散文，主要帮大家疏通文字，考证事物，帮助大家理解作品；

用马列主义去分析、研究,就请你们自己去作。我水平低作不好……"我那时,一下子就被先生这亲切而掏心的话语所感动。听得出这是一个老知识分子由衷的声音,几多真诚,几多直拙! 在那马列主义是崇是信的年代,这自然也包含着许多老知识分子的几分遗憾,几分无奈!

第二件是刘先生在课堂上的一次"自我解嘲"。那时,学校刚从南新华街搬到德胜门外新址,住在城内的教师们得赶公共汽车来上课,是颇为辛苦的。一次,已经上课了,刘先生才匆匆赶到教室,虽然已是深秋时节,他却满头是汗。他一边擦着汗,一边忙不迭地道歉,没留神把头上的帽子蹭掉了,露出光秃秃的头颅。个别同学不禁失声地笑了。刘先生拾起帽子,掸着灰,格格地笑道:"据说'孔子之顶若圩',我的顶可是'发无自然白'!"接着他解释说,这"发无自然白"是他在早两年教师思想改造学习会上写的一首五言中的一句;当时在一起学习的教师说他态度轻松,居然未添白发,其实,他也并不是那么好过的,这一句就算是回答。记得刘先生还颇有兴趣地朗诵过那首五言诗,因为没有讲义参看,除了这一句,我什么也没听懂。现在想来,就这一句,不也体现出他在困境中的豁达和幽默吗?①

10 月 29 日、11 月 4 日,参加中文系古典文学组教师和研究生的两次集会。 11 月 15 日出版的《师大教学》对此有专题报道,节略如下:

中文系已开始对《红楼梦研究》中的胡适派资本阶级唯心论观点的批判。中文系中国文学教研室古典文学组教师和古典文学研

---

① 王乾生:《"良工不示人以璞"——追忆刘盼遂教授》,北京师范大学校友会编:《校友通讯》,2000 年第 2 期(总第 26 期),第 190、191 页。

究生以及部分学生在十月二十九日集会,由启功副教授传达了作家协会关于《红楼梦》研究问题讨论的情况。中国文学教研室主任谭丕模教授也在会上发了言。他们在十一月四日又召开了关于《红楼梦研究》问题的讨论会。在讨论中,他们对俞平伯在《红楼梦研究》中的资产阶级唯心观点及其与胡适的反动的实验主义的一脉相传的关系进行了分析批判。发言者还指出这种学术研究上的资产阶级唯心观点不仅存在于俞平伯的身上,而且在中文系某些教师中的讲授中也存在。[①]

11月21日下午,到校部会议厅参加北师大中文系举办的关于《红楼梦研究》问题的座谈会。 这是北师大关于《红楼梦》的一次大型讨论会,主要是"对俞平伯在《红楼梦研究》中所表现的资产阶级唯心的文艺思想进行了分析批判"。 参加者有中文系、历史系、教育系、政治系的师生一百多人,由黄药眠主持。 当月25日出版的《师大教学》第36期有关于此次座谈会的报道,名为《批判〈红楼梦研究〉中的错误观点》,其中收录穆木天、郭预衡、启功、谭丕模等中文系师生的发言,未见先生发言。

编者按:据知情人告,在此番批判《红楼梦研究》的运动中,先生发言不多,当时部分师生认为,他与俞平伯是老同事,且对《红楼梦》很熟,而他的发言对俞平伯及其所著《红楼梦研究》的批判不够深刻,"不痛不痒",先生亦被认为是"具有唯心主义思想的老教授",但先生向来沉默寡言,人缘较好,无人过多计较。

12月12日,顾颉刚访先生。《顾颉刚日记》当日载:

---

①《中文系展开〈红楼梦〉问题的讨论》,《师大教学》第35期,1954年11月15日,第2版。

到刘盼遂处谈。①

12 月 30 日，陈梦家所撰《甲骨补记》一文刊于《文物参考资料》当年第 12 期，文中提及，是年郑州二里岗出土的甲骨中有猪、羊肩胛骨。先生读后，将其作为《论衡·卜筮》篇"子路问孔子曰：'猪肩羊膊，可以得兆；蘿芐蒮芼，可以得数，何必以蓍龟？'"一段的佐证，补充入其《论衡集解》稿中，曰：

> 盼遂案：一九五四年，郑州二里冈殷虚遗址出土有卜用甲骨。经古脊椎动物研究室鉴定，有些是猪和羊的肩胛骨。此外辉县琉璃阁出土也有些猪骨卜辞。就此可证《论衡》所引子路之言，是有依据者。（详见《文物参考资料》一九五四年第十二期陈梦家《甲骨补记》）②

是年开始，作为北师大中国古代文学教研室研究生指导组成员，为新入学的 1954 级陈玉璞、王冰彦、许可、李修生和可永雪 5 名研究生上公共课。李修生先生回忆：

> 北师大中国古代文学教研室的指导组，由谭丕模、刘盼遂、李长之、王汝弼、启功等五位老师组成。我实际上始终由李长之老师指导。公共业务课程只安排了刘盼遂老师给我们上。而且明确宣布，在刘老师家里上，老师想讲什么就讲什么。所以，我们每三四个星期上一次课，下次上课时间由刘盼遂老师在每次课后与我们约定。后来，大家知道这是给我们讲古代文学相关的基础知识，有点像启

---

① 顾颉刚：《顾颉刚日记》卷七，北京：中华书局，2011 年，第 624 页。
② 刘盼遂：《论衡集解》，北京：古籍出版社，1957 年，第 482 页。

功老师后来给他的研究生开的"猪跑学"(民谚:"没吃过猪肉,还没见过猪跑吗?")。

刘盼遂老师像是随意安排教学内容。但现在回想起来,老师实际上是非常认真地为我们组织了这门课程。第一次课,我们到老师家,上课在堂屋正中。堂屋一般在住宅的院落中,位置处于正中。但这个院落并不规范,不是四合院,是不规则的长方形,东西长、南北窄,房子质量也一般。堂屋紧靠大门,是北房 5 间。中间一间北面墙壁上挂着中堂画,两侧是梁任公亲笔书写的一副对联。然后靠墙是条案,再前面是八仙桌,两侧是太师椅。这是北京民居一般的陈设。西边是老师的工作间,东侧是暗室。老师没有坐在八仙桌的东侧正座,而是坐在西侧。前面安排两排椅子,我们共五个人——可永雪、陈玉璞、许可、王冰彦和我,分坐两侧。开始自然有一点拘谨,但随着刘老师平易的态度,大家也就放松了。

可永雪先生回忆:

当时研究生实行集体导师制,我们那一班共有五个学生(陈玉璞、王冰雁、许可、李修生和我),导师是谭丕模先生(古典文学教研室主任,导师组组长)、刘盼遂先生、李长之先生、启功先生。谭先生很善于调动和发挥每位导师的专长和优势,刘先生学养深厚,稔熟文献典籍,家里藏书又特丰,谭先生就让刘老给我们开"读书指导"专题,而且要我们登门到刘老家中听课,这样既便于刘老讲课时随手翻阅指点,也使我们在耳濡目染中浸润和增加对中国文化、中华典籍、传统国学的热爱之情,并从中领会治学门径。[1]

---

[1] 可永雪:《我与北师大的缘分》,刘锡庆主编:《我与北师大》,北京:北京师范大学出版社,2002 年,第 199 页。

乙未（1955）　先生六十岁

在北京师范大学中文系任教授。

1月1日（元旦），晤赵万里，赵先生讲《永乐大典本水经注》原本流传情况。 先生后在《续古逸丛书》本《永乐大典本水经注》书衣背白处记曰：

> 此书原底卷一至八由张菊生捐入北京图书馆，卷九至十五由李立伯让与北京大学。一九五五元旦在同和居闻诸赵先生。盼公。

2月2日，访顾颉刚。《顾颉刚日记》当日载：

> 刘盼遂来。①

3月，刘铭恕到京，任中国科学院图书馆馆员，在先生居之安暂住。 在北京任职期间，铭恕先生曾在先生书架中见到《唐代西北史料》铅印本，他考察认为可能是劳干所说的陈寅恪在北大讲授"蒙古源流研究"的内容。 铭恕先生在《陈寅恪与别国异族语言》一文中写道：

> 1925 年陈氏学成回国，即应清华大学研究院之聘，次年始到

---

① 顾颉刚：《顾颉刚日记》卷七，北京：中华书局，2011 年，第 651 页。

校。而后复应北京大学国学研究所之聘,当年开了有关佛经翻译文学课程。

…………

劳干《忆陈寅恪先生》:北平大学北大学院(北京大学)院长陈大齐聘先生往兼任"佛经翻译文学"课。秋季开学后,改授"蒙古源流研究"。此后因体弱不再到北大兼课,以后北大同学只好到清华去听课。

…………

"佛经翻译文学"之内容,已略如上述。而"蒙古源流研究"一课,究竟是怎么回事? 劳氏未明言。余有幸于五十年代,偶于家兄盼遂书架上检得一破旧小册子,竖行铅印,书皮处铅印《唐代西北史料》。内容:

(1)《旧唐书·吐蕃传(上)》;

(2)吐蕃彝泰赞普名号、年代考(蒙古源流研究之一);

(3)灵州、宁夏、榆林三城译名考(蒙古源流研究之二);

(4)《蒙古源流》卷二额讷特珂克土伯特蒙古汗等源流。

这些文章可能就是劳干所说的"蒙古源流研究"的内容。而在多页的正面左下角,还印有"北大学院"字样。足见此破旧小册子,为当时清华、北大两校研究生之讲义,殆无可疑。那么劳君所言非子虚矣。①

3月22日,参加中文系古典文学组全体教师和研究生举行的第二次文艺理论学习讨论会,"讨论胡风的'现实主义'与我们的现实主义

---

① 刘铭恕:《陈寅恪与别国异族语言》,《刘铭恕考古文集》,郑州:河南人民出版社,2013年,第1200页。

有什么差别的问题"①。

3月26日，金石学家、故宫博物院原院长马衡病逝。

5月24日，参加北师大中文系中国文学教研室举行的批判胡风讨论会。②

6月11日，当天出版的《师大教学》刊发《必须依法严惩》的报道，内容为北师大中文系教职工对胡风的批判。署名："中文系教职工萧璋、黎锦熙、谭丕模、刘盼遂、王汝弼、李长之、启功、陆宗达、冯成麟、陈秋帆、朱宝昌、叶苍岑、钟敬文、穆木天、彭慧等五十六人。"③

6月17日，当天出版的《人民日报》第6版发表《为彻底粉碎一切反革命集团而斗争》一文，其中有北师大中文系56人来信内容，亦涉及先生。节引如下：

> 北京师范大学中国语言文学系钟敬文、黎锦熙、谭丕模、启功、刘盼遂等教职员工五十六人来信：我们记得很清楚：美蒋匪帮在"中美合作所"里，以最残酷的手段屠杀了我们无数的革命志士。原来胡风反革命集团中的骨干分子就是屠杀我们革命先烈的最凶狠最残暴的刽子手。我们以无比的愤恨，向我们的政府和全国人民，表示我们的态度，提出我们的要求。

秋，为学生开《史记》课。其上课情形，童庆炳先生有回忆：

---

①《古典文学研究室批判胡风的"现实主义"》，《师大教学》第48期，1955年4月1日，第2版。

②《中国文学教研室师生声讨胡风反党集团》，《师大教学》第54期，1955年5月31日，第2版。

③《师大教学》第55期，1955年6月11日，第2版。

我们北师大中文系的学术传统,可以上溯到王国维。为什么这么说?这是因为我们有刘盼遂先生。

刘盼遂先生是河南人,他是清华大学国学院"四大教授"第一个研究生班的首名弟子,他的直接导师就是王国维。王国维投昆明湖后,遗体被捞了上来,当时只有一个梳着长长辫子的人跪在他的面前,这个人就是我的老师刘盼遂。刘老师个子不高,留着长辫子,穿着长袍,是传承王国维学问很重要的一位学者。

他是真正称得上国学大师的,对中国古代的语言、文字、历史……无所不知、无所不通。我大一有幸听了他一个学期的课。那是1955年,当时他还不算太老,政治上也还风平浪静,所以他没有被剥夺上课的权利。

刘先生上课非常自由。我现在的印象就是,他给我们讲了好几个月《史记》,《史记》里的名篇基本上都讲了。他的学问大到什么程度呢?有一次,他讲《廉颇蔺相如列传》,光是对这个"蔺"字,他就用考证的方法,考证了整整一节课。可是他操着一口非常浓重的河南口音,这对我这个刚到北京的南方学生来讲,怎么也觉得听不太清楚、听不太明白。一方面是因为他河南口音非常重,而另一方面,则是由于当时的我对中国古代历史文化的那些背景性知识掌握还不是很丰富,所以我没听懂。可是程度比较好的同学都听懂了。哇,都赞美不绝!同学们说,这就是北师大之所以为北师大、北师大中文之所以和北大中文并列全国第一的原因——因为有这样大师级的人物,有这样学问功夫很深的人物。

可是我听不懂,并遗憾地认为这是我很大的损失,怎么办呢?于是凡是刘先生下一次课要讲的内容,我就事先预习。我预习每一篇他即将要讲的《史记》章节,一定自己都看得差不多了再去听课。听不懂河南话,上课的时候,我就不做笔记,专门看他的嘴型。因为我已经预习好那些知识了,就可以对照口型来帮助识别和理解,就这样,我慢慢从基本听懂到完全听懂。所以,《史记》学得非常扎实,这是因为刘盼遂老先生讲得非常精彩。①

编者按:童先生此文说"王国维投昆明湖后,遗体被捞了上来,当时只有一个梳着长长辫子的人跪在他的面前,这个人就是我的老师刘盼遂",当有误,刘盼遂先生并未留辫子。编者曾于2014年与童先生就此事沟通过。另当时童先生曾对笔者说,他准备作《刘盼遂传》,后童先生未及动笔即溘然长逝。

9月11日,顾颉刚访先生,请先生校《史记》并长谈。《顾颉刚日记》当日载:

> 到刘盼遂处,请其校《史记》,长谈。②

9月28日,与侯堮同访顾颉刚。《顾颉刚日记》当日载:

> 芸圻偕刘盼遂来。③

9月29日,遇顾颉刚。《顾颉刚日记》当日载:

> 与元胎到帅府园看荣宝斋木刻展览,遇刘盼遂。④

10月8日晚间,与侯堮、周介夫、顾颉刚在同和居宴请杨树达、谭戒甫、胡连生。《顾颉刚日记》当日载:

---

① 童庆炳:《我的老师们》,《北京师范大学校报》2014年4月30日。
② 顾颉刚:《顾颉刚日记》卷七,北京:中华书局,2011年,第737页。
③ 顾颉刚:《顾颉刚日记》卷七,北京:中华书局,2011年,第742页。
④ 顾颉刚:《顾颉刚日记》卷七,北京:中华书局,2011年,第743页。

与芸圻、介夫同乘戒甫车到同和居宴客,九时归。……今晚同席:杨遇夫、谭戒甫、胡连生(以上客),侯芸圻、刘盼遂、周介夫、予(以上主)。①

10月17日、31日,参加北师大中文系中国文学教研组对李煜词评价问题所作的两次讨论,并在会上发言。12月18日出版的《光明日报》副刊《文学遗产》第84期刊发了牛仰山整理的《关于李煜及其作品的评价问题(北京师大中文系中国文学教研组讨论会情况)》一文,节略如下:

李煜是我国宋代文学史上的一位词人。虽然他留存下来的作品并不很多,但历来的文学批评家与文学史家都有着某些方面的论述。的确,李煜的词也曾发生过各种影响,如何科学地给予适当的评价,是一件较为复杂细致的问题。自从《文学遗产》发起讨论后,北京师大中文系中国文学教研组也分别于10月17日和10月31日作了两次讨论。参加讨论的除中国文学教研组的黄药眠、谭丕模、刘盼遂、李长之、启功等教授和该组全体教师、研究生外,也邀请了钟敬文、穆木天教授以及其他几位教师和研究生参加。经过两次的讨论,虽未作出结论,但大家就(一)李煜的词是否表现了爱国思想,他所谓"故国"的具体含意是什么;(二)李煜词从客观效果上看有无社会意义与人民性;(三)李煜的艺术风格对后来的词的影响如何? 都作了不同方面和不同程度的否定与肯定。特别是在下列问题上还存在着不同的意见。

…………

特别是刘盼遂先生在发言中认为:如果李煜对"故国"的怀念

---

① 顾颉刚:《顾颉刚日记》卷七,北京:中华书局,2011年,第747页。

不是留恋他个人过去的荒淫生活，而是也怀念人民，那么，为什么当他被俘后首先写信给宫女，说他是"日夕以泪洗面"？哪里说得上怀念"故国"人民的感情？说他的词有爱国思想，恐怕是更不对的。

其次，对吴颖先生文章中所谓"……他（指李煜）并没有死了心，还唱'金剑已沉埋，壮气蒿莱'，蕴藏着心有不甘的愤愤不平之情感"，刘盼遂先生也提出了不同的意见。他说：《十国春秋》上曾记载着《浪淘沙》是被俘后写的，而且"金剑已沉埋，壮气蒿莱"是抄了刘禹锡的诗句的。事实上，"金剑"应是"金锁"，"壮气"应是"王气"。那里有什么不平的反抗之心？到这里，我们似乎可以看出，李煜所谓"故国""往事"中所包含的内容，无非是个人过去荒淫生活，他所留恋怀念的也是这些，因此，说他后期词应该基本上肯定和具有爱国的感情，那是值得商讨的。①

是年，曾访其助教聂石樵、邓魁英夫妇家，聂、邓二位先生曾回忆道：

> 记得一九五五年我们住在城里时，一天，先生徒步从西单来到我们家。当时我们的一间斗室，放了一张大床、一张书桌、二个书架和两把椅子，拥挤得屋子里再没有活动的余地。我们的孩子刚刚几个月，满屋子晾的尿布。刘先生突然来了，往哪里让？一时慌了手脚。而先生却不嫌脏，当即坐在床边和我们谈了起来，问长问短，聊了半天才走。刘先生是专程来看我们的，他想了解我们的日常生活安排得如何，当知道我们请了保姆带孩子，他很高兴，告诫我们：千万不要因孩子的拖累而影响自己的学业。
>
> 刘先生培养后学，并没有什么理论，却有丰富的经验。对后学

---

① 《光明日报》第 2349 号，1955 年 12 月 18 日，第 3 版。

在学习上应当具备哪些条件,学习什么内容,采取什么方法,他都有自己的看法。他曾经说:"要学业上有成就,必须具备三个条件。第一,要专心致志;第二,要书多;第三,要生活安定。"还说:"人好比鱼,书好比水,水有多大,鱼就能游多广。"他的这些意见,对我们讲过不止一次,而且有意引导着我们去做。我们刚毕业时,薪水很低,刘先生曾主动地为我们筹备了一部分基本的必需的书籍。他把自己收藏的、重了的书赠送给我们,像我们手头常用的图书集成局校印的《二十四史》,商务印书馆藏版的《资治通鉴》、《十三经注疏》、段氏《说文解字注》、《昭明文选》、《全唐诗》,就都是刘先生曾用过的,上面还留有先生的墨迹。①

丙申（1956）　先生六十一岁

在北京师范大学中文系任教授。

1月,与聂石樵一同申报北师大科研计划,题目为"《聊斋志异》研究"。申报计划书内容如下:

北京师范大学一九五六年科学研究计划（中文系）

教研组:中国文学　合作单位:刘盼遂、聂石樵合作　编号:

题目:《聊斋志异》研究　　　　　科学门类:

研究目的:为将来独立教课打下基础。

---

① 聂石樵、邓魁英:《怀念刘盼遂先生》,中华书局编:《学林漫录》（八集）,北京:中华书局,1983年,第79、80页。

主要内容和研究方法:1.《聊斋志异》的时代、背景;2.蒲松龄的生平;3.蒲松龄世界观的矛盾;4.蒲松龄与民间文学关系;5.蒲松龄和农民起义的关系;等等。

各阶段进度计划、人员分工和时间安排:计划分两年写完,第一年读书、找材料,第二年写文章。

预期结果:完成一篇论文。

领导人和执行人及学衔职务:领导人为刘盼遂,执行人刘盼遂(教授),聂石樵(助教)。

题目提出者:刘盼遂、聂石樵   研究期限:自 1956 年 1 月到 1957 年 12 月

经费预算内容及来源(列举开支明细):

审查意见:

系主任:萧璋   教研组主任:谭丕模   题目负责人:刘盼遂、聂石樵。[1]

2 月 11 日,先生友人、目录学家余嘉锡在北京病逝。

2 月 14 日,先生友人、语言文字学家杨树达(遇夫)在长沙病逝。

2 月 27 日,给科学出版社的古籍编辑辛田[2]写信,为关于无暇整理余嘉锡《世说新语笺疏》文稿一事。 全文如下:

辛田同志:

前时由您社送来余氏《世说》校本,感谢感谢。弟略事翻阅,觉

---

① 据编者藏该计划书原件文字录入。

② 辛田((1912—1976),原名刘意林,安徽庐江人,光华大学历史系肄业。早年参加革命。1954 年任科学出版社编辑,1958 年被打成"右派",被调到新疆任中学教师。据宋路霞:《细说刘秉璋家族》,上海:上海辞书出版社,2015 年,第 191—197 页。

糅杂殊甚,猝难着手,且校课冗碌,亦无暇兼顾,请即派人取回,俾无耽误校订,实为至荷。此候

时绥!

弟刘盼遂启　二、廿七①

聂石樵、邓魁英《怀念刘盼遂先生》一文曾有此事的相关回忆:

> 又一次是中华书局把余嘉锡先生的《世说新语》的文稿送到刘先生家,说是周祖谟先生请刘先生给看看。这大概是余嘉锡先生在辅仁大学开设《世说新语》课时的讲义。我们在辅仁大学读书时,余先生已经病休了,未赶上听余先生这门课。刘先生让我们拿回一部分看看。感到余先生考证史事非常翔实、严密。刘先生称许说:"好像一部《皇清经解》。"②

编者按:上文中"中华书局"应为"科学出版社",余嘉锡《世说新语笺疏》文稿先是在科学出版社,后科学出版社出版方向转变,将此稿转到了中华书局。

3月4日,当天出版的《光明日报》副刊《文学遗产》第94期刊发了李长之的《新版的"镜花缘"》一文。李长之在文中说:"第七十回'你在那里登答公主'的'登答'注作'登时答复的意思'(520页),经和刘盼遂、启功先生讨论,都认为此注不妥,但一时还不能确解,像这种地方注者如果没有确据,是可以注作'未详'的。"③据此知当时李长之曾就此书与先生有过讨论。

---

① 据原信照片录入。

② 聂石樵、邓魁英:《怀念刘盼遂先生》,中华书局编:《学林漫录》(八集),北京:中华书局,1983年,第82、83页。

③ 李长之:《新版的"镜花缘"》,《光明日报》第2423号,1956年3月4日,第3版。

3月14日，清华同学王庸心脏病突发去世。当月18日，参加文化界为王庸举行的公祭。《顾颉刚日记》当日载：

> 与静秋、昌群同至嘉兴寺，晤绥贞及其子女，与诸友人谈。十时，公祭，移灵赴东郊火葬。……今日同吊：叶誉虎、林宰平、陈援庵、刘汝霖、张秀民、王伯祥、叶圣陶、徐调孚、钱稻孙、张申府、竺可桢、吴辰伯、王天木、傅振伦、侯仁之、黄秉维、万稼轩、向觉明、谭季龙、吕叔湘、王一飞、丁志刚、曾毅公、侯芸圻、刘盼遂、邹新垓、朱育莲、殷之慧、牛松云、贺昌群、夏志和、王润华、王滋华、吴仲超、赵万里、张全新、杨殿珣约一百人。①

4月25日（暮春之望），为所藏光绪十七年刻本《眼学偶得》补书衣并题记：

> 丙申暮春之望，盼遂题于京居。

7月4日下午，到北京参加会议的清华同学刘节（时任中山大学教授）与金应熙访先生。《刘节日记》当日载：

> 下午至北郊访六叔父。返旅社金应熙来谈，与同出至西单访刘盼遂、侯芸圻。②

7月15日上午，刘节与蒋天枢访先生。《刘节日记》当日载：

---

① 顾颉刚：《顾颉刚日记》卷八，北京：中华书局，2011年，第35、36页。
② 刘节著，刘显增整理：《刘节日记（1939—1977）》，郑州：大象出版社，2009年，第388页。

起身时已六点，即乘车访蒋秉南于鼓楼东大街，与同出至中央公园早餐。餐后同访侯芸圻、刘盼遂。①

7月16日下午，参加中国科学院哲学研究所召集之整理古籍会议。《顾颉刚日记》当日载：

> 到苏联展览馆餐厅，参加哲学研究所召集之整理古籍会议，自三时至六时半。……今日下午同会：冯友兰、蒙文通、徐中舒、胡厚宣、高亨、梁启雄、刘盼遂、刘节、舒连景、缪钺、黄淬伯、容肇祖、王维庭、王维城、张恒寿、汪毅、李埏、王利器。②

秋，北师大中文系决定，由先生指导叶晨晖等五名本年新入学的古代文学专业先秦两汉魏晋南北朝段研究生。本学年为本科生二年级讲训诂学（兼历代作品选课），为三年级讲中国文学史先秦两汉部分。当时在中文系读二年级的肖凤（原名赵凤翔，1955级）后曾回忆先生上训诂课的情形，节引如下：

> 刘盼遂先生绰号"活字典"，是训诂学专家。其他大学的教授有不认识的古字，也要来请教他。他有句名言："书必读秦汉。"他从来不读当前的报纸，竟然不知道有《人民日报》，被迫开会时，他就沉默，沉浸在故纸堆里，不关心"时事"，这样的生活方式，使他逃过了1957年的一劫。他是"文革"开始后倒下去的，此事后面再表。
> 　"人不可貌相"这句俗语，在刘先生身上体现得最为明显。50年代中期，我们上课有固定的教室，在文史楼二层。不像有些学校

---

① 刘节著，刘显增整理：《刘节日记（1939—1977）》，郑州：大象出版社，2009年，第390页。
② 顾颉刚：《顾颉刚日记》卷八，北京：中华书局，2011年，第91页。

的学生那样，需要提着空饭盒在校园里奔跑着换地方听课。每逢课间休息的时候，我都会离开教室，到走廊里转转，换换空气，放松一下。每当我走到系办公室门口的时候，总能够看见屋里有一个老头，他的个头不高，戴着一顶蓝色布帽，穿着一身洗得泛白的蓝布中山装，典型的老工人模样。他的鼻子上架着一副深度眼镜，镜片厚得像啤酒瓶底。他常常提着两只暖水瓶，左手一只，右手一只，去锅炉房为办公室打开水。有时也会站在办公室的门里，认真地端详脚步匆匆、来来往往的大学生。看惯了盛装华服的教授，年轻而浅薄的我误以为，他可能是系里的工友。

大二的时候，我们的课程表上出现了"训诂学"的字样。这门课的名字很新鲜，大家都坐在位子上静等。上课铃响后，走上讲台的，竟然是经常为系办公室打水的那位老头。我惊讶地睁大了眼睛。

他开始讲课了，原本木讷的表情渐渐地生动起来，他把一个又一个生僻的古汉字写在了黑板上，他对所书写的每一个字都充满了感情，仿佛这些字是他的孩子。他讲它们的来历，讲它们的读音，讲它们的涵义，讲它们的变化和演进，讲此字与彼字的比较，等等。他爱他写下来的每一个古字，他赋予每一个古字一段故事，当他讲述它们的故事时，他的神采飞扬，使我这个本来对古字缺乏热情的学生，也被感染得兴趣浓厚起来。记得他给我们讲解，为什么古代烽火台警告敌情出现的时候，要烧狼粪。因为用其他物质做燃料，冒出来的烟经不起风吹，刮风的时候，烟会被吹弯，风大的时候远处看不见；只有狼的粪，不管风有多大，它冒出来的烟，永远是笔直的。他还给我们讲：为什么在封建时代，皇帝死称"崩"，诸侯或大官死称"薨"，而百姓去世称"死"。因为皇帝死了如"山崩地裂"，动静极大；大官死了如"山鸣谷应"，动静也不小，但不敢与皇帝比肩，一定要比皇帝小些；百姓离世，如同把一瓢水洒在沙地里，"丝"的一声，响过就完了。所以才有"崩""薨""死"之分。①

当时在北师大中文系本科二年级就读的宙浩（1955 级）回忆道：

> 刘老给我们讲课不多，因为那时我们才二年级。古汉语课配有作品选读，他给我们选讲了《左传》"郑伯克段于鄢"和"唯器与名不可以假人"两节。刘老讲课特别注意名物考证。比如"曲悬繁缨以朝"一句，就讲了十几分钟，还画了图。对我来说真是闻所未闻。但也有同学觉得繁琐，对老师讲课的看法不一致，这是平常的事，但总的看，那时对听刘老讲课的机会，似乎并不特别珍惜。②

当时在北师大中文系本科三年级就读的郭锡荣（1954 级甲班）、彭骏（1954 级甲班）、梁诚（1954 级丙班）三人，后来在《机缘五十八载：1954—1958—2012》一书中，皆有对先生上课情况的记述：

郭锡荣回忆道：

> 刘盼遂老先生教的是先秦文学，引起我很大兴趣。每当上老先生的课，我都认真听、仔细记，还观察其表情动作。这一幕精彩的场景，至今仍历历在目。记得在讲《诗经·关雎》时，他老人家不看讲稿，在朗诵原文时，双眼微闭，拉着长声，悠然自得地"唱读"起来，后来竟晃起了头。似乎全副身心已深深融入诗的美丽、优雅的境界之中了。我想，他老人家在学生时代，就是这样读书的吧！听说老先生是古文学专家，有"活字典"的美誉。③

---

① 肖凤：《活字典刘盼遂教授》，《中华读书报》2013 年 8 月 14 日，第 3 版。

② 宙浩：《我难忘的几位老师》，刘锡庆主编：《我与北师大——北京师范大学百年校庆征文》，北京：北京师范大学出版社，2002 年，第 292 页。

③ 郭锡荣：《此情长留心间》，北京师范大学中文系 1958 届同学编著：《机缘五十八载：1954—1958—2012》，2012 年，第 6 页。

彭骏回忆道：

我对母校所有教过和辅导过我的老师，都怀有深深的感激和敬意。他(她)们对我心智的启迪，是无处不在的，时时影响着我的人生。其中刘盼遂、李长之二位老师的音容笑貌一直铭刻我脑海里，至今难忘。

我记得当时刘老师已年近花甲，而李老师正值壮年。两人都戴眼镜，个头都瘦小，但讲课都很精神。记得刘老师讲《楚辞》，一个字可以旁征博引，讲了很长时间。他恨不得把自己知道的东西都传授给我们，他是多么希望青胜于蓝啊！听他讲课，使我眼界大开，深感老师学问渊博，自己的浅薄无知。

刘老师讲课总是笑眯眯的，这极大地拉近了师生之间的距离，活跃了教室气氛。老师有时讲到动情处，禁不住手舞足蹈起来，引起教室内一片笑声。我想这位面刻皱纹、略显苍老的老人，此刻正乐以忘忧，完全忘记了他在旧社会求学的艰辛和生活的坎坷。孟子说："得天下英才而教育之。"一乐也。孔孟的"教书乐"在刘老师身上得到了生动体现。[1]

梁诚回忆道：

三年安排了刘盼遂、王汝弼、李长之、启功、徐士年这样一批学者进行分段授课，每段都可以说是先生们的所长，这对学生好处极大。

---

[1] 彭骏：《缅怀刘盼遂和李长之二位老师》，北京师范大学中文系 1958 届同学编著：《机缘五十八载：1954—1958—2012》，2012 年，第 41、42 页，

先秦两汉一段主要由刘先生讲。这是因为刘先生是国学界的名人，曾在清华研究院学习国学，是一位古文献学专家。他讲课干净利落，从不讲一句题外话。讲《诗经》，他注重从字、形、义三方面入手进行讲解，这是先生的长项。如讲《七月》篇"七月流火，九月授衣"，他便从诗篇中拿出"栗烈""卒岁""田畯"等词进行细讲，先讲字音，由音引入义，最后进行定义评判，从而帮助你了解诗、欣赏诗。这里有修辞上的分析，又对古韵的讲解。有一次即兴用古韵给大家朗诵《诗经》，使大家大开眼界，饱了眼福。在刘盼遂老师的讲课里，使我们认识到，要想学好先秦文学，必须在文字学和音韵学上下功夫，有了这方面的基础才能把握《诗经》的本义和它显示出的艺术美，这是搞先秦文学必须要走的路。刘盼老一次做学术报告，他说："一部《说文解字》，在河南时，有时在田里割草也在读，整整地读了十年。"真是十年磨一剑，才有了这么厚实的功底。这一点就很值得我们学习。他一辈子几乎用了很多时间，都花在对王充《论衡》一书的释解上，后来出版的《论衡集解》一书，受到学界高度评价，称它为文献学上的佳品，不可多得。刘盼遂先生是很受人尊敬的一位长者，李长之先生说"刘老是我的老师"，可见对他非常恭敬。听说陈垣校长对刘老也十分敬重，只要有机会总要同他讲几句，相互问好。一次下课，我们看到在师大东门处陈校长走下车来同刘老相谈的场面，很令人感动，这是学界两位大师的会面，令人欣喜异常。刘老朴实无华，很带有中国学者的风度。他，河南人，一口河南乡音，人个头不高，但人很精干，穿着简单。夏天身着一件对襟汗白褂，下身是扎有布带的宽单裤。冬天是一身黑色或灰色的棉袍，不认识的人会以为是从乡下来的一位农民。但是，他确实是一位学界的名人学者。①

9月，高教部下发《一二级教授工资排队名单》，先生被评定为二级教授，月工资280元。

冬，在中国书店购得"宋版十三经"。聂石樵、邓魁英《怀念刘盼遂先生》一文中曾记道：

> 刘先生每月的收入，除了极有限的生活费用外，全都用来购置书籍。为了买书，刘师母经常和他闹意见，并向我们发牢骚。他逛书店，走访藏书家，有办法可以得到的好书，他都不惜工本。记得他在中国书店发现一部宋版《十三经注疏》，马上要买。书店负责人说："这种书不卖给私人，只卖给国家图书馆。"刘先生说："我正在作《十三经》版本源流考，急需要这部书。"书店要证明。刘先生立刻回学校，开了介绍信，以九百元的高价买了这部书。刘先生如获至宝。我们到先生家去，他兴奋得双手捧着给我们看。这部书在扫"四旧"时，不知经过什么途径转到了北京图书馆，而其他大部分书籍则被送到燕京造纸厂，付之一炬了！如今虽残留下来一些，也多是断简残篇，零散不堪了！②

先生的研究生叶晨晖则记道：

> 每一星期他总要去几次中国书店，碰到好书想方设法买下。有一次中国书店购进一部宋版《十三经注疏》（残损部分明代补刻），

---

① 梁诚：《在北师大中文系听一代名师课是享受，是福分！》，北京师范大学中文系1958届同学编著：《机缘五十八载：1954—1958—2012》，2012年，第184、185页。
② 聂石樵、邓魁英：《怀念刘盼遂先生》，中华书局编：《学林漫录》（八集），北京：中华书局，1983年，第84页。

定价七百多元,他爱不释手,但当时手头没有那么多钱。事有凑巧,1956 年定级时,他被定为二级教授,补发了七百多元工资,他就悉数去买回这部书,还拿出来给我们看,指导我们如何辨别宋版书。①

编者按:"宋版十三经"实为元刊明递修本。该书计 416 卷,装为 20 函 106 册。原为近代藏书家徐乃昌先生的旧藏,内有徐氏藏书印鉴"南陵徐乃昌校勘经籍记""积余秘笈识者宝之""积学斋徐乃昌藏书"等。如果追溯得更久远一些,其中的配本,像《左传》《春秋》等,当经清雍正、乾隆时的怡亲王弘晓之手,有弘晓"明善堂览书画印记"方印。1943 年徐氏故去后,其藏书流散各地,这部"宋版十三经"也不知何时流入书肆。20 世纪 50 年代中后期,北京的古旧书店进行社会主义改造,许多私人旧书店都被中国书店兼并,这部书于是归中国书店所有,经当时北京市图书出版业同业公会议定为"宋版十三经元明补本",置于中国书店柜台销售。1956 年冬先生以 900 元人民币购得。购买情况一如聂、邓、叶三先生所记。1966 年 8 月底先生被抄家时被抄走。1979 年秋,北京市文物局让先生之子刘立三去查看抄家物资,10 月 8 日出示了两份"退还查收文物图书登记表",其中就有此书。北京市文物局以"保护文物"名义将其收归局内,今在该局下属图书资料中心,《中华再造善本丛书·金元经编部》曾影印。聂、邓二位先生所说"不知经过什么途径转到了北京图书馆",当是误记。

11 月 5 日,为北师大买得明嘉靖年间谈恺刻本《太平广记》,先生在自藏 1934 年北平文友堂书坊影印本《太平广记》前衬页上记录此事:

一九五六、十一、五,余为北京师大买得谈本初印,棉纸装潢,价

---

① 叶晨晖:《刘盼遂教授与书》,《文教资料》1986 年第 3 期,第 69 页。

七百元。

12月20日，参加民盟北师大中文系和历史系两小组举行的联席会，"讨论在本校怎样开展科学研究和百家争鸣问题"。 次年1月25日出版的《师大教学》对此联席会有名为《讨论开展科学研究和百家争鸣问题》的专门报道。 其中涉及先生的内容如下：

> 中文系老教授刘盼遂同志说：在我那个教研组里，也很想由老教师和青年教师合作搞些研究工作，而且也的确作了一些，但未能贯彻到底。原因恐怕是老教师和青年教师之间，大家的目的、要求等等还不能取得一致，总得有像司马光和刘攽、刘恕、范祖禹等一道作《通鉴》的精神去施行。①

12月20日，当天出版的《师大教学》刊发了辛拓撰写的报道《中文系教师写出很多学术文章》，其中涉及先生的内容如下：

> 刘盼遂教授的《论衡注》，正在排印中，不久即将出版。又他的《世说新语校注》，将于明年二月份完稿出版。②

是年，曾为老友王重民《敦煌曲子词集》（修订本）作校订。 当年12月，《敦煌曲子词集》（修订本）由商务印书馆出版，其中采用先生校语47条。 王重民在该修订本《再版叙例》中说：

> 现在二版，又获得刘盼遂、启功、孙贯文三同志的校本。③

①《师大教学》第101期，1957年1月25日，第3版。
②《师大教学》第99期，1956年12月20日，第5版。
③王重民：《敦煌曲子词集·再版叙例》，北京：商务印书馆，1956年，第21页。

又当年 3 月 6 日王重民致启功信中说：

> 此次重编，赖兄与盼老及北大孙贯文同志校本，增补新校颇
> 多。①

是年，清华同学高亨到北京开会时曾访先生。 高亨某年 9 月 13
日与方壮猷信中说：

> 弟于五六年如京开会，得晤盼遂，往访芸圻，未遇。盼遂住西单
> 邱祖胡同，门牌号则茫然不计。芸圻寓所去盼遂不远，胡同何名，亦
> 所不晓。
> 吾兄可与盼遂去信，直寄北京师范大学中文系。②

是年，卞孝萱调入中国科学院近代史研究所工作，成为范文澜的
助手。 卞先生住在手帕胡同，距先生家不远，常到先生家中看书论
学。 卞先生回忆道：

> 第二个邻居是刘盼遂。他住的地方大概叫保安寺街，我记不太
> 清楚了，总之距我住的手帕胡同不远，我也常到他家里去。……
> 刘盼遂这个人是一位真正的学者，住的是一所小平房，很俭素，
> 取暖也就是一种做饭的小煤炉，家里面全是书。墙上有的时候挂的
> 是梁启超的字，有的时候挂的是王国维的字。清华研究院最初四个
> 导师：梁启超、王国维、赵元任、陈寅恪，都是名师，研究院的学生后

---

① 萨仁高娃：《王重民等有关〈敦煌变文集〉的信函二十四通》，《文献》2009 年第 2 期，
第 159 页。
② 据原信照片录入。

来也大都成为大家。大学不在大,而在于教学得法。刘盼遂先生曾跟我谈过:在老师陈寅恪课堂上听的东西,好像收益并不大,但有的时候陪陈寅恪出去,路上或坐下喝茶的时候谈谈,随意的谈话中却能得到很多有益的启发。①

是年前后,与同事沈藻翔一起编成《史记》讲义。

编者按:今北师大图书馆藏有该讲义油印本,面封用报纸,毛笔题"史记。1957.4 订",封二、封三署"中二四班黄保林"。

是年前,先生已加入中国民主同盟。 具体时间待考。《北京民盟:北京市民盟组织成立七十周年》"民盟北京师范大学委员会"条记:

由于民盟组织的影响及北师大分部的扎实工作,在北师大工作的众多知名专家学者纷纷加入民盟组织。仅 1956 年前入盟的教授和曾担任盟内干部的部分副教授就有语言文字学家、训诂学专家陆宗达先生,古典文学家、古音韵学专家刘盼遂先生,外国文学专家彭慧先生,文学史专家郭预衡先生,语文教学法专家叶苍岑先生,古典文学专家王汝弼、杨敏如先生……②

①赵益整理:《冬青老人口述》,南京:凤凰出版社,2019 年,第 189 页。
②中国民主同盟北京市委员会编:《北京民盟:北京市民盟组织成立七十周年》,2016 年内印本,第 171 页。

丁酉（1957）　先生六十二岁

在北京师范大学中文系任教授。

春，参与王庆菽筹划的《敦煌变文选》的校注工作，后因各种原因校注终止，书未成。王庆菽曾回忆道：

> 我记得，一九五七年春，我还特约和组织了对敦煌学有研究兴趣的向达、王重民、刘盼遂、启功、阴法鲁、周一良、周绍良、曾毅公等先生和我在《敦煌变文集》内选出三十篇，准备校注一本《敦煌变文选》。以后我离开北京，不知何故，这部书的工作和计划就终止了。①

2月6日，陈寅恪有致刘铭恕信，并在信中问候先生。

3月，罗根泽编写的《中国历代文学理论批评文选》（上册）作为"南京大学交流教材"出版。罗氏在此书"前言"中写道：

> 在注释时，除了当面请教南京大学中国语文系文学史教研组的诸先生外，还函问过北京师范大学刘盼遂教授和山东大学高亨教授。

---

① 王庆菽：《殷切的期望》，甘肃省社会科学院文学研究室编：《关陇文学论丛：敦煌文学专集》，兰州：甘肃人民出版社，1983年，第201、202页。

该书中刘盼遂先生函告内容如下：

第 125 页《与湘东王书》"决羽谢生，岂三千之可及？伏膺裴氏，惧两唐之不传"一句，刘盼遂先生函告：

"决羽"义同"较射"，"伏膺"义同"摩拟"，"两唐"当是"两庑"之讹。孔子弟子三千人，除升堂入室者外，后人统列入廊庑之目。如钟嵘《诗品》在曹植条志："孔氏之门如用诗，则公干升堂，思王入室，景阳、潘、陆自可坐于廊庑之间矣。"这里的意思是说：和谢灵运较射，等同三千弟子的诗人怎能及得上？ 摩拟裴子野，等同廊庑门人的文人又不能得其心传。

第 125 页"是以握瑜怀玉之士，瞻郑邦而知退；章甫翠履之人，望闽乡而叹息"一句，刘盼遂先生函告：

《战国策·秦策三》："郑人谓玉未理者璞，周人谓鼠未腊者朴。周人怀朴过郑贾曰：'欲买朴乎？'郑贾曰：'欲之。'出其朴视之，乃鼠也，因谢不取。"既以鼠为璞，所以真正"握瑜怀玉之士"，势必"瞻郑邦而知退"。《庄子·逍遥游》篇："宋人资章甫而适诸越，越人断发文身，无所用之。"闽、越通称，所以这里以闽代越。既当闽越之乡断发文身，所以"章甫翠履之人"，只有望而叹息。章甫，殷时冠冕。按篇中强调吟咏情性，反对宗教学史，则郑邦或指《郑风》，亦未可知，但闽乡不可解。书此请读者研索。

第 125 页"譬斯袁绍，畏见子将"一句，刘盼遂先生函告：

《后汉书·许劭传》："许劭，字子将。……同郡袁绍，公族豪侠，去濮阳令归，车徒甚盛。将入郡，乃谢遣宾客曰：'吾舆服岂可使许子将见？'遂以单车归家。"

第 127 页《金楼子·立言》篇三则"徒观外泽，亦如南阳之里，难就窃检矣"一句，刘盼遂先生函告：

《后汉书·刘隆传》："时天下垦田多不以实，又户口年纪互有增减。(建武)十五年,诏下州郡检核其事,而刺史、太守多不平均,或优饶豪右,侵刻羸弱,百姓怨嗟,遮道号呼。时诸郡各遣使奏事,帝见陈留吏牍上有书,视之云:'颍川弘农可问,河南南阳不可问。'帝问:'何故言河南南阳不可问?'明帝在侧对曰:'河南帝城多近臣,南阳帝乡多近亲,田宅逾制,不可为准。'"按本文称"南阳之田",即指田里而言。

3月1日,当天出版的《师大教学》刊发了署名立言的文章《从老先生的发言看党的领导作用和资产阶级假民主的实质》,涉及先生在中文系古典文学教研组会议上的发言,节略如下:

在中文系古典文学教研组的讨论会上,老先生们的发言很生动、具体。像谈到党的领导问题时,从事教学工作已满三十年的刘盼遂教授以"党的领导对于我"为题谈了他自己解放以来几年当中的一些体会,他说:"我现在违背马列主义的言论没有了,过去讲课总爱旁征博引,现在讲课时无关紧要的就不乱说。过去自己读书如入宝山不懂选择,现在是要选择,要吸收养料了。这都是党的领导作用和结果。"①

4月3日,与张钫夫妇同访顾颉刚。《顾颉刚日记》当日载:

张钫夫妇偕刘盼遂来。②

5月16日,参加北师大中文系"批评'三害'帮助党整风"小组会。当月 22 日出版的《师大教学》有《"正确地处理人民内部矛盾"
的学习普遍展开　师生员工在座谈会上批评"三害"帮助党整风》的
报道,列举了北师大各系座谈会上诸多师生的发言。有关先生的内容
如下:

刘盼遂教授说:党员能乐于接受批评是最好的

党提出整风让群众提意见很好,有孔明之智。党员能乐于接受
别人的批评是最好的。我接触的人范围很小,我没有感到党员骄
傲,可能因我年纪大的关系。但有一次校外某单位一党员干部来向
我了解一个人的情况时,与我谈话如审案,谈完后因我没带图章还
要我在谈话记录上盖手印,使我很难受,这样的人不整风,对党的事
业有损失。

★　★　★

在会议即将结束的时候,傅种苏副校长说:刘盼遂先生所说的
事很突出,过去的钦差大臣也不敢这样胡作非为,叫一个教授打手
模脚印,这简直是对高级知识分子的莫大侮辱,应把情况反映上去
在整风中整一整。……

最后,党委书记何锡麟同志说:这个大组会已进行了四次,大家
在发言里揭发和批评了许多缺点、错误,也提出了不少宝贵的建
议。……何锡麟同志对陈先生有关搞好这次学习运动给党委的建
议,表示诚恳接受。并责成中文系党总支将刘先生发言中所谈到的
情况写成材料,转有关单位,作为他们整风的内容之一。①

6 月 13 日(丁酉五月十六),在《四部丛刊》本《南华真经》末
页题:

---

① 《师大教学》第 116 期,1957 年 5 月 22 日,第 4 版。

丁酉五月十六日,为北师大研究班及助教讲一通。盼公。

编者按:据此知先生本年曾讲《庄子》。

7月,《论衡集解》由古籍出版社出版。 此稿 30 年代初即完成,搁置家中 20 多年。 直到 50 年代中期,有关部门得知此书稿后较为重视,很快将其列入出版计划,并对出版时间有所要求。 排印前先生只在原稿基础上略加补充,未能再作大的调整,而对王充《论衡·自纪》篇末所撰绝命之辞颇有感触,因写道:

自"惟人性命"起,至此十句,乃仲任自撰绝命之辞,其病榻绵惙垂死命笔之状,盖可想见。贤者自矜惜其作品,真性命以之哉。仲任绝笔之后二十年,汝南许冲表上其父许慎所著《说文解字》,表云:"慎以文字未定,未奏上。今慎已病,遗臣赍诣阙。"段玉裁注云:"古人著书,不自谓是。未死以前,不自谓成。许书虽纲举目张,而文字实繁,闻疑称疑,不无待于更正。逮病且死,则自谓不能复致力,而命子奏上矣。"盼遂冲年,肄业太原,读《说文》至此,未尝不反袂沾袍。迄今,老泪又为仲任陨矣。①

叶圣陶先生读《论衡集解》后,认为是 "建国后古籍整理研究方面最重要的成果"。

7月16日下午,参加北师大中文系党总支批判黄药眠、钟敬文检查的大会,未发言。 当月 20 日出版的《师大教学》有《中文系部分老教师在 16 日举行的座谈会上认为,黄药眠、钟敬文所作检讨极不诚恳极不老实要求他们作彻底交代》的报道,今将涉及先生的内容节略如下:

———————————

① 刘盼遂:《论衡集解》,北京:古籍出版社,1957 年,第 592 页。

本月 16 日下午,中文系党总支邀请了一部分老教师,座谈并批判了黄药眠、钟敬文在 15 日上午中文系大会上所作的检查。到会的有萧璋、王汝弼、刘盼遂、叶苍岑、梁品如、启功、葛信益、沈藻翔和研究部的曹述敬等先生。大家在会上一致指出黄药眠、钟敬文两先生的问题很严重,但所作的检查交代却是很不诚恳、很不老实的。

…………

沈藻翔先生说,去年冬天,民盟小组在钟先生家里开会,钟先生在中途进来,看见刘盼遂先生说:"你也是政治活动家了。"这是对刘老的奚落,我当时就感到钟先生的立场不对。①

8 月,北师大中文系中国古典文学教研组选辑的《古典文学参考资料》(第 1 辑)铅印出版,收录先生《同情民间疾苦的杜甫》一文。

秋季新学期开始后,开两门课:一为"中国文学专题研究"课,每周两学时,授课对象为中文系研究生,时间为周三上午三、四节,地点在教育楼 105 教室;一为"中国文学"课,此课与谭丕模、王汝弼合开,每周六学时,授课对象为中文系二年级学生,时间为周一上午三、四节,周三上午一、二节,周六上午三、四节,地点在教育楼 116 室。②

北师大中文系 1956 级本科生刘锡庆曾回忆刘先生当时给他们上古典文学课的情景,节录如下:

刘老是全系的骄傲。他是王国维、章太炎、黄侃、陈寅恪的得意弟子,博闻强记,学问精深,经史子集,无所不通。不论什么难题,谁

①《师大教学》第 163 期,1957 年 7 月 20 日,第 1 版。
②《北京师范大学中国语言文学系一九五七——一九五八学年第一学期教师任课表》。

向先生提出，他都能即时应对，论证确凿，使人疑团尽释，满意而归。他的博大精深的旧学造诣被我们这些无知学子尊为"活字典"。

他在给我们上课时，我才认识他。

他个子挺矮，也比较瘦，几乎全秃了顶。不看书并不戴眼镜。穿得很不入时，中式的便服，旧而干净。裤子是宽腰系布带的那种，鞋是自家做的圆口鞋。总之，他的样子是太普通了，普通得像个农村的小老头，像个小镇上的干干净净的老居民，像个北京小胡同里退休居闲的好外公——就是不大像知名学者、大学教授！

他走路很轻，也较快，像毫不费力似的。从他步履上看，他身体蛮好，很精神，一点儿也不显老。

他就是刘老？就是赫赫有名的"活字典"？就是连知名专家、学者都一律叹服的名教授？

看不出来。真不大像。

记得他讲的是古典文学"作品选"课。好像是魏晋那一段。上的时数也不算多。他操地道的河南乡音，读诗读得很特别，轻重分明，很有韵味儿。我记得他讲曹操的《蒿里行》，读"势利使人争，嗣还自相戕"时，"争"字已有些重，但"自相戕"三字间隔开来，"戕"字念得低沉有力，特别的重。然后笑着插话说："自己打起来啦！"看看同学们，接着低头读下去。讲《苦寒行》时，一上来两句："北上太行山，艰哉何巍巍！"他第二句念得既慢且重，很富于表情，把山高、难上的感慨色彩表现得颇为传神；特别是他讲到"熊罴对我蹲，虎豹夹路啼"两句时，"对"是地道河南念法，"蹲"读得极重，"啼"拖得稍长。还有陈琳的《饮马长城窟行》也是这样："饮马长城窟，水寒伤马骨。""窟""骨"相押，用河南味儿读起来，沉郁、凝重，很有苍凉、悲切的气韵。因我也稔熟河南话，所以在宿舍曾学着刘老的念法读这些诗，大家嘻嘻哈哈，都说我学得挺到家。我得到这种鼓励，心里头着实高兴。

他讲课不吊书袋,不赶时髦,相当通俗、浅显。解诗的话并不多,说得你明白了就不再多说一句。讲典故也是通俗化了的,就像跟你聊天一般。我记得他讲王粲的什么作品时,顺便说了个小故事。说潘安长得很美,是个漂亮的小伙儿,他坐车出去,街上好多妇女见着了,都往他车上丢花,以示好感或求爱之意;王粲却相反,他长得很丑陋,他坐着车子上街,妇女们一看见,便纷纷往车上丢石子,"女同志都不待见"。大家听了都挺乐儿,王粲这个人的形象就记得挺牢了。他讲话有时很有风趣。记得有一次他说一个女子,说是"就是现在人们常说的爱人",下边"哈"的一声就笑起来了。这话本也平常,但和作品的特定情境一对照,一从他这位轻易不说新词儿的饱学之士口中说出,就显得很有趣了。他给我们这些低年级同学讲课真有点像用牛刀杀"鸡"。①

9月12日下午,北师大校长陈垣等校领导邀请先生等老教师座谈,就如何进一步深入开展反右派斗争和安排新学年的工作计划进行讨论。当月18日出版的《师大教学》刊发了《校长邀请部分老教师座谈,会上一致认为迫切需要进行思想改造,社会主义思想教育必须贯彻到各项工作中去》的专题报道,介绍了本次会议的主要内容,其中了收录先生的发言:

> 刘盼遂教授说:高级知识分子应该到农村去住一住,亲眼看一看现在和过去的变化。②

---

① 刘锡庆:《祭奠:怀念几位逝去的老师》,《师大周报》1986年12月13日,第2版。编者按:据刘锡庆1956年入学及文中先生讲魏晋一段推之,先生给刘锡庆讲课当在1957年,故暂将引文系于此。
② 《师大教学》第189期,1957年9月18日,第3版。

10月底，刘铭恕转赴郑州大学任教。 刘长文《刘铭恕先生传略》记道：

> 当时赴豫还有一个重要原因，其兄刘盼遂先生已致函嵇文甫先生关照其弟。嵇文甫为我国历史学界知名教授，系为数不多的国家一级教授，解放后任河南省副省长，解放前曾长期在北京多所大学及河南大学任教，系刘盼遂先生的故交，当时兼任刚刚创办的郑州大学校长。于是，刘先生携家于1957年秋冬之交匆匆赶到郑州。①

11月2日，参加北师大中文系中国文学组关于"发挥教师潜力，一般以讲师以上教师开课为原则"的会议。 当月9日出版的《师大教学》刊发了牛仰山（中文系1951级本科）采写的报道《中国文学教研组讨论教学整改问题》，节略如下：

> 11月2日，中国文学组全体教师根据系和党总支的布置，讨论了关于"发挥教师潜力，一般以讲师以上教师开课为原则"的问题。……大家认为，有的教师劳动热情高，值得大家学习。比如王汝弼教授，虽然身体不好，但稍好时，工作很负责，一学期的工作量，比有些教师一年所做的工作还要多。又如刘盼遂教授，虽已六十多岁，本学期要教研究班，还要教本科，但他仍把教课看成是义不容辞的事。②

11月5日，当天出版的《师大教学》刊登了先生的《十月革命四十周年纪念赋诗志喜》一诗。 诗曰：

---

① 刘长文：《刘铭恕先生传略》，《刘铭恕考古文集》，郑州：河南人民出版社，2013年，第1645页。

②《师大教学》第205期，1957年11月9日，第3版。

革命功成四十春，万千奇迹郁纶纷。

非缘马列天才别，怎表和平盖世勋。

原子破冰欺造化，卫星拟月散妖氛。

中苏友谊同花朵，更向秋宵见庆云。①

年底，清华同学、老友谢国桢从天津南开大学调回北京，任中国科学院历史研究所研究员。自此先生与谢先生往来频繁。谢先生曾回忆道：

余自津门返京华，与盼遂过从甚密，几每周必相聚，非吾至君家，即君至吾处，坐谈书史，兼及杜陵、义山之诗，娓娓动听。②

又：

我的老同学刘盼遂兄等时常在我家里，鉴别欣赏我的藏书，看我老伴所培养的花木，他们都戏呼她为女中孟尝。③

是年，曾应学生之约用白话文选注《世说新语》部分篇章。生前未刊，1986 年由辛志贤刊于《文教资料》当年第 3 期。

是年至次年，在"反右运动"中，北师大中文系黄药眠、钟敬文、李长之、启功等教师被打成"右派"。著名教授中，只有先生、陆宗达和谭丕模幸免。

是年北师大在校园内西北角建设二层小楼七座，因墙体是暗红

---

① 《师大教学》第 203 期，1957 年 11 月 5 日，第 3 版。

② 谢国桢：《瓜蒂庵文集》，沈阳：辽宁教育出版社，1996 年，第 390 页。

③ 谢国桢：《悼念我的老伴段庆芬》，谢小彬、杨璐主编：《谢国桢全集》第 10 册《悔余丛稿》，北京：北京出版社，2015 年，第 114 页。

色，俗称"小红楼"，供校内著名教授居住。校方请先生搬进来，先生谢绝道：我已有住房，且我和夫人不习惯住楼房，请给居住条件差的教授居住。后来校领导再次邀请，先生说：我的藏书太多，小楼实在放不下。校方乃不勉强。

编者按："文化大革命"初期，北师大校内居住教师虽亦遭批判，但学校尚能设法保护，而对校外居住之教师则无能为力也。曾闻先生同事、弟子数人言，如先生当年移居小红楼，或可幸免于难。哀哉！

戊戌（1958） 先生六十三岁

在北京师范大学中文系任教授。

上半年给北师大中文系本科生开"工具书课"，主讲这门课的除先生外还有萧璋、葛信益和陆宗达。先生主要讲第二部分《四库全书》、第五部分类书、第六部分《文献通考》、第七部分《日知录》和第八部分《四库全书总目提要》。

编者按：此先生所讲内容据周笃文先生当年笔记。但周先生所记笔记只存留《四库全书》讲义部分，其余所讲内容未知。

年初，《文学遗产》编委会改组，先生与余冠英、陈友琴、范宁、吴晓铃、吴组缃、季镇淮、游国恩、林庚、郭预衡等担任该刊新一届编委。① 此后《文学遗产》编辑卢兴基等人常到先生家中传递稿件。

1月24日，当天出版的《师大教学》刊发了署名"望远镜社"的

① 中国社会科学院文学研究所文学遗产编辑部编：《文学遗产纪念文集：创刊四十周年暨复刊十五周年(1954—1963,1980—1995)》，北京：文化艺术出版社，1998年，第186、187页。

文章《李长之"众人推，墙倒"的反党实质》，对李长之"反右"后的言论进行批判。"反右"期间刘盼遂先生在中文系古典文学组内部的一次发言为"望远镜社"的这篇文章所利用，原文节录如下：

> 高级知识分子入党后成了当权派更是污蔑，远的不说，即以与李长之同一教研室的谭丕模同志来说，老师们都反映说他为人诚恳，平易近人，当然，在别有用心的人看来，红的也会变成黑的。刘盼遂先生曾揭发一个事实，很可以看出右派分子李长之戴的是怎样的有色眼镜。谭丕模同志因为怕自己的记忆力不好，跟人谈话时便随手用笔记下，以便及时处理，但李长之却污蔑说他是当权派，记了材料向上汇报。李长之说"党群间有水泥墙"的所谓事实根据由此可见一斑。①

2月9日至11日，参加国务院科委举办的古籍整理出版规划小组成立会议。会上正式决定在国务院科委下设立一个古籍整理出版规划小组，下设文学、历史、哲学等分组。据当月25日出版的《人民日报》报道，"出席的有小组成员、学术文化界人士和有关部门的人员共九十多人"，"整理出版古籍规划小组的召集人齐燕铭对小组筹备经过、小组的工作任务和制订整理出版古籍计划的办法作了说明"，"文、史、哲三个分组的召集人郑振铎、翦伯赞、潘梓年分别就三个分组草拟计划的情况和问题作了发言。在会上发言的还有冯友兰、杜国庠、徐森玉、魏建功、吴晗、邢赞亭、金兆梓、章士钊、嵇文甫等，他们一致赞成对我国古籍进行有计划的整理和出版工作，并对整理和出版工作提出了许多好的意见"②。先生所在哲学组召集人为潘梓年、冯友兰，成员除先生外还有王维庭、石峻、朱谦之、李达、李俨、吴则虞、吴泽炎、杜国庠、

---

① 《师大教学》第231期，1958年1月24日，第1版。
② 《继承文化遗产　发展社会主义新文化：科学规划委员会成立古籍整理出版规划小组》，《人民日报》1958年2月25日，第7版。

汪奠基、林宰平、林涧青、侯外庐、胡曲园、孙人和、唐钺、容肇祖、陈乃乾、嵇文甫、杨荣国、赵纪彬、谢无量等，共 24 人。

《顾颉刚日记》2 月 9 日载：

> 到政协礼堂，参加国务院科学规划委员会古籍整理和出版规划小组成立会，自九时至十二时。……今日同会：齐燕铭(主席)，周扬、金灿然、郑振铎、叶圣陶、王伯祥、杨晦、王瑶、齐思和、聂崇岐、翦伯赞、徐森玉、赵万里、邓广铭、徐炳昶、章士钊、邢赞亭、李俨、周云青、朱谦之、宿白、陈乃乾、谢无量、周辅成、林宰平、刘盼遂、贺昌群、容肇祖、冯友兰、周谷城、尹达、徐调孚、姚绍华、郭敬、嵇文甫、周叔弢、金兆梓、舒新城、魏建功、陈垣、陈乐素、夏鼐、孙人和、邵循正、杜国庠、吴晗、潘梓年。①

编者按：今存 1958 年 2 月 9 日《古籍整理出版规划小组成立签名簿》，中有先生签名。

古籍整理出版规划小组哲学组成立后不久，即制定出"哲学古籍选目"，包括"哲学古籍基本书籍选目""通俗哲学古籍选目""专籍整理研究选目"三个部分。其中《哲学古籍基本书籍选目说明》言："整理和出版古代哲学著作，是根据毛主席'新民主主义论'中所指示的清理中国古代文化的方针，把古代和近代以至'五四'前的哲学著作，有计划地有系统地整理出版，为批判地清理和继承我国哲学遗产准备较完善的条件，做好基础工作。"根据这一目标，哲学组先选出一百种哲学基本古籍，其中包括先生的《论衡集解》，哲学组对该书的简要修订意见和规划如下表②：

---

① 顾颉刚：《顾颉刚日记》卷八，北京：中华书局，2011 年，第 380、381 页。
② 古籍整理出版规划小组哲学组编：《哲学古籍基本书籍选目》，1958 年油印本，第 6 页。

书名	卷帙	作者	底本及参校本	整理工作	年限
论衡集解		刘盼遂	《论衡》须重行集校集释。新本未成立之先可用此书。黄晖《论衡校释》有可取处，然有巨谬，须修正再重印	需组织人力进行集校集释	1959年起，1965年完

3月4日下午，到政协礼堂，参加中华书局史学分组选书会议。《顾颉刚日记》当日载：

> 到政协礼堂，开中华书局史学分组选书会议，自二时至六时半。……今日同会：翦伯赞、齐燕铭、邓广铭、聂崇岐、齐思和、宿白、孙人和、刘盼遂、徐调孚、章士钊、陈乃乾、夏鼐、周云青、谢无量、邵循正、翁独健、白寿彝、曾次亮、张政烺。①

3月15日，当天出版的《师大教学》刊发了《中文系的问题何在？》一文，原为中文系部分教师合写的"大字报"。探讨中文系在"大跃进"中的保守问题。署名者有谭丕模、郭预衡、葛信益、陆宗达、叶苍岑、沈藻翔及先生等14人。②

3月22日，北师大中文系古典文学组召开谈心会，讨论"大字报"及厚古薄今等问题。3月27日出版的《师大教学》刊发了《为争取红透专深 中文系教师举行谈心会》的报道，王汝弼、郭预衡、沈藻翔、梁品如、谭丕模及先生等人有发言。今将涉及先生的内容节略

① 顾颉刚：《顾颉刚日记》卷八，北京：中华书局，2011年，第392页。
② 《师大教学》第241期，1958年3月15日，第3版。

如下：

> 刘老今天也变成好说话的老人了！他说：我的厚古薄今是最厉
> 害的，从小就觉得油灯不如蜡烛，而蜡烛古一些才好，当年在清华看
> 到有人穿皮鞋，觉得学文科的穿皮鞋不好。我一直认为我搞的这一
> 套别人赶不上我，搞新的东西我就搞不过别人，所以从五四运动时
> 代起就把这些死抱住不放，一直到了现在。这思想，我可从来没有
> 暴露过。我们今天钻研古代东西，主要应当为今天服务。在古代的
> 大学者，没有一个不是厚今薄古的。①

春某日，民主德国文化代表团访问北师大，代表团中的汉学家旁
听了先生讲的《诗经·关雎》一课后，与师生座谈。当时在北师大中
文系读书的黄育华对此事有回忆，节略如下：

> 大约1958年春暖花开时节，由汉学家组团的德国文化代表团
> 来访北京师范大学中文系，到我们教室听课。听国学大师刘盼遂教
> 授讲《诗经》首篇爱情诗《关雎》。课后与我们座谈。其团长一句话
> 很使我惊愕。他说：当你们中国先祖写出这么优美的诗歌时，我们
> 日耳曼民族，恐怕还是猴子呢！曾经很长时间，我都以为这句话只
> 是一己之见。后来读《歌德传》，方知这话原有所本。歌德是德国
> 指标性人物，正如孔子是中华指标性人物一样。当学生问他对中国
> 文学的看法时，歌德回答说："当中国已经有了最高文明的文学作品
> 时，我们德国人的祖先还在树上爬呢！"歌德的代表作，一万二千余
> 行的诗剧《浮士德》，是全人类的文学瑰宝，是每一代德国人必读的
> 经典。作者却如此仰视点赞我们至今还不甚熟知的中华经典，你在

---

①《师大教学》第244期，1958年3月27日，第2版。

深感骄傲荣光的同时,不也应有点遗憾愧疚吗?①

4月18日,访顾颉刚。《顾颉刚日记》当日载:

> 刘盼遂来。②

5月,谭丕模《中国文学史纲》(上册)修订本由人民文学出版社出版。 此书修订时曾请先生审阅修改,故谭氏于"编后记"中言"此稿承刘盼遂先生费神审阅……仅此道谢"③云云。

5月12日,参加北师大中文系老教师座谈会,"座谈了'双反'以来向党交心的收获和体会。 大家用很多事实和感受,说明了'双反'给自己带来了思想上的大丰收、大跃进"。 当月14日出版的《师大教学》有《资产阶级知识分子必须改变立场接受党的领导进行思想改造:中文系老教师经过思想斗争感到心情舒畅,在做好思想总结的基础上,制定红专规划》的报道,其中涉及先生的内容如下:

> 刘盼遂先生说,"双反"运动,使我也想了很多问题。大家问我"为谁服务",使我惊心动魄。我过去根本没想过这个问题。这次我想,我为谁服务呢?是为古书服务,为王维、段玉裁等服务。我没想到是人民给我饭吃,没有饮水思源,给人民服务。现在我才认识到,应为工农兵着想,为工农兵教书。④

5月17日下午,《师大教学》记者采访了先生。 当月22日出版的

---

① 黄育华:《他们如此仰视中华文化》,《宁晋日报》2016年3月4日,第6版。
② 顾颉刚:《顾颉刚日记》卷八,北京:中华书局,2011年,第413页。
③ 谭丕模:《中国文学史纲》(上册),北京:人民文学出版社,1958年,第334页。
④《师大教学》第258期,1958年5月14日,第1版。

《师大教学》刊发了张鸿苓撰写的《力争向左——刘盼遂教授访问记》一文。全文如下：

中文系教师们在这次"双反"运动中都有很大收获,大家感到刘盼遂先生思想上、行动上的进步也是显著的,正如谭丕模先生在一次会上说:"刘老是从不常参加会到常参加会,从简单发言到系统发言,从不分析作品到分析作品,从非秦汉书不读到看《人民日报》、时事手册等现代书报,从为古人服务到为今人服务……"这正是刘盼遂教授跃进的第一步。

5月17日下午,记者访问了这位62岁的刘老先生,请他谈谈这次运动的收获和体会。他说:"过去运动我都不大动,但'双反'运动使我惊心动魄,我听了康生同志的报告,他说过去教学中厚古薄今,产生很多废品,开始听时我不理解,后来想想是很有道理的,我身在中华人民共和国,心却在三代,这怎么行。在我上学时就以'三王'(王充、王念孙、王引之)自封,实际上我只搞章句,对他们的思想没有接触,王充《论衡》里说过:'夫知古而不知今,谓之陆沉。'现在看来也是对我的一个讽刺,我是知古而不知今的。"刘老还进一步体会到厚古薄今,还是厚今薄古,是和为谁服务问题分不开的。他说:"中国从六世纪后就有考试制度,考题是古书里的,就是出当代题也不敢谈当代事,还是得引经据典,这是统治者的愚民政策,文人为了往上爬,就得学这一套。清代有文字狱,文人更不敢发表议论,只有搞考据。胡适说:如果发现一个字,等于哥伦布发现新大陆,这很明显是反动的。"刘老教授感叹地说:"过去几十年我为敌人服务,作了剥削阶级的奴隶还不自觉,解放后我没考虑为谁服务,实际上是为个人名利服务,为古人服务。现在应该觉悟了,工农兵是我们的恩人,他们给大家造福,我们应该为他们服务。"刘老还检查了自己在大鸣大放和"反右派"时期的错误说:"在党委召开的老教授座谈会上,王古鲁和右派分子陈秋帆、穆木天、彭慧等四人搞起评薪评级的问题,当时我作了一首诗,认为整风整得'又从墙外建高墙'。我看人也只从业务上看,不从政治上看。如右派分子祝鼎民常问我业务上的问题,我就觉得他不错。我还对研究生说:'俞敏有口才。'在处理右派时,我希望出'奇迹'宣布他们都不是右派,想起这些使我很痛心。"

记者问刘老教授今后打算怎样作,他说:"有三个字:懂! 动!冲! 就是要首先懂得革命理论,接着就行动,最后就冲向前去,这就是大跃进。"并说:"以前我对'红''专'是没有信心的,在一次民盟会上别人谈到'红''专'问题,我很不感兴趣,认为这是来者的事,当时同志们指出这看法不对,但我还认为:'红'是难作到的,我只能'专'。现在感到并不是那样,只要自己下决心,真下手去作,就能作到。"他还举了一个报上的例子说:"长春仪器厂工人姜正秀,创造了四用工具胎,可以提高工作效率 255 倍,这说明了,从人民利益出发,就可以'红''专'。"他很兴奋地告诉记者:"以前我给学生上课,只讲章句,不作分析。学生给我出了大字报,我就试着分析,他们高兴地说:刘先生也分析了! 这说明群众看得很清楚。"

最后说:"在双反运动中,我作了一首《如梦令》,但我怕自己做不到伤面子,不敢说出来。在这次小结会上我终于谈出来了,我要向'红''专'努力,争取大家的帮助。现在给你们念念这首诗:

掀起斗争热火,邪气一起倒躲。

十面大包围,任尔钢盔铁锁。

争左! 争左!

烧透肮脏的我。"①

----

① 《师大教学》第 260 期,1958 年 5 月 22 日,第 1、4 版。

5月31日，参加《文学遗产》编辑部和中科院文研所古代组联合召开的座谈会，讨论在古典文学的研究工作和教学工作中如何贯彻执行"厚今薄古"方针的问题。 7月6日出版的《光明日报》副刊《文学遗产》第216期刊发了《明确方向，向前迈进！ ——关于厚今薄古座谈会的综合报导》一文。 节录如下：

5月31日文学研究所古代组和《文学遗产》编辑部联合召开了一次座谈会，座谈在古典文学的研究工作和教学工作中，如何贯彻执行"厚今薄古"的方针问题。到会的人除文研所古代组和"文遗"编辑部的全体同志外，还有北京大学的林庚、游国恩、季镇淮、吴组缃、王瑶，北京师范大学的谭丕模、刘盼遂、王汝弼，人民文学出版社的赵其文、陈迩冬、黄肃秋等同志共二十八人。会上的发言是踊跃的，同志们谈得最多而又最集中的问题有：(一)过去在古典文学研究、教学、编辑、出版工作中所存在着的"厚古薄今"的偏向；(二)关于"厚古薄今"的思想根源；(三)我们对于"厚今薄古"方针的体会；(四)今后应该如何贯彻"厚今薄古"的方针。到会同志的绝大多数都对以上这些问题谈出了自己的看法和体会，其中有许多意见我们觉得对于从事古典文学研究、教学、编辑、出版工作的人，都有参考价值，所以特整理出来作一综合报导。

…………

师大的老教授刘盼遂先生在他的发言中表示他通过整风、"双反"运动，对"厚今薄古"的方针有了一些新的体会，好像刚睡醒了一样。他说："我搞古典文学，搞的是'三王'之学，即王充、王念孙、王引之，但我搞的却尽是训诂、考证。我为王充服务了三十年，但对王充的著作却没有完全读懂。王充在《论衡·谢短》篇中，曾说：'知古不知今，谓之陆沉。'我读了也没有理会。今天回想一下，才认识到王充在真正讽刺我。历史上的大学问家都是厚今的。我们生于今世，谈到文学，却言必称三代，那是为什么？这简直是忘恩负义，这是很错误的！"①

6月，寄赠清华同学、中山大学教授刘节书一部（编者按：疑为《论衡集解》）。《刘节日记》6月6日载：

整日在家草思想总结。接刘盼遂赠书。②

6月26日，刘节有寄先生函，内容不知。《刘节日记》当日载：

上午下午草讲稿。晚教李叔华读《左传》。作函寄刘盼遂。③

7月7日，商务印书馆《辞源》编辑部给先生寄来《辞源》例样一页，嘱提意见。先生改定若干错误，于当月14日回信道：

《辞源》编辑部仝志：
　　承示《辞源》例样一页，属提意见，我看过，谨签出数事，祈誊照。就在原样上写出，殊觉草率，尚祈原谅。
　　此致
敬礼！
　　　　　　　　　　　　　　　　　　刘盼遂　七、十四④

---

①《光明日报》第3264号，1958年7月6日，第5版。

② 刘节著，刘显增整理：《刘节日记（1939—1977）》，郑州：大象出版社，2009年，第481页。

③ 刘节著，刘显增整理：《刘节日记（1939—1977）》，郑州：大象出版社，2009年，第483页。

④ 冯远主编：《尺素情怀：清华学人手札展》，北京：清华大学出版社，2016年，第140页。

7月15日，刘文典在昆明病逝。

8月15日，康生为北师大毕业班做了关于"不断革命"问题的报告。"全校师生员工都听了报告"，"中文系党总支还决定在本月19、20、21三天组织全系人员集中学习陆定一和康生同志的报告，为今后的文艺整风、科学跃进打下思想基础"①。

编者按：据《师大教学》记载，康生于1958年7月接受北师大聘请，担任北师大教授。② 此后康生多次到北师大参观或与师生座谈。康生识得先生，亦当在此时。

8月23日下午，到政协，参加全国人大常委会与政协全国委员会常委会为欢迎西哈努克亲王举行的联席会议。《顾颉刚日记》当日载：

> 到政协，听柬埔寨王国首相西哈努克亲王演说，彭真主席。遇刘盼遂、吴晗等。五时出。③

9月，《论衡集解》由中华书局（该书原出版单位古籍出版社当时已并入中华书局）重印1000册。

10月，参加大炼钢铁运动。 当月28日出版的《师大教学》称："中文系教职员和进修教师组成了教师排……在25日下午两点接受了总支交给他们的炼钢任务后，便进行了务虚，提出炼钢是政治任务，必须完成，同时表示要在炼钢中改造自己。 接着积极投入战斗，负责

---

① 《康生同志做了关于"不断革命"问题的报告》，《师大教学》第285期，1958年8月20日，第1版。

② 《康生、杨秀峰等同志来我校担任教授》，《师大教学》第271期，1958年7月1日，第1版。

③ 顾颉刚：《顾颉刚日记》卷八，北京：中华书局，2011年，第480页。

管理两座炉子。"①先生为此将家中很多铁器交了上去。

10月，根据古籍出版需要，先生所著《颜氏家训校注》和《世说新语校注》两书的约稿关系由科学出版社转到刚与财政经济出版社脱钩的中华书局，当月22日由时任中华书局副总编辑傅彬然签批，陈金生拟稿，致先生一信，内容如下：

> 盼遂先生：
>
> 　尊考"颜氏家训校注"和"世说新语校注"两稿约稿关系已由科学出版社移转我局，我们深感欣幸。您对古籍的整理有何新的计划，至盼见告。此致
> 敬礼!②

编者按：据聂石樵《怀念刘盼遂先生》一文，《颜氏家训校注》和《世说新语校注》两书是50年代初先生的助教和研究生为其整理的，《颜氏家训校注》由曹家琪（北师大中文系1953级中国文学研究生）整理，《世说新语校注》原由聂石樵、邓魁英夫妇整理，后汪孟涵先生愿意和先生继续合作，稿子便转到汪先生手中。查《世》稿今佚，惟见十余清样残页，2022年夏曾拍卖。《颜》稿曾在中华书局，今未知尚在否。

10月7日，北师大中文系教授谭丕模作为中国文化代表团成员赴国外访问时，因飞机失事，与郑振铎、蔡树藩等人同时遇难。谭丕模任中文系古典文学教研室主任期间，对先生颇为尊敬和厚待，郑振铎亦先生前同事和书友。先生闻听噩耗，极为悲痛。

10月23日，参加了北师大为谭丕模举行的追悼会。

10月31日上午，到首都剧场，参加"郑振铎、蔡树藩等十六位同

---

① 《中文系教师排产钢率高达97%》，《师大教学》第303期，1958年10月28日，第4版。

② 中华书局发文：(58)哲字第54号。

志追悼大会"，当日参加追悼会的首都各界代表有 1400 余人。①

冬，在"拔白旗"运动中，先生遭到批判，被停课。聂石樵、邓魁英《怀念刘盼遂先生》一文曾写道：

> 刘先生无缘无故被停了课，受刺激很大，病了一场，头发都白了。我们经常去看他，也问些问题，他感到很欣慰，偶尔吟咏蒲松龄在《聊斋志异》自序中的两句话："惊霜寒雀，抱树无温；吊月秋虫，偎栏自热。知我者，其在青林黑塞间乎！"以表达当时的心境。②

刘世友在《忆刘老》一文中则回忆道：

> 到 1958 年"大跃进""插红旗""拔白旗"的时候，校园里铺天盖地的大字报海洋里，开始出现批刘老的大字报，指摘的罪名是刘老"五四"以后的书不读，还说过"李季那个《王贵与李香香》小唱本"之类的话。"'五四'以后的书不读"者，老古董之谓也；把优秀革命诗人李季的革命新诗说成"小唱本"，则是不尊重、不接受新事物的证据。不过此外也没见严重的指摘，与系里黄药眠（"反右"前他是我们的系主任）、钟敬文、穆木天、李长之、启功诸先生之被打成右派相比，自然有所不同，大约与陆宗达先生差不多吧，大家仍然尊称他为刘老。③

12 月 12 日（戊戌仲冬之二日），在明嘉靖夏相刻本《古今合璧事

---

① 郑尔康：《郑振铎》，北京：北京交通大学出版社，2008 年，第 435 页。

② 聂石樵、邓魁英：《怀念刘盼遂先生》，中华书局编：《学林漫录》（八集），北京：中华书局，1983 年，第 85 页。

③ 刘世友：《忆刘老》，田岚主编：《师恩难忘》，呼和浩特：远方出版社，1998 年，第 4 页。

类备要后集》书衣背白处题记：

> 此书第四十六卷有"居易堂"朱文方印，是曾经清初遗民徐俟斋枋先生藏弄者，可不珍重之邪？戊戌仲冬之二日，盼遂记于北京。
>
> 《四部丛刊》三编有《居易堂集》廿卷。

12月28日，参加北师大文艺汇演大会，与中文系"红旗学习小组"的老教师们一同演出了他们集体创造的大联唱，并赋诗一首。次年元旦出版的《师大教学》刊发《我们已不是书斋里的老夫子　我们是红旗下的新士兵》的报道，其中有萧璋、葛信益、高向夫、梁品如、陆宗达、叶苍岑和先生的诗。今将该报道及先生之诗节录如下：

  我们已不是书斋里的老夫子　我们是红旗下的新士兵

　　（原报）编者按：12月28日，我校文艺汇演大会上，中文系"红旗学习小组"的老教师，演出了他们集体创作的大联唱，还分别以诗和对话形式表达了1958年一年来，在党的领导下工作和思想的收获，以及他们1959年要更大跃进、不断革命的决心。并热情地歌颂国内的"大跃进"和国际上"东风压倒西风"的形势。

　　本刊特将他们个人说唱的诗句刊登在这里。

　　…………

　　☆刘盼遂先生的诗☆

　　和平优势万方同，

　　五八年成毕岁功。

　　一自卫星上天去，

　　人间满眼是东风。①

---

　　①《师大教学》第320期，1959年1月1日，第2版。

是年，北师大编《历代民间歌谣选》，先生参加并用白话文选注了一部分，但"遗憾的是，全未被使用"①。1986 年，辛志贤将其中魏晋南北朝歌谣部分选注刊于《文教资料》该年第 3 期。

己亥（1959） 先生六十四岁

在北京师范大学中文系任教授。

3 月 6 日，致信中华书局，内容如下：

总编辑同志：

我担任的《世说新语》及《颜氏家训》校注工作，因近年校课及学习忙碌，未能及时交稿，至为歉仄。经此次"大跃进"运动，我保证两年内完成这两部稿子，万一条件不许可，也必要完成一部。

此致

敬礼！

刘盼遂具

三、六②

4 月，《文学遗产》《文学评论》编委会合开大会。先生作为《文学遗产》编委本当参加，但因正在遭受批判而请病假。清华同学、好

---

① 辛志贤：《回忆刘盼遂师》，《文教资料》1986 年第 3 期，第 64 页。
② 中华书局 1959 年 3 月 7 日收文：〔哲〕字第 23 号。

友、时在南京大学中文系任教的罗根泽参加了此次会议，其间曾到先生家中探望。 周勋初《我所了解的胡小石先生》一文提及此事，今节录如下：

> 罗先生接到通知，让到北京参加《文学评论》的编委会。回来后罗先生显得很高兴，在教研组里谈了很多观感。何其芳说他们也顶不住，只能把《文学研究》改成《文学评论》，但研究的方针不会改变。周扬还走过来和他握手，鼓励他一定要写完《批评史》。这次他想和许多老朋友见面，但清华研究院时的学长刘盼遂缺席，说是请了病假，罗先生遂抽空前去探视。一见面发现对方身体很好，也就问他为什么不愿与会。刘先生说："干了几十年，人家都说我学问不错。这次他们批我，把我说得一文不值，我还要去干什么？"罗先生反而劝他释然于怀，不必如此认真计较。①

编者按：此为两位老同学的最后一次见面。罗根泽回南京后曾给先生写信问候，原信今不存。

5月，参加北师大中文系的"五四科学讨论会"。 当月14日出版的《师大教学》刊发了刘芳泉撰写的报道《百花怒放万朵红——记中文系学术活动中的新风气》，对北师大中文系"通过纪念'五四'活动，形成科学研究和学术讨论的风气，贯彻'百花齐放、百家争鸣'的方针"进行了介绍。 先生在此讨论会上也发了言，今将报道中涉及先生的内容录之如下：

---

① 周勋初：《我所了解的胡小石先生》，郭维森编：《学苑奇峰：文史学家胡小石》，南京：南京大学出版社，2000年，第98、99页。

刘老发言了

　　这次在科学讨论会上，青年同学、青年教师发言的劲特别大，就是老教师也心情舒畅地倾吐心怀，六十三岁的刘盼遂先生，迈着稳健的步子走上讲台，谈了许多关于李清照的材料，这是一件可喜的事。因此当他一走上讲台，群众就以掌声表示欢迎，当他讲完了回到了原来的座位，同学倒了一杯茶送上，使他心里异常感动。①

　　夏初某日（己亥夏首），先生在读《白香山诗集·后集》（民国十三年光霁书局印本）卷四《览镜喜老》一诗"今朝览明镜，须鬓尽成丝。行年六十四，安得不衰羸"时颇有感慨，乃于该诗上朱笔眉批道：

　　　　我今已六十四，远瞻乐天，讵止天人之别。己亥夏首，盼公记。

　　6月20日（端午后十日），为所藏明天启刻本《涌幢小品》卷三"扮虎"条补抄末页缺文并记曰：

　　　　己亥端午后十日，盼公补抄。

　　11月，《〈胡笳十八拍〉非蔡文姬所作》一文刊于中华书局出版的《〈胡笳十八拍〉讨论集》。先是，郭沫若在当年1月25日出版的《光明日报》上发表《谈蔡文姬的〈胡笳十八拍〉》一文，坚称《胡笳十八拍》是蔡文姬所作。由此在学界引发了一场关于《胡笳十八拍》作者问题的讨论。支持郭沫若观点的学者主要有高亨、王竹楼、胡念贻等，持反对意见的主要有刘大杰、刘开扬、王运熙以及先生等。中

　　————————

①《师大教学》第340期，1959年5月14日，第4版。

华书局因而将这些讨论文章汇编成集。先生的文章通过考察各拍的韵脚后得出结论:《胡笳十八拍》的押韵是严守唐人官韵规范的,该诗并非建安时期的作品,也就是不是蔡文姬的作品。

编者按:聂石樵教授生前尝言,当时先生的文章一出,关于《胡笳十八拍》真伪的争议就马上停止了。

冬,《颜氏家训集解》定稿,交中华书局。后又寄去引用书目一册。

编者按:此据先生 1960 年 5 月 2 日与严健羽书推断。

是年,曾任北师大中文系辛志贤组织的"陶渊明研究小组"顾问。辛志贤曾回忆道:

> 1959 年,我指导陶渊明研究小组资料组的十二位同学编选《陶渊明研究资料汇编》(该书"五四"前部分主要是师大编选的,"五四"后部分主要是北大编选的,后中华书局将两份稿子合并出版)。我们聘请刘老做顾问。李长之老师和王汝弼老师也参与了这一工作。刘老兴致很高,亲手起草了写作提纲,保证此书取得了较高质量。当时为了参考,我曾借阅刘老批注的《影宋本陶渊明集》。我看到先生的眉批很多又很好,希望将它整理加工或是写成文章发表,但刘老表示不同意。先生说:"一个人读书是为了做学问,不要有太强的发表欲。掌握大量的材料再写文章,文章才有分量;这材料还太少,不值得写文章。"①

编者按:辛志贤先生所抄录先生《影宋本陶渊明集》眉批稿今在笔者处,已由笔者整理出并收录于《百鹤楼校笺批注古籍十七种》一书中,然先生旧藏《影宋本陶渊明集》则未见。

是年,学生周笃文曾请教先生:进行古典文学研究需备哪些最基

---

① 辛志贤:《回忆刘盼遂师》,《文教资料》1986 年第 3 期,第 67、68 页。

本的书籍。 先生为其专门开了一个书单。 周笃文先生回忆道:

> 1959 年,在大学快要毕业的时候,我请教了刘盼遂先生。问进行古典文学研究必须具备哪些最基本的书籍。刘老师给开了一个书单。我花光了所有的积蓄,买了几十种古书,约 1000 卷,其中有《百子全书》《十三经注疏》《资治通鉴》《说文解字》《书目答问》和《昭明文选》等。①

编者按:据周笃文先生告知,先生手写书单已遗失。

庚子（1960） 先生六十五岁

在北京师范大学中文系任教授。

1 月,清华同学、湖南大学教授王竞（啸苏）在长沙病逝。②

2 月 10 日, 老友、西北大学教授张西堂在西安病逝。③

3 月 21 日, 先生在清华研究院授业之师林志钧（宰平）病逝。

3 月 30 日, 清华同学、好友罗根泽在南京跳楼自杀。 先生得知后悲痛落泪。

5 月 2 日, 致中华书局严健羽信, 请求中华书局预支《颜氏家训集

---

① 俞春华:《工具书:打开知识宝库的金钥匙——访中国新闻学院教授、文史教研室主任周笃文》,《新闻记者的奥秘》,北京:光明日报出版社,1991 年,第 123 页。

② 据刘恩达主编:《当代湖南社会科学手册》,长沙:湖南人民出版社,1988 年,第 472 页。

③ 据《张西堂先生传》,张西堂著,张铭洽整理:《张西堂全集》(下),西安:西北大学出版社,2022 年,第 3193 页。

解》的部分稿酬。 全文如下：

健羽同志：

　　去冬交上拙编《颜氏家训集解》定稿，嗣又寄去引用书目一册，谅已督阅。所恳暂支稿费一部，以应抄手垫付之费，不审可照办否？ 祈回示。

　　此致

敬礼！

刘盼遂启　五、二

8月30日，赠内侄梁克明《论衡集解》一部，并于扉页题曰：

　　克明老侄惠存。大姑父刘盼遂手赠。一九六〇、八、卅。

秋，北师大中文系决定，由先生指导张建业等数名新入学的研究生。 张建业后来回忆道：

　　本科毕业后，我有幸被留校作古典文学研究生，而授课的主要导师正是刘老。从此，我不但在学校听先生讲课，还经常出入于西单附近门首题着"居之安"的刘老住家，在那陈设俭朴却堆满典籍的书斋中，聆听先生的教诲。

　　刘老平易近人，学识渊博，而且极重情谊。他经常动感情地谈起他在清华研究院时的老师，并尊敬地称他们"静安先生""启超先生""寅恪先生"。一次，他指着书架上一排既有线装又有平装的图书告诉我："这都是静安先生的著作，先生的书出一本，我就买一本。"言语中充满对王国维先生的敬意。刘老对自己的学生也情深意厚。他常说，师生犹如朋友，与学生在一起，自己也生活得更充实，更有乐趣。因此，当时北京师大中文系的年轻讲师、助教，都乐意到刘老家求教,有的还在读书、生活上,不时得到刘老的资助。我那套《冯注李义山诗集》就是刘老赠送的。刘老对李商隐的诗有着深刻独到的见解,影响所及,我也对李商隐产生了兴趣。①

辛丑（1961）　先生六十六岁

在北京师范大学中文系任教授。

春,应周予同之邀,为《辞海》中国经学史词目的修订提意见。周予同在《有关中国经学史的几个问题》中写道:

> 今年春天,我们参加《辞海》中国经学史部分词目的编订工作。修订的初稿,曾分送国内有关专家、学者审阅,蒙各方关怀,陆续收到不少宝贵意见。特别是郭沫若院长在百忙之中,赐函指教,亲加修改。顾颉刚、蒙文通、李平心、刘盼遂、钟泰、沈仲九、任铭善诸先生也仔细推敲,各抒己见。这使我们的工作受到很大的鼓舞。②

3月(辛丑正月),在所藏《风雅翼》前衬页题识曰:

> 《图书馆学季刊》第三卷一、二期载叶启勋跋宣德刊本《风雅翼》一通,选诗八卷、补遗二卷、续编四卷,嘉靖壬子刊本,均与此本

---

① 张建业:《一书寄深情——缅怀我的导师刘盼遂教授》,《北京日报》2005 年 3 月 15 日,第 15 版。

② 周予同:《有关中国经学史的几个问题》,《经学与经学史》,上海:上海人民出版社,2012 年,第 36 页。

行款不同,则此乃真元刻本矣。辛丑正月仲子题。

3月10日,为古典文学教研组青年教师、研究生、进修生作了关于《永乐大典》的专题讲座。 当月18日出版的《师大教学》、21日出版的《光明日报》皆刊发了黄安年采写的报道《〈永乐大典〉讲座》。《光明日报》的报道如下:

> 最近北京师范大学中文系刘盼遂教授给古典文学教研组青年教师、研究生、进修生作了关于《永乐大典》介绍专题讲座。
>
> 刘盼遂根据自己的考证对《永乐大典》作了详细的题解式说明,然后介绍了《永乐大典》成书过程,讲了关于《永乐大典》的基本知识,并讲了这部书的散失过程,帝国主义焚毁掠夺《永乐大典》的情况及党对《永乐大典》的高度重视和进行收集整理重新出版的情况。
>
> 在报告时,刘盼遂还带来自己珍藏的《永乐大典》排印本、影印本、日本影印本以及其他有关材料供大家传阅。(黄安年)①

3月25日下午,在北师大中文系作讲座,内容为介绍《四库全书》。 4月3日出版的《师大教学》、4月10日出版的《光明日报》皆刊发了刘世友采写的相关报道。《师大教学》的报道题目为"中文系继续举办学术讲座:刘盼遂教授介绍《四库全书》",全文如下:

> 为了深入贯彻党的"百花齐放,百家争鸣"方针,中文系三月二十五日下午继续举行学术讲座,由刘盼遂教授介绍《四库全书》。
>
> 刘先生向大家讲述了清代统治者编纂这套类书的动机,以及这

---

① 《光明日报》1961年3月21日,第2版。

套类书的编纂情况和成书后保存、流传的情况。最后,刘先生还介绍了他自己在研究与《四库全书》有关的资料时的情况,反映出刘先生在治学过程中专心致志的精神。

这次听讲的除中文系大部分教师和一部分同学外,还有一部分外系教师。中文系准备以后继续举办这样的学术讲座,这样既可活跃学术空气,发挥老教师专长,又可帮助青年教师和学生掌握广博的知识。[1]

4月21日,当天出版的《光明日报》刊发了新华社的稿件《老当益壮》,专门介绍北师大发挥老教授作用的情况,重点介绍了陈垣、鲁宝重和先生三人,并配以三人指导青年教师时的照片。 节略报道内容如下:

> 北京师范大学在努力培养青年教师的同时,重视发挥老教师作用,并为老教师进行教学和学术研究创造良好的条件。老教师们在党的无微不至的关怀下,工作热情很高,除积极进行教学和学术研究外,并把自己的丰富工作经验传授给青年教师,为不断提高教学质量贡献自己的力量。(新华社稿)
>
> 中文系老教授刘盼遂(右二)热心帮助青年教师备课。(配以先生与聂石樵等三名青年教师备课的照片)[2]

5月(辛丑初夏),读所藏明版《苏米志林》"白鹤观闻棋声"条"不逢一士,谁为棋者"句时,以墨笔眉批道:

> "谁与"误作"谁为",则意死。辛丑初夏,盼遂记。

---

[1]《师大教学》第 408 期,1961 年 4 月 3 日,第 1 版。
[2]《光明日报》第 4269 号,1961 年 4 月 21 日,第 2 版。

5月14日，由先生弟子辛志贤整理、经先生审订的《〈永乐大典〉漫谈》一文刊于《光明日报》副刊《文学遗产》。此文为先生讲座的内容，简要介绍了《永乐大典》的编写过程、分类、价值、存留等情况。

5月25日，当天出版的《光明日报》刊发陈鼎卿的文章《关于〈永乐大典〉的"谜"——读刘盼遂先生文后提供一个线索》，就先生在《〈永乐大典〉漫谈》中所提到的"《永乐大典》曾经共三部，可是另一副本也不详其下落，这个谜底，还有待于揭破"一事进行了考察，认为：

> 《永乐大典》实有原本、正本、副本三部。在明亡时，原本毁于南京，副本毁于北京，目前保存的，是嘉靖正本了。蒋超伯是道光二十五年(1845)进士，曾当过军机处章京，府内档案，检阅自易，其记述或即本于故宫旧档，亦未可知。所以丹徒李承霖在《南漘楛语》序中说："其征引瑰奇，类多俗儒未见之籍。"所谓"俗儒未见之籍"，当指官内档案而言。因此，似可本此线索，在皇史宬档案内，再找第一手资料，揭破这个谜。①

6月30日晚，到人民大会堂，参加庆祝中国共产党成立四十周年大会。《顾颉刚日记》当日载：

> 早进晚饭，到人大会堂，参加庆祝中共成立四十周年会。……
> 所晤人：赵庆杰、郭一岑、夏鼐、刘盼遂、关瑞梧、孟目的、翁文灏、叶景莘、江泽涵、袁翰青、韩寿萱、薛愚、王伯祥、章元善、张明养、梁纯

---

① 《光明日报》第4302号，1961年5月25日，第2版。

夫、吴文藻、向达。①

7月14日，与聂石樵合著的《李义山的〈齐宫词〉及其他》刊于当天出版的《人民日报》第8版。

7月29日，当天出版的《人民日报》刊发报道《丰富教学内容 活跃学术空气 老教师讲授个人长期研究成果 北京师大中文系开设专题知识讲座》，涉及先生、陆宗达、启功等北师大中文系教师的讲座内容。有关先生的内容节录如下：

> 北京师范大学中文系一些年长的教师在新近开设的专题知识讲座中，向青年教师和高年级学生讲授个人长期研究成果，丰富了教学内容，活跃了学术研究空气。
>
> 今年以来，这个系的专题知识讲座已经讲过六次。每次讲座的内容都由教师们自己选定。刘盼遂老教授长期从事我国古典文学的教学工作，对我国古代文献有着专门研究。曾先后整理校注过王充的《论衡》等著作。这次他在讲授《永乐大典》时，带来了自己珍藏的《永乐大典》排印本、影印本、日本影印本和其他一些有关资料。他对《永乐大典》作了详细的题解式的说明，并根据自己的考证介绍了《永乐大典》的成书过程和基本内容，以及这部巨著在我国学术史上的价值和贡献。据他研究，我国宋元以前有许多佚文秘典，借着这部巨著而赖以保存流传。清代编辑《四库全书》时，从中辑出的佚书就达八百种之多。②

8月22日，与聂石樵合著的《读岳飞的诗》刊于当天出版的《人

---

① 顾颉刚：《顾颉刚日记》卷九，北京：中华书局，2011年，第279页。
②《人民日报》1961年7月29日，第4版。

民日报》第8版。

暑假后，研究生张建业从河南老家回来，到"居之安"看望先生。先生赠其《冯注李义山诗集》一套。张建业回忆道：

> 一九六一年暑假，我回了一趟河南老家。当时，全国正处在饥馑之中，回京时也没什么东西可带，就拿了些北京难以买到的大蒜。到京后，我去看望刘老，顺便给他送了点蒜头。刘老非常高兴，一再说："家乡之物（刘老也是河南人），倍感亲切。"并执意留我吃晚饭。饭后我向刘老请教李商隐诗的注本问题，他告诉我："你先看冯浩的注，《四库提要》说冯注纠正了朱注的一些缺误和疏漏，比较确切。但对诗的理解，也不要完全受冯注束缚。"刘老边说边从书架上取下一套线装《冯注李义山诗集》给我："这套书送你，看后，有什么问题再讨论。"从此，在我那简陋的书架上，有了第一套线装书。
>
> 刘老极重师生情谊，但并非世俗的关系学。他尊敬自己的老师，又很赞赏梁任公的"吾爱吾师，吾尤爱真理"的名言。刘老不同意说王国维是为了忠于皇室而投水，但也不止一次地说到这种行为不足为法。刘老对学生既亲切又严格，他经常以前辈大师的严谨治学态度教育我们。我们的文章和笔记，经过他的审阅，不通和错误之处，总是被认真地勾画出来。我读《史记》后，写了篇短文《司马迁笔下的汉刘邦》，刘老看后问我："历史上有几个刘邦？司马迁笔下有几个刘邦？"并微笑着指着题目说："汉刘邦，还有什么刘邦？"这时，我才恍然大悟，原来我那是个不通的题目。应该说，对学生的严格要求，正是刘老重师生情谊的表现。[1]

---

[1] 张建业：《一书寄深情——缅怀我的导师刘盼遂教授》，《北京日报》2005年3月15日，第15版。

秋，北师大中文系青年教师在中文系办公楼上创办了大型壁报"笔苑"，其目的是"交流教学经验、探讨学术问题；发表研究成果、创作、译著与读书心得等"①。 青年教师找到先生写点东西，刘锡庆曾回忆道：

> 我留校以后，记得有一年系里办了一个壁报，叫"笔苑"，要请刘老写点东西。写什么呢？大家当时都着急业务上不去，都想读点书，于是想起了囊萤映雪、悬梁刺股的故事，可谁也说不清这前一个"典故"的确切意义、出处。都是一帮青年教师在办报，当时业务实在很差。这样，就去找刘老了。他很工整地写了介绍的文字，把原委讲得一清二楚。我现在想，他当时一定很感悲凉，我们的大学助教们，我们自己培养的人，搞"运动"倒行，业务素质是多么低下啊！整天讲又红又专，"专"就是这等水平吗？多么令人汗颜——可这是真事！

> 觉得不行了，才感到老先生们的可贵。于是，提出了"抢救遗产"的口号。要先生们"献宝"、带徒弟。可谁跟刘老去学呢？先派去助教，不行，觉得隔着好几个层次，没法学；又派去讲师，还是觉着不行，怕学不到真东西；我记得最后还是请郭预衡先生去的。

> 其实，刘老是"有教无类"，对谁都悉心传授。

> 只是他近于"述而不作"，著述很少。解放前他并不这样，《文字音韵学论丛》《段王学五种》《长葛县志》《太康县志》《汲县新志》以及几十篇论文，显示了他坚实的根柢、过人的才气。解放初期，他也写了极重要的著作《论衡集解》。可为什么自五七年后便绝少撰述了呢？我们当时都很纳闷，许多人以系里的老先生们封建性式强故不擅写文章作解，以为说中了"肯綮"，现在我不这样看了。若不是那样严峻的政治气候，若没有"左"的绳索的捆绑，像刘老这样早

①徐振宗：《贯彻双百方针 活跃学术空气 中文系教师出版墙报"笔苑"》，《师大教学》第431期，1962年5月28日，第3版。

年就著述颇丰的学者会这样的自甘落寞吗？ 笑话!①

9月某日,《光明日报》记者对先生进行了专访。 当月 19 日出版的《光明日报》刊发了詹铭新、徐鹏采写的报道《追根溯源——访刘盼遂教授》。 全文如下:

> 北京的秋天,晴朗、凉爽。我们去访问北京师范大学中文系教授刘盼遂的时候,他正在院子里整修石榴。满院的花草,沐浴在阳光里,清新娇艳。我们以为工作之余治理花草,是他的癖好。他把我们引进书室,一面说,要讲到癖好,那就是读书。
>
> 最近他正在研究《永乐大典》的源流,读了许多书,有黄佐的《翰林记》《旧京词林志》《殿阁词林记》等。他做学问,哪怕是一个小问题,也要追根溯源,有时跟踪一条线,出现许多枝节疑问,也都不轻易放松。所以有时弄清楚一个问题,花去几个月甚至几年的时间。今年春天,他曾对青年教师和学生作过两次专题讲座:《四库全书》和《永乐大典》的源流。讲《四库全书》源流以前,他掌握了丰富的材料,尤其是关于文渊阁修建的情况:清乾隆为什么一定要仿照宁波天一阁的图样,盖建文渊阁呢? 因为皇宫经常失火,保藏图书很不容易,而天一阁的名字是意味着"克火",并且建筑十分讲究,收藏的书不霉烂不虫蛀,所以乾隆修文渊阁、文津阁等,阁名都取水字边。皇宫的屋顶都用黄色琉璃瓦,只有文渊阁是黑色瓦,也是象征水的缘故。他又觉得既然住在北京,"近水楼台",应该去实地观看一番,核证史实,于是他就到故宫文华殿北边的文渊阁原址进行踏看,见是二层楼房,各有六栋房间,门窗通风,阁前还有一个水池,和天一阁的形式图样,完全一致。这时对这一件事,他才放心了。

---

① 刘锡庆:《祭奠:怀念几位逝去老师》,《师大周报》1986 年 12 月 13 日,第 2 版。

他说,乾隆批的《御批历代通鉴辑览》(一百二十卷)读了几十年,因为这部史书,比《资治通鉴》好,它叙述史事,是从上古到明末,而且有纲有目,不像《资治通鉴》,只从战国起,到五代为止,无头无尾,对于通史的读者带来很大的不便。另外,这部书繁简适中,特别是地理方面的知识精确充实,是依据《读史方舆纪要》的材料进行注释的。可是顾祖禹的《读史方舆纪要》,在《四库全书》和《四库全书存目》中都找不见。他想,究竟是怎么回事?经过反复查考各种书籍,发现这部书在当时具有革命性,是反清的著作。所以负责编纂《四库全书》的人不敢收录它,当时发动江南献书,也没有人敢献这部书。在乾隆时,只是暗中传抄。但是为乾隆修《御批历代通鉴辑览》的馆臣,又为什么敢于引用它?原来清廷认为具有革命思想的书籍的销毁,是在乾隆三十七年修办《四库全书》时候才严格执行的。而《通鉴辑览》是修于乾隆三十二年,所以还可以引用,可是已经不敢点出书名人名了。他又继续研究,寻觅各家书目,是不是有《读史方舆纪要》,后来终于在《四库提要》一百七十三卷中找到储大文《存砚楼集》提要里说:"百年治地理者,阎若璩明于沿革,大文详于险易,顾书(即指顾祖禹的《读史方舆纪要》)考证博洽,往往以两军交战中途相遇之地,即指为兵家所必争,不及二人之精核也。"刘盼遂说,这是对顾书评价极高的。然而为了避免当时的文字牵葛,却又加上一个起掩护作用的遁辞。他说,古人说"读书得间"——要从书缝中去发现问题,一点一滴,都不能粗疏大意。做学问,又仿佛是豆丁,积少成多,豆丁也能变成山岳。

除教学和研究工作以外,近年来,他带五个徒弟——青年教师和研究生,传授知识。他常常对他们讲治学必须追根溯源,把每一问题弄透彻,才能步入熟的境地。他说,几十年前他在清华大学研究院读书,教授是王国维,王曾说过成大学问者,必须经过三种境界:"昨夜西风凋碧树,独上高楼,望尽天涯路",这是说必须先了解许多错综复杂的、没有头绪的现象；"衣带渐宽终不悔，为伊消得人憔悴"，这是说为一个研究的问题而害了"相思病"，人消瘦了也不管，不怕艰苦拼命研究；"众里寻他千百度，回头蓦见，那人正在灯火阑珊处"，这是说害了"相思病"后拼命寻找、研究，终于一旦豁然开朗，找到了事物的本源。王国维的这些话对他很有启发。他也把这些话谆谆地对徒弟们说，而且又一再强调，读书求学是一丝不苟的事情，要做到五到：眼到，不是一看一大片，而是逐字逐行读书；手到，勤于抄记材料；心到，经常潜思默想，回忆读过的书篇；口到，书要念要背诵；耳到，认真听取别人的读书心得和经验，生活中到处有学问。最近，他正在帮助他的徒弟聂石樵、辛志贤等编书和备课，提供有关材料和开列参考书目，还说，读书要苦读，专心致志，既精且熟，俗话说："不怕千着会，只怕一着熟。"有次他还谈起一个小故事，宋时有一高僧说："任凭你是千军万马，老僧只寸铁伤人。"寸铁能伤人，也在于熟和精。

　　新学年已经开始，他正在准备一次专题讲座的材料，再进一步探求《永乐大典》的源流，补充春天讲座中的某些不够的地方。现在又发现了一些新的材料和线索，有一朋友告诉他，在明末张岱的《陶庵梦忆》中讲到一段事：有一人给张岱看一册《永乐大典》，张岱再索看其他册本时，那人推诿不肯，把书藏起来了。这一段事，说明《永乐大典》在明末已经散传民间。刘盼遂还经常寻访《永乐大典》的有关线索，有次他发现报上一条新闻中提到广州市人民委员会收藏有《永乐大典》八千九百七十八卷二十尤（后妃）一卷，原为顺德欧家廉太史藏。而几家编录的《永乐大典》现存卷目中，没有录这卷书，同时中华书局影印的《永乐大典》中，也没有这卷书。只要与《永乐大典》有关的事，他总是事事关注。他说，在各门学科中，最初是一个很小的发现，经过一番追踪和探索，也许会创造奇迹。①

----

①《光明日报》第 4419 号，1961 年 9 月 19 日，第 2 版。

10月27日上午，北师大中文系本科学生牛茂今、施仁兴、蒲喜明等六人访先生。　牛茂今在当天的日记里记道：

> 早晨起来，我们班六位同学，有我和施仁兴、蒲喜明等就提前到餐厅去吃早饭。吃罢早饭，我们就匆匆忙忙走出校门去坐公交汽车，要到宣武区访问我系古典文学教研组教授刘盼遂先生。
>
> 刘盼遂今年已经有八十多岁高龄，①他是我系著名的古典文学成绩卓著的教授，有着丰富的治学经验。我们这些对学习古典文学有浓厚兴趣的同学，出于对刘先生的敬仰和求教心切，决定登门拜访他，到他的书室亲聆教诲。我们主要访问以下三个内容：一是怎样读书；二是怎样治学；三是怎样学习古典文学。
>
> 当我们走进老先生书室时，就被室内放置得满满的一摞摞古籍惊呆了。我们走进来，感到没有立足之地，因为到处都是书，老先生就立在书山书海中迎接我们。我们挤在一起坐下来，老先生也不说客气话，就有问有答地给我们讲起来，足足座谈了有一个半多钟头时间。我们怕累着了老先生，就主动起身说告别话。老先生向我们点头示意，表示送别之情。我们走出了老先生的家，在等公共汽车时大家议论起来，感到这次访问收获不小，更重要的是亲眼见到了老先生的治学风度。②

11月，卞孝萱《关于王建的几个问题》一文刊于《文学遗产》增刊八辑。　该文发表前先生曾提出若干意见。　今存某年某月19日先生致卞先生之信，内容即涉及此事。　原信全文如下：

---

① 此年龄当是牛茂今误记。
② 牛茂今：《践途纪事：六十年人生历程回眸》，北京：中国和平出版社，2005年，第107页。

　　王建不一定是从军而后作丞尉,诗人的叹老(说白发之类)不必拘定,如王建《从军寄友人》诗第三句"夜半听鸡梳白发",《昭应尉呈同僚》亦云"白发初为吏,仍惭年少郎",似应对于两个"白发"同加考虑。《别杨校书》诗"故作老丞身不避,县名昭应管山泉",此"故"字似作旧解,谓往昔也。(杨与王可能同在昭应,连系过。)《云溪友议》"琅玡忤"条原书文字欠明了,似须考订再用。

　　以上拉杂的意见,或可备泰山之微尘否?

　　此请

孝萱先生著祺。

弟　刘盼遂拜具　十九日

编者按:冬青书屋旧藏有先生致卞先生书信二通,皆与卞氏治学著述有关,当是 20 世纪 60 年代所作。编者尚不能确定二信具体年份,今暂列于此,待高明者考证。

其一:

孝萱同志:

　　辱教未即裁覆为仄。弟患血压,难于多用凶力。所以于大著未能深加探索。惟所提出之"诗天子"一条,已足胜人多多许。《出塞诗》出自"习作",亦不磨之论。探骊得珠,于是焉在。其余亦平稳可用。鄙意如此,惟高明裁之。

　　此致

敬礼!

刘盼遂白　七、八[1]

---

[1] 据原信照片录入。

编者按：此信中所说"大著"，当指卞先生所作《〈琉璃堂墨客图〉残本考释》一文。该文后发表于《古籍整理与研究》1987年第1期。

其二：

盼遂启：

　　前日奉上书签，猥以天宝之画师，假作元和之才子。看朱成碧，叹昏眊之欺人，而乌狺青蝇，亦何莫非艺林之趣事邪？故仍为作"元稹年谱"四字，仰备采若。

　　此候

孝萱同志大雅刻吉。

刘盼遂拜启①

十二、十八

编者按：此信后附先生"元稹年谱"题签两条。卞先生《元稹年谱》1980年由齐鲁书社出版，题书名者为余冠英，知先生题签未予采用。

11月21日，当天出版的《光明日报》发表陈监先的文章《〈论衡集解〉的成就和问题》，认为先生的《论衡集解》的优点：

　　一、汇集了前代和现代部分人研究的成果。二、发展了前人研究的广度和深度，征故实，通训诂，订羡夺，辨声假，正讹误，援旁证，有不少新颖而精辟的见解。三、运用和贯彻了一定程度的不迷信古本、盲从前人，有分析批判的方法和精神。因此，《论衡集解》一书，是目前《论衡》中较好的一个本子，有较高的使用价值。

---

① 据原信照片录入。

同时也提出该书存在的九条问题：

一、对王充这一人物以及《论衡》在学术思想的地位，缺乏给以科学的评价。二、征录前人研究的成果未能该遍。三、采用前人解说，有的缺乏进一步考订。四、不少冷僻而又重要的事类和词语，没有注明出典。五、有些校说对原书文义仍没有解释清楚。六、因袭他人校语。七、有些臆测的解说缺少佐证。八、引人引书，有张冠李戴的错误。九、所提无法解决的疑难问题，有些是已经有人解决或提出了意见。

陈先生最后认为：

《论衡集解》需要进一步尽可能广集前人成果，充实修订，才可成为质量更好、使用价值更高的校本。①

11月26日，与聂石樵合著的《李义山诗札记——读〈回中牡丹为雨所败〉二首之一》刊于当天出版的《光明日报》副刊《文学遗产》。

12月，《〈永乐大典〉正本运存南京的问题》刊于《北京师范大学学报》本年第4期。该文也是先生作《永乐大典》讲座的内容，认为《永乐大典》的正本并没有从北京运回南京之事，《四库提要》的说法有误。

12月9日，北师大社会科学处举行治学经验交流会，先生及白寿彝等五名老教授在会议上发言，畅谈经验。当月26日出版的《师大教学》刊发了名为《从自己切身体会畅谈治学经验》的报道，涉及先生内容较多，故录全文如下：

----

①《光明日报》第4481号，1961年11月21日，第3版。

12 月 9 日,社会科学处举行了一次治学经验交流会,党委副书记、副校长马建民、周义中出席了这次会议。五位教授在会上发言,畅谈自己的治学经验。

做学问,必须扎扎实实,不能有半点的虚假和骄傲。以为学问可以轻易获得,不需要作艰苦努力,因而在学习上贪多图快,企求走快捷方式是非常有害的。

知识的问题,是一个科学的问题。如何对待这个问题?白寿彝教授回忆了自己的一段经历。他说,想当年,我当研究生时,研究的问题是"哲学史"。起初老师指定我看英文版康德的《纯粹理性批判》,时间是两个星期,任务是看 20 页书。当时我想,半个月才看 20 页书,这算搞什么学问?几天就看完了。两个星期后老师找我讲一遍,讲了之后老师却说,我讲的是哲学史上人家讲的,不是自己的东西。后来他要我念中国书,指定我看《宋儒学案》,三周后找老师指导,老师却要我翻译其中一篇只有一百多字的短文。当时觉得中国书好读,很快就翻完了。但后来被教师一问,许多地方又不懂。从此,自己得到一个启发,做学问不能有傲气,不能囫囵吞枣,贪多图快,一定要实事求是,扎扎实实。他说,现在有些青年念书,不够扎实,贪多,急于求成,这不好。关于这一点,刘盼遂教授打了一个比方。他说,读书如吃馒头,有人细嚼慢咽,有人大口吞咽,结果得到的效果当然是不一样的。现在许多人读书,急于"知新"。要求"知新"是很好的,但"知新"不能离开"温故",只有"温故"才能"知新"。"温故而知新"才能为人之师矣!

学问一事,如山如海,在茫茫的知识海洋里从哪里走起?前人的经验告诉我们要读基本书,练基本功。对我们说来,教科书是基本书,要反复阅读。

会上大家谈到,做学问一定要打好基础。基础怎么打法?大家认为,读基本书是重要的一环。刘盼遂教授回忆说,20 岁以前,他主要读三本书:《三字经》《纲鉴总论》《通鉴辑览》。他说,当时一般人是不大重视这三本书的,但我不同,认为这三本书虽是"普通",但只要掌握了它们,就可以帮助自己了解中国历史的基本线索。接着他分别将这三本书作了说明。他说,《三字经》简明扼要,如宋、辽金、元是三个错综复杂的朝代,但《三字经》上却用 24 个字就把三个朝代的相互关系、历史事件概括清楚了。《纲鉴总论》文词优美,历史线索清楚;而《通鉴辑览》呢? 它和《资治通鉴》比较起来,《资治通鉴》有丰富的史料,但太厚,一般人不易读。《通鉴辑览》则有三个长处:首先它比《资治通鉴》完整,包括的朝代多了二千多年;它不像《资治通鉴》那样没有标题,而是有纲有目,一目了然;它的注解简明,给初学者很大方便。因此他说,他做学问后来没有走那么多的弯路,能有一个起点,和读这三本书有很大的关系。对于这一点,马特教授也很有体会。他曾反复地阅读过列宁写的《唯物主义与经验批判主义》一书的原文,并从头到尾地翻译了一遍。他说,他这样做对他研究逻辑帮助很大。陆宗达教授就这个问题也发表了意见,他进而指出,现在对我们说来,教科书就是"基本书",教师和学生反复地阅读它,做到"含英咀华",对提高我们的教学质量、学习质量,意义极大。

"博"与"约"是对立的统一。只有打好基础,才能"触类旁通";只有具备广泛的知识,才能促进自己专业水平的提高。

会上,大家还一致谈到,初学时贪多是不好的。但在有了一定的基础之后,仍停在一点上,不再前进,这也不好。读了基本书,有了底子,就要在此基础上,更进一步,做到触类旁通。白寿彝说,他很注意郭老搞历史。他说,郭沫若先生原先是学医的,后来搞文学,最后才搞历史。他在史学上所以很有成就,与他学习多方面的知识是分不开的。陆宗达也谈到,搞古汉语,只知道古汉语,也很难搞得好。因此他希望从事这方面研究的人,学些天文、地理、文学、历史等多面的知识。

会上,大家还就教学与进修、师生关系、青老关系等方面的问题,交换了意见。他们反映,这样彼此交谈心得,交流体会,启发很大,得益不小。①

12 月 26 日,当天出版的《师大教学》刊发了《中文系发挥老教师和有经验教师作用:加强对青年教师的培养帮助》的报道,提及先生本学期作"类书和丛书"讲座事,节略如下:

> 本学期,中文系很重视教师水平的提高,特别是青年教师的成长。系和教研室采取了一系列措施,发挥老教师和有经验的教师对青年教师的培养和帮助。
>
> 为了帮助青年教师扩大知识领域,打下宽厚的基础,系里邀请校内外专家、学者,举行了一系列的专题讲座。如陆宗达教授给青年教师系统地讲授《孟子》,刘盼遂教授重点介绍我国的"类书和丛书",王朝闻同志、王季思教授也应邀来校,分别报告了"欣赏与教育"和"苏轼研究"。②

是年开始,与郭预衡一起,主持《中国历代散文选》的编纂工作。李修生先生曾回忆:

> 老师是上世纪六十年代初中宣部、教育部组织的高校文科教材《中国历代散文选》的主编。当时是经济困难时期,在民族饭店召

---

① 《师大教学》第 423 期,1961 年 12 月 26 日,第 2 版。
② 《师大教学》第 423 期,1961 年 12 月 26 日,第 1 版。

开的会议中用餐后,他拿了一个馒头带走,说:"我给老伴带一个馒头吃。"按规定是不允许外带食品的,但一个馒头放在书包中,也无人过问。此事的处理可见老两口的感情,让人泪目。

是年左右,受有关部门之托,为叶某单独讲解《文选》《孙子兵法》等古籍,为期近一年。 刘小堽在《我的祖父刘盼遂》一文中写道:

> ……(20世纪)60年代初的时候,某部门找到祖父,和他商量一件事,就是让他单独教一个人读书。祖父后来也答应下来。后来的大半年,常有小汽车停在居之安门口,一行几个人,但只有一位四十岁左右的女同志跟祖父读书,学文言文。每次祖父教她读书,都是在书房,外人是不许进的,读的内容,大体是《文选》《武经七书》这两种书,书房里就有,而且都是不错的版本。有的时候这人也派司机接祖父到她家中去上课。祖父性格淡然,甚至从来没有问这位同志具体是做什么的,只知道她姓叶,这位叶同志则称呼祖父为刘老师。祖父平时也不跟家人谈论此事。大半年之后,这位叶同志把需要读的书读完了,才主动告诉祖父她的全名,而祖父知道她的全名后,竟然还是不知道她的身份——祖父对外面的事漠然如此。……

是年,清华同学汪吟龙(衣云)在太原去世。

壬寅（1962）　先生六十七岁

在北京师范大学中文系任教授。

年初，参加北师大历史系座谈会。上年，北师大历史系接受了教育部委托编写《中国史学史》古代部分教科书的任务。在校长陈垣的主持下，邀请校内外史学工作者开了一个讨论该书如何编写的会议。会上主要"探讨《中国史学史》古代部分的基本内容和分期，中国史学的发展规律等问题"。前后参加此次座谈会的除先生外，有尹达、白寿彝、刘节、陈垣、何兹全、郑天挺、胡厚宣、侯外庐、柴德赓、贺昌群、熊德基、韩儒林等五十多人，3 月 14 日出版的《光明日报》对此有专门报道。①

2 月，友人汪绍楹（孟涵）撰成《阮氏重刻宋本十三经注疏考》一文。此文在撰写时，汪氏曾多次到先生家中，借观先生所藏"宋本十三经"以进行对照。如汪氏在文中写道：

> 案十行本《周易兼义》九卷，《略例》一卷，《音义》一卷，见洪颐煊《读书丛录》《瞿目》及江安傅氏《双鉴楼书目》。天一阁亦有《周易兼义》九卷，《释文》《略例》各一卷。虽未注明版本，近见刘盼遂先生藏十行本《周易兼义》，末亦附《略例》《释文》各一卷，可证各家目即"十行本"也。②

①《北京师大历史系邀请校内外史学工作者探讨〈中国古代史学史〉内容分期问题，对我国史学的发展规律也进行了探索》，《光明日报》第 4590 号，1962 年 3 月 14 日，第 1 版。
②汪绍楹：《阮氏重刻宋本十三经注疏考》，《文史》第 3 辑，1963 年 10 月，第 35 页。

2月5日（壬寅元日），访高熙曾，谈古书版本。 先生在其所藏明萧一中刻本《古乐府》书衣背白处记道：

> 壬寅元日，到红庙高宅，熙曾云，在津见元刊本《古乐府》，纸板犹新，末有黄丕烈长跋，不见于菉翁题识诸书中。

3月2日，萧湄①在当天出版的《文汇报》上发表《对〈论衡集解〉一书的几点意见》一文。 据该文，萧氏是在阅读陈监先《〈论衡集解〉的成就和问题》之后谈自己的看法，从"读者的对象""校勘句读""注释训诂""序文"等方面指出《论衡集解》的一些问题。 认为"总的说来，成绩还是主要的，这些问题毕竟是巨大成就中的一点瑕疵，其性质不牵涉到基础知识的问题，丝毫无损于刘盼遂先生治学的声誉"②。

3月10日，当天出版的《光明日报》刊发了武静寰撰写的《〈永乐大典〉正本运回南京有无其事？》一文，介绍先生《〈永乐大典〉正本运存南京的问题》一文的主要观点。③

3月20日，当天出版的中华书局内刊《业务情况》中有署名"斌杰"的《刘盼遂谈人生观》一文，全文如下：

---

① 萧湄，女，1930年生，诗词家和古典文学研究者，毕业于西南师范学院。师从吴则虞、夏承焘、龙榆生。早年曾在广西师范学院、东北文史研究所工作，后调到上海宝钢。曾与夏承焘合著《苏轼诗选注》。萧湄问学经历参《上海高级专家名录》第2卷中萧湄简介，上海：上海科学技术出版社，1993年，第752页。再参亡友张晖《龙榆生先生年谱》卷五吴则虞致龙榆生函所述萧湄情况，上海：学林出版社，2001年，第209页。又参萧女士1980年7月2日致沈善钧书信中自书履历。

② 萧湄：《对〈论衡集解〉一书的几点意见》，《文汇报》1962年3月2日，第3版。

③《光明日报》第4586号，1962年3月10日，第1版。

刘盼遂谈人生观

刘盼遂今年没有开课,只带三个研究生,有时在搞些文学史方面的东西,但是他自己说不会有什么成果。他笑着说,他的人生观是退缩的,不久前还写了一首诗,其中有两句是:"书未学成身已老,留个浮名又如何?"不过从他谈话的情绪上看,怕主要还在自负,而不是颓唐。

(斌杰)①

3月25日,到政协礼堂参加会议。《顾颉刚日记》当日载:

> 遇林仲毅、刘盼遂、胡厚宣、李文宜、陆殿栋夫妇。②

春夏之交某日,为响应北师大中文系总支关于发挥老教师潜力的号召,贡献专长,与杨敏如、李长之、启功等在家中开会。 启功在1966年10月30日写的《关于"四个口袋"问题》的交代材料中记道:

> 在约(19)62年近夏时,旧总支提出所谓发挥潜力的号召,叫老教师们各自贡献"所长",订出科研计划,并先谈每人擅长什么,想做什么。把各老教师分成几个小组来说,我的一组是刘盼遂、杨敏如、李长之和我,在刘盼遂家开的会。③

5月19日,清华大学原校长梅贻琦在台大医院病逝。

---

① 中华书局总编辑室编印:《业务情况》(油印本),1962年3月20日,第5页。斌杰疑是褚斌杰。
② 顾颉刚:《顾颉刚日记》卷九,北京:中华书局,2011年,第434页。
③ 转引自李可讲:《服膺启夫子:揣摩启功先生的人生智慧》,北京:新星出版社,2011年,第47页。

6月4日（五月初三），偕某生（今不知其名）往西山福田公墓王国维墓祭奠。

编者按：先生自 1927 年后，多次独自到王国维墓祭奠。1960 年王国维墓迁徙到西山福田公墓后，则为首次前往祭奠，惟不知当时同去者为何人。先生生平喜静，生前常到其家之学生，有史树青、王世襄和聂石樵夫妇等；身后则史树青及一军官（亦怀疑非先生弟子，乃是刘立三先生友朋）。

6月30日，当天出版的《人民日报》第 2 版刊发了新华社的报道《把中国珍藏的朝鲜古书送给朝鲜人民　人大常委会举行赠书仪式》。先生将此事记于其所藏元明时高丽刻本《排字礼部韵略五卷　新编直音礼部玉篇二卷》（原为日本学者森立之赠黎昌庶本）衬页上，文曰：

　　　一九六二、六、卅，《人民〔日〕报》：中国人大常委会以十二部朝鲜古本书赠朝鲜人民会议常委会。

7月，研究生张建业毕业，分配到北京师范学院，向先生辞行，先生赠张建业《李义山诗集》一套。 张建业后来回忆道：

　　　一九六二年七月，研究生学习结业。当我接到分配北京师范学院的通知时，立即去向刘老话别。刘老饶有风趣地说："好，好，没出都门嘛，还要常来常往。"而后，他向我谈古籍，论治学，充满依依惜别之情。我起身告辞时，他又从书架上取出一套朱鹤龄原注、程梦星删补的《李义山诗集》送我，让我把它和冯浩注本对照研究。真是一书寄深情，其中包含着多么动人的师生之谊。①

---

　　① 张建业：《一书寄深情——缅怀我的导师刘盼遂教授》，《北京日报》2005 年 3 月 15日，第 15 版。

7月，沈曾植撰、钱仲联整理之《海日楼札丛》由中华书局出版。先生对沈曾植书一直留心，旋购得一部，批读一过。

编者按：先生去世后，其批校本《海日楼札丛》流于书肆，2001 年 3 月 31 日为北大历史系张帆教授购得。编者又从张帆教授处录得其中批校内容，整理为《海日楼札丛批校》一文，收入《百鹤楼校笺批注古籍十七种》中。

8月15日，刘世儒为其所撰《魏晋南北朝量词研究》一书补序。该书在撰写过程中，曾得先生等师友帮助，故刘氏在序中说：

> 七年来，在研究过程中，很得到不少师友的教益，尤其是黎锦熙先生、刘盼遂先生和语言研究所的诸位先生所给予的帮助更多；本书成稿后又承赵诚先生细审一遍，也提出了不少宝贵意见。趁着本书出版的机会，谨向他们表示我最诚挚的谢意。
>
> 　　　　　　　　　刘世儒　1962 年 8 月 15 日于北京①

曹述敬对此事也有回忆：

> 黎劭西先生是比盼遂先生大几岁的同辈学者，盼遂先生如此推重劭西先生在文法学方面的贡献。不止对朋辈如此，他对晚辈学生的成就亦由衷赞许。我记得刘世儒研究魏晋南北朝量词，向盼遂先生请教过一个问题，盼遂先生对我说过："从刘世儒所问的这问题，可以看出他对魏晋南北朝量词的研究造诣很深。"刘世儒，师大中文系毕业，是盼遂先生的学生，后为北京师院中文系教授。②

---

① 刘世儒：《魏晋南北朝量词研究》前序，北京：中华书局，1965 年，第 2 页。
② 曹述敬：《漫忆刘盼遂先生》，《史学史研究》1992 年第 3 期，第 11 页。

9月19日（壬寅仲秋廿一日），在国子监书店为其女立嬿购得清刻本《监本诗经》一部。先生于该书序旁墨笔题记：

> 壬寅仲秋廿一日，购于国子监书店。为季女燕燕读本。盼遂。

10月7日、14日，与聂石樵合著的《李义山诗说》分两次刊于《光明日报》副刊《文学遗产》第435、436期。

编者按：先生与清华同学谢国桢常谈李义山诗。谢氏1980年写定《"有神无迹"话玉谿——关于李商隐的生平和思想》一文时，曾提及此事，以及先生发表在《光明日报》副刊《文学遗产》上诸篇研究李义山诗的文章给他的启发，以示纪念。节录如下：

> 我所以有这样的一知半解，就是由于读屈复《玉谿生诗意》和冯浩的《笺注》以及同学刘盼遂先生的启发。……盼遂先生曾讲授于北京师范大学，并逐篇解释，披露于《光明日报·文学遗产》副刊上。
>
> 我还记得有一年的夏末秋初的早晨，盼遂同我从陶然亭闲步走到北京城的西南角上。那天是天朗气清，远望着一缕的西山；近看护城河从西山流来的潺潺流水，一清见底。我们就站在石桥上，看见旁边池塘的荷叶已渐就凋零。盼遂就给我吟义山《暮秋游曲江》七言绝句说：
>
> 荷叶生时春恨生，荷叶枯时秋恨成。深知身在情长在，怅望江头江水声。
>
> 这首诗，复翁笺注说："古之伤心，与之同意。"我独认为鲁迅先生有这样的话，大意是："人是要死的，而地球是不会死的。"义山不是悲观绝望，而是有挽狂澜、愤世嫉俗、始终不屈的奋斗精神。我的老学长刘盼遂先生学问渊博，考据精核，我的学识，远不及他，凡有疑问请教，有问必答。在"文化大革命"开始期间，被林、陈、"四人帮"一伙所逼

害,遭到惨死。自"四人帮"粉碎之后,在党和政府英明领导之下,盼遂先生的冤屈得以昭雪了。他的一生所藏的善本书籍,得以保存于北京图书馆,他的终身著述,由北京师范大学为之整理陆续出版。我就把这一篇旧文字,来纪念我的老同学刘盼遂先生。①

11月28日,当天出版的《师大教学》第439期刊发《既重视业务进修,更重视政治进步:各系加强师资培养提高工作》的报道,其中涉及先生的内容如下:

　　一些系为部分老教师配备了助手,为青年教师指定了指导教师。如中文、历史、政教和教育等系给黎锦熙、刘盼遂、白寿彝、马特、杨绍萱、郭一岑等配备了助手,陆宗达、萧璋等分别带了徒弟。②

11月30日,中华书局给先生转来读者钱云章的信,内容为钱云章对《论衡集解》一书提出的若干意见。先生收到后曾作书答复。中华书局发文内容如下:

盼遂同志:

　　兹接读者钱云章先生来信,对尊著《论衡集解》提出若干意见,现将原函转上,供您参考,并希与钱先生直接联系。

　　此致

敬礼!

　　　　　　　　　　　　　　　　　中华书局哲学组③

---

　　① 谢国桢:《"有神无迹"话玉谿——关于李商隐的生平和思想》,《文学遗产》1981年第1期,第85、86页。

　　②《师大教学》第439期,1962年11月28日,第1版。

　　③ 中华书局发文:[62]编第4178号。

编者按：今未寻见先生复信。

12月，《辛稼轩词集中的语病》刊于《北京师范大学学报》本年第4期。该文指出，辛弃疾的词中有三个语词失于考查：《水调歌头》中的"云外驻婆娑"，用的是杜诗"更夺蓬婆雪外城"的典故，则"婆娑"应为"蓬婆"，"云外"应为"雪外"；《临江仙》"画楼人把玉西东"，"玉西东"各书未见，"玉东西"方用典，其意为酒杯别名，并进一步考察说，如果按照宋代严有翼《艺苑雌黄》中作诗"不可自由颠倒以趁韵"的观点，那么辛弃疾词的这三个属词的错误，就不能避讳了。

12月16日上午，访谢国桢，并遇顾颉刚。《顾颉刚日记》当日载：

> 到谢刚主家阅书，并晤其弟辰生、刘盼遂。①

是年，在开封师范学院任教的李嘉言主持整理《全唐诗》时，曾将"改编计划草案"和《全唐诗重出诗篇索引》（抽印本）寄给先生请教。②

是年，曾给在辽宁大学任教的阎简弼复信，回答阎氏所问唐诗版本问题。次年寒假，阎氏因编写《唐诗选读》《养一斋诗话校注》等，到先生家中拜访，并借阅先生藏清刻本《全唐诗》。

编者按：此信今不存。事见阎简弼先生回忆手稿。又现存阎简弼档案中"主要社会关系"一栏第三行记："姓名：刘盼遂。过去主要职业与

---

① 顾颉刚：《顾颉刚日记》卷九，北京：中华书局，2011年，第592页。
② 据李之禹《李嘉言在河南大学读中文》，原文为庆祝河大文学院建院一百周年的新闻，见河南大学文学院网：https://wxy.henu.edu.cn/info/1163/7859.htm.又1963年5月15日刘盼遂先生与李嘉言信亦言此事。

职务:燕大中文系副教授。现在工作与职务:北京师范大学教授。过去和现在与你的关系:师生、朋友。政治面目:民盟盟员。"①

是年,曾为王重民先生所辑《补全唐诗》作校记。《补全唐诗》出版时共收录先生校语 53 条。 王先生在 1962 年 7 月撰写的《补全唐诗序言》中说:

> 这次校补《全唐诗》的工作更是艰巨了,依靠俞平伯、刘盼遂、王仲闻及《中华文史论丛》编辑室的同志的不吝指教,在校录文字上已经达到了一定的水平,也纠正了初稿里面一些存佚互见的错误。我在初稿内曾根据伯二五五五号卷子移录了一首无名氏的《拗龙筹》诗,疑当为李峤、樊铸的作品,因附在樊铸《咏物》十诗之后,其实都是主观臆测,经刘盼遂先生指出,乃是朱湾的《奉使设宴戏掷笼筹》诗,载《全唐诗》第五函第六册。这对我的初稿来说是极好的纠正。②

编者按:据柴剑虹先生《魂归敦煌——我送王重民先生的敦煌研究资料回敦煌》③一文,1984 年,王重民先生的部分敦煌学研究资料经柴先生之手,交敦煌研究院保管,《补全唐诗》原稿(上有刘盼遂先生朱笔批校,有俞平伯先生的校语和复信)即在其中。

是年,辛志贤跟先生学《左传》。 辛先生在《回忆刘盼遂师》一文中曾记道:

> 1962 年我跟刘盼遂老师学《左传》,在制订学习计划时,先生让

---

① 辽宁大学档案管理中心藏阎简弼档案。
② 王重民:《补全唐诗序言》,《全唐诗外编》(上),北京:中华书局,1982 年,第 2 页。
③ 柴剑虹:《魂归敦煌——我送王重民先生的敦煌研究资料回敦煌》,《敦煌学人和书丛谈》,上海:上海古籍出版社,2013 年。

我读杜注。先生又说："刘文淇写过《楚汉诸侯疆域志》,对古地理有根柢,《旧注疏证》的地名注好,可参读。"我是教先秦两汉文学的,《左传》而外,诸如《国语》《战国策》《史记》《汉书》等都是历史著作,在教学当中经常碰到地理的问题,所以先生的这条经验对我有极大的影响。①

辛先生又在《〈左传〉地名考辨》一文中记道:

> 1962 年,我从先师刘盼遂教授进修《左传》,在和刘老研究进修计划时,曾商定一个研究课题,即《〈左传〉地名考辨》(后扩展为《地名考辨在古代文史中的作用》)。刘老说:"研究历史,不可不研究地理。因为任何一个历史事件,都是发生在一定的时间,这就是历史;而它也是发生在一定的空间,这就是地理,所以《四库》编目,地理著作列入《史部》。研究历史而不研究地理,就像孙猴儿翻跟头,一个跟头十万八千里,不知翻到哪里,那怎么行!"刘先生的这条研读古代文史的独到经验,我终生难忘。②

是年,清华同学、好友冯永轩携其长子冯天琪曾来访,两位老同学二十余年后重聚首。先生将一部《论衡集解》手校本赠予冯永轩。

编者按:冯天瑜先生 2017 年 11 月 20 日在家中告诉笔者,此手校本后丢失。2018 年 8 月 29 日冯先生又告诉笔者:"先父母 1962 年或 1964 年到北京。父亲 1961 年摘右派帽子,故只能此后去北京。1963 年我去

---

① 辛志贤:《回忆刘盼遂师》,《文教资料》1986 年第 3 期,第 68 页。
② 辛志贤:《〈左传〉地名考辨》,《北京师范大学学报(社会科学版)》1996 年第 3 期,第 20 页。

北京,目的是去天津看劳教中的三哥,父母该年肯定没去北京,故只能是1962、1964年中的一年(1965年形势紧张,无可能出行),大哥陪父亲去刘先生家,当为该年。记得刘赠《论衡集解》给先父。"故暂将此事系之于1962年。

癸卯（1963）　先生六十八岁

在北京师范大学中文系任教授。

3月13日,清华同学、好友、兰州大学教授冯国瑞在兰州病逝。

4月某日,到北师大中文系开会。其间与系内青年教师王乾生交谈。王乾生《"良工不示人以璞"——追忆刘盼遂教授》一文记述道:

> 那是六十年代初,我也已经工作四五年了。对于刘盼遂教授的学识、为人也有了更多的了解,大家都叫他刘老。他的最大嗜好就是读书、校书,是有名望的"活字典"。不过,他当时只出版了《论衡集解》一书,写满眉批的大量藏书,还在等待着细心的归纳整理。一天下午,他来系里开会,究竟是会前还是会间,我已经记不清了。我正在系资料室翻阅当天的《人民日报》,刘先生走了进来主动地凑到我身边,翻阅着桌上同一份报纸的副刊版。忽地,他把副刊版推到我的面前,说:"你看看这篇小文章!"有刘老的推荐,我只得停止手头的浏览迅急阅读起来。这篇题为《良工不示人以璞》的小文,是针对当时的粗制滥造现象,而张扬认真、细致、精益求精精神的。刘老没有等我读完全文,便迫不及待地跟我说开了:"这个'璞'是

指没有雕琢完好的玉器,不是没有雕琢的玉石。良工,是不应该把没有雕琢完好的玉器给人看的,更别说出售了!这好,这好,这才会有精品!臻于至善嘛,教书写文章都应该这样子!"我不知道这是否是他针对我的某种毛病,还是一般地对青年的关心和爱护,一种由衷的感激之情油然升起在我心中。我不禁地向他表示感谢,他却格格地笑道:"我不只是说你,也说我自己,说我们大家!"①

4月29日上午,遇顾颉刚。《顾颉刚日记》当日载:

> 遇刘盼遂、黄树芳。②

5月15日,给当时在河南大学任教的李嘉言复信,回答《贾长江集》等书版本事,文曰:

嘉言同志:

去岁你们整理《全唐诗》,当时我得到计划书一份,甚为满意。后来承寄来《唐诗篇目重见表》一册,尤觉思精力果,不知工作什么时候可以完成?企予望之矣。所问《贾长江集》事,谨摅愚见于下:

《文苑英华》习见明隆庆元年刻本,似应参考,清翻本难免增加讹误。王安石《唐诗选》,有日本静嘉堂影印南宋初年本,止存半部。宋牧仲翻刻本有误。《长江集》,据杨立诚《四库目略》(民十八出版),有遵义杜蕴堂藏宋刻本十卷,时代不远,不知尚可踪迹否。

---

① 王乾生:《"良工不示人以璞"——追忆刘盼遂教授》,北京师范大学校友会编:《校友通讯》2000年第2期(总第26期),第192页。编者按:王乾生先生此文并没有说二人谈话的具体时间,只是说"六十年代初""一天下午"。查《人民日报》,只有1963年4月11日有名为《良工成于示人朴》的文章,内容是针对"粗制滥造现象"的短文。以此推之,将此事系于1963年4月,当无大的差池。

② 顾颉刚:《顾颉刚日记》卷九,北京:中华书局,2011年,第665页。

近月来,大病之后,手脚无力,草草几类涂鸦,尚祈谅之。

　　此致

敬礼!

刘盼遂启事

五、十五①

　　6月15日,天津《辅导通讯》第2期刊发《追根溯源——北师大中文系刘盼遂老教授谈治学》一文,内容与1961年《光明日报》刊发的《追根溯源——访刘盼遂教授》基本相同。

　　8月某日,与北师大学生一同参观在北京故宫文华殿举行的"曹雪芹逝世二百周年纪念展览会"。据其学生周笃文先生回忆,先生归来对学生说,该展只有一件文物可能是曹雪芹用过的原物,即那方小巧玲珑的脂砚,这方砚台在他的河南老乡张伯驹手中。

　　秋,罗继祖被从吉林借调到中华书局点校史籍,经谢国桢介绍,与先生相识。先生在清华读书时,以其师王国维先生之故,曾见过罗雪堂先生,与罗继祖则一见如故,相谈甚欢。王同策在《翠微校史的日子里——罗继祖谈在中华书局点校"二十四史"》一文中记道:

> 有时或去访亲会友。罗老的五叔福颐先生就在京城,另外常去的地方还有谢国桢先生家,还通过谢结识了与之共同师事过梁任公、王观堂的北师大刘盼遂先生。因为谢先生曾向继祖先生祖父叔言公请益,并求其为所著《晚明史籍考》题签,又对明清笔记搜集很多,这与罗老同嗜,所以工作之余,罗常去谢家,每去必畅谈留饭。后来罗的《永丰乡人行年录》在江苏出版,就是请谢给写的序言。
>
> 在认识刘盼遂先生之前,罗老就读了他的《段王学五种》,从中

---

① 此据李之禹编《李嘉言纪念文集》前附原信影印件录入。

罗看出作者治学严谨,见地深邃,自己早年写的《段懋堂年谱》,与刘著相比,"直可焚弃",所以,极愿与之结交。及相识之后,更见其心迹坦荡,生活俭素,交谈之际,十分投契。刘先生治学勤奋,于教学工作更是兢兢业业,深得同行们的敬重和学生们的爱戴。未意这样一个好人,"文革"起时,因不堪街道红卫兵的肆意拷打审讯,偕夫人在自家的水缸里双双自溺身死。罗老闻讯,痴呆半晌,怅然若失。①

10月,《杭州大学学报(人文科学版)》第2期刊发蒋礼鸿先生的文章《读〈论衡集解〉》,就先生《论衡集解》一书涉及的词句考订校勘及《论衡》中其他语句的校勘、考释问题进行考辨,该文"前言"道:

> 王仲任书,前人致力者鲜,故脱乱相寻。又其文字烦芜,读之不易猝解,余每苦之。及读刘盼遂先生《集解》,其自序云,发正无虑数百千事,可谓勤矣。然校释之难,自魁儒硕学如高邮王氏、瑞安孙氏,不能无失。管见所及,录以别纸,都六十余事,冀与读仲任书者商榷之。②

10月10日,友人嵇文甫去世,先生托其弟刘铭恕代为悼念。 先生曾接受河南学界采访,《嵇文甫传略》一书记载了当时先生对嵇文甫的回忆:

---

① 王同策:《翠微校史的日子里——罗继祖谈在中华书局点校"二十四史"》,王兆成主编:《历史学家茶座》(第5辑),济南:山东人民出版社,2006年,第62页。
② 蒋礼鸿:《读〈论衡集解〉》,《杭州大学学报(人文科学版)》第2期,1963年10月,第129页。

嵇文甫在学术研究上是一位很有成就的著名学者,早在本世纪二十年代的时候,我国的学术界,特别是河南的学术界就有"南冯北嵇"的说法。"南冯"指冯友兰,"北嵇"指嵇文甫。他们同岁、同乡,同在北大一个班里读书,都对哲学"饶有兴趣",而且差不多在三十年代前后,都已取得了较为突出的学术成就。冯是豫南唐河人,嵇是豫北汲县人,被人称为"南冯北嵇"。[①]

11 月 29 日,北师大学术委员会正式成立,经校委会讨论通过了学术委员会组成人员名单,先生当选为学术委员会委员。 12 月 18 日出版的《师大教学》刊发了相关报道,全文如下:

经校委会第 52 次会议讨论通过

我校学术委员会正式成立

为了加强我校科学研究工作及进一步开展学术活动,经 11 月 29 日校务委员会第 52 次会议讨论通过,决定在校务委员会领导下,设立学术委员会。

学术委员会的主要职责是:研究审议学校科学研究长远规划和年度计划,以及科学研究工作方面的其他重要问题,向校长和校委会提出建议;评审校内重要学术成果;指导和组织全校学术活动;负责学术书刊的编审出版工作。

校委会还讨论通过了学术委员会组成人员,名单如下:

主 任 委 员:陈　垣

副主任委员:程今吾　马建民　鲁宝重　白寿彝　马　特

委　　　员:郭一岑　王焕勋　朱智贤　陈景磐　黎锦熙

　　　　　　刘盼遂　陆宗达　萧　璋　郭预衡　刘　宁

[①] 李道雨、李育安、翟本宽:《嵇文甫传略》,郑州:河南人民出版社,1986 年,第 94 页。

何兹全　刘家和　方　铭　姚　森　齐振海

郑儒铖　张禾瑞　范会国　王世强　孙永生

祁开智　郑华炽　刘世楷　喀兴林　陈光旭

胡志彬　严梅和　刘若庄　汪堃仁　乔增鉴

孙儒泳　周廷儒　王钧衡　刘培桐　刘伯奇

秘　　　书:武静寰　陈尔玉①

是年，经李长之提议，北师大中文系古典文学教研组决定给先生派三名助手。于天池、李书所撰《李长之传略》记道：

> 一九六三年，为了能把刘盼遂先生的文稿整理出来，把他的知识传授下去，他提出建议：给刘盼遂先生派三名助手。一个人能整理刘盼遂书上的眉批，一个人能学到刘盼遂的专长，一个人有较高水平能鉴别其精华糟粕。这一建议后来被教研组采纳了。②

是年，应四川作家克非（刘绍祥）之请，手录李白诗句赠之。文曰：

> 好鸟巢琼木，高才列华堂。
>
> 时从府中归，丝竹俨成行。
>
> 但苦隔远道，无由共衔觞。
>
> 江北荷花开，江南杨梅熟。
>
> 正是纵酒时，怀贤在心曲。
>
> 挂席向海色，当风下长川。

---

① 《师大教学》第 458 期，1963 年 12 月 18 日，第 1 版。

② 于天池、李书：《李长之传略》，晋阳学刊编辑部编：《中国现代社会科学家传略》（第 3 辑），太原：山西人民出版社，1983 年，第 193 页。

多沽新丰酿,满载剡溪船。

中途不过人,直到尔门前。

大笑同一醉,取乐平生缘。

宋石刻李后主书李太白古诗三首之一,今集本不见。

启君元白录属考订,谨书似

克非同志共欣赏之。

刘盼遂

甲辰（1964）　先生六十九岁

在北京师范大学中文系任教授。

3月13日（甲辰正月晦日），于所藏元明递修本《东莱吕太史文集》书衣背白处题记：

此南宋本也。吴兴刘氏《嘉业堂书影》第四卷收《吕太史文集》宋版一页,与此豪发无异。

甲辰正月晦日,盼遂记于北京居之安寓庐

3月13日，杭州大学给北京师范大学发函，请先生为该校沈文倬先生的两篇论文作评阅，以作为评定沈先生职别的参考。 原函内容如下：

北京师范大学：

本校语言文学研究室沈文倬先生,是研究三礼的,我们拟多方面征求意见,根据他现有的学术水平定其职别。贵校刘盼遂先生对三礼素有研究,兹另挂号寄上沈先生《对"士丧礼、既夕礼中所记载的丧葬制度"几点意见》《对扬补释》论文两篇,敬请刘先生予以评阅,提出书面评语,并请对论文水平达到何级(如副教授、讲师)表示意见,俾作参考。

　　此致

敬礼!

一九六四年三月十三日

先生于次年 1 月 17 日作一短札回复:

对沈文倬同志考古论文两篇意见

　　《对扬补释》搜辑资料相当完备,下断语亦甚正确。惟为篇幅所限,未能尽量举证,然仍不失为一篇好考据文字。

　　《丧葬制度》纠陈氏之失,确中窾要,用实物与典籍结合,故能言之有物,一洗俛色揣声之习,是有功《仪礼》之作。

刘盼遂　十七日

北师大中文系在此短札旁给出系方意见:

　　刘盼遂先生平日治学问只重视材料,不问观点。所提意见仅供参考。

中文系　24/1

(钤"北京师范大学中国语言文学系"公章)

北师大人事处发专函回复杭州大学:

杭州大学：

你校寄来沈文倬先生的论文,请我校中文系刘盼遂先生审阅并提出意见。现将刘先生阅后意见及你校寄来的论文材料一并寄去,请查收。

此致

敬礼

人事处　26/1　65.

（钤"北京师范大学人事处"公章）

6月某日,与吴晗、谢国桢、魏建功、张政烺、赵万里、王伯祥、罗继祖等参观中国书店举办的第二期古书装订修补技术培训班结业成果汇报展并题词。《新中国古旧书业大事记》"1964年6月"条记道：

在结业时举办的培训成果汇报展览会上,一些专家学者题辞。北师大著名教授刘盼遂题："参阅以后,欢喜无量,真古籍之续命汤也。"北京市副市长、明史专家吴晗题："救活破旧书,使古为今用。"历史所研究员张政烺题："成绩优异。"谢国桢题："装潢旧籍有传人,粉白骇红气象新。变化神奇于腐朽,丛残整理更为今。"赵万里、魏建功、王伯祥、罗继祖等人也都题了词。①

7月5日,与聂石樵合著的《读李义山的两首诗》刊于当天出版的《光明日报》副刊《文学遗产》。

8月19日（出伏日）,与程金造访汪孟涵,汪氏以《辽史拾遗》五卷相赠。 先生在该书书衣背白处记此事曰：

---

① 赵长海：《新中国古旧书业大事记》"1964年"条,《新中国古旧书业》,长春：吉林文史出版社,2009年,第63页。

一九六四年出伏日,同程金造访汪孟涵于西河沿。承主人以是书相饷,因知余有庋书待配也。朋好典籍之乐,可谓二难并矣。是夕灯下记。秋色在侧知状。盼遂记。

编者按:秋色指先生夫人梁秋色女士。据先生家人回忆,先生痴迷藏书,每薪水一发,便先奔琉璃厂。为此梁女士没少埋怨,却又奈何不得,只好随先生性子。先生至晚年时,家中十四间房子,除一两间为先生夫妇和其子立三夫妇居住外,其余十多间房子全部用来放书。许嘉璐先生曾回忆道:

我的老师刘盼遂先生,爱书、买书是出了名的,当年我到他家去,他和师母住一间小屋,剩下所有的房子,全是林立的书架。刘先生的命运不在这里说了,就是今天有这个需求、有这个欲望、有这个经济财力,你哪里去买那样的书?买来书你放在哪里?100多平方米一套房子,放书也不够呀!①

9月,由甘肃省博物馆、中国科学院考古研究所编写,陈梦家等人整理释文的《武威汉简》由文物出版社出版。据该书所附考古所1962年7月的后记,先生是此书叙论考释部分的审阅者之一。

12月21日,三届全国人大一次会议在北京召开,先生应邀列席了本次大会。

12月28日夜,到北京参加人大会议的清华同学徐中舒、方壮猷访先生,二人告先生《国故论衡疏证》的作者庞俊于当年冬逝世。先生在其所藏《国故论衡疏证》扉页上记道:

①许嘉璐:《现在还不能说是"国学热"》,《北京日报》2007年11月5日,第20版。

　　一九六四、十二、廿八夜，徐中舒与方忻安自江上来京开人大
会，过余居之安，云庞氏于今冬逝世。

是年，曾给北师大中文系五年级开"要籍导读"课。段启明回忆
他在西南师院与吴宓交往时曾提及：

　　我到西师后，虽与吴先生见过几面，但并未交谈过。此次同车
而行，始略有交流。吴先生询知我是北京师大中文系毕业的，于是
问我知道刘盼遂否。我立即回答：读五年级时，刘盼遂先生给我们
开了"要籍导读"课，并向吴先生介绍了刘先生那如数家珍的授课
情景。吴先生很高兴，并说，刘盼遂当年报考清华国学研究院是以
第一名被录取的，并由此还讲了一些清华的往事。交谈中的很多内
容，如今都已淡忘了，而他对刘盼遂先生的深刻印象和真诚的称赞，
我则至今不忘。然而，当时我身边的吴宓先生和远在北京的刘盼遂
先生，岂能预料到即将降临在他们身上的可怕的厄运！①

是年，读《白香山诗集·后集》（民国十三年光霁书局石印本）卷
十六《五年秋病后独宿香山寺三绝句》"更过今年年七十，假如无病亦
宜休"句时颇感慨，在该诗上朱笔批道：

　　我今年六十九，于白傅何有哉！

---

　　① 段启明：《启明文稿选编》第五部分《纪念散文·读吴宓日记三题》，北京：首都师范
大学出版社，2014年，第810页。

乙巳（1965）   先生七十岁

在北京师范大学中文系任教授。

1月，黎锦熙以其所著《廿年纪事诗存》五卷附《今稿》一卷赠先生，并题曰："盼遂吾兄指政。 黎锦熙。 一九六五，一月。"

2月5日（乙巳正王初四日），余明善受林志钧夫人之托，将林志钧遗著《北云集》赠予先生。 先生感涕，因在《北云集》书名页上题记曰：

> 一九六五年春节，金陵余明善来京进谒林师母，师母命携此帙赠余，以当压岁钱。噫！此颗首童童，更不长进，何以远副师门之厚期哉！因雪涕而为之记。乙巳正王初四日，盼遂记。

3月28日（乙巳仲春廿六日），读所藏明天启刻本《涌幢小品》卷三十二"陈三将军"一条时，于页眉批道：

> 《二刻拍案惊奇》"伪汉裔夺妾山中"一回可作旁证。乙巳仲春廿六日，盼遂记。

6月，王重民著《永乐大典纂修人考》刊于《文史》第4辑。 此文发表前曾得先生校阅一遍，故王氏在文末曰：

> 本文清钞后，曾由刘盼遂先生校阅一过，校正错误不少，改讹，

致谢,因记。一九六三年十一月十四日。

9月9日(乙巳中秋节前夕),启功访先生。先生于其所藏清抄本《苏平仲文集》书衣背白处记曰:

> 乙巳年中秋节前夕,启元白来谈,云日人《书苑》某期收王念孙、刘台拱往来手迹,皆朱九丹旧藏者。

编者按:查《书苑》,1939年出版的第八、第九号收《段玉裁尺牍集》,为段玉裁致刘台拱书信十通,原为朱九丹旧藏;王念孙与刘台拱往来手迹则未在该刊寻见,待考。

10月18日(夏历九月二十四),是日为先生七十寿辰,在京先生同学、友人聚饮为其贺寿。谢国桢后作祝寿诗七律一首。谢氏《悔余诗存》记曰:

祝刘盼遂学长七十寿

桢童稚心情,至老不衰,每遇椒花献岁,爆竹声隆,除旧更新之际,未尝不欣然自憙;而尤于长者诞辰,华镫初上,酒绿烛红,坐谈欢笑,宾至如归,忞之如同盼岁。至于春秋佳日,登高望远,或涉足长途,于焉远征,车涔马蹄,茅店鸡声,不厌其苦。若夫汽笛一声,风云电驰,山川拥于目前,村墟倏乎远至,恒以为吾平生快意之事,与休憩之时莫逾于此。盖凤性所耽,虽欲改之而未能也。吾友息县刘盼遂先生,赋性浑朴高洁则反是。吾与盼遂生同里闬,少同学,由长至老,同客春明,同执教于上庠。盼遂长于余,余凡有所疑难,有所郁抑困苦而无告者,未尝不急往访之,问教释惑于盼遂先生也。于是登其室则见蓬蒿不除,书籍纵横,握铅点勘,吟哦不辍。敲户而入,盼遂始罢卷,肃然起立,如春风回被,和煦可亲。乃知先生淡泊名志,不攫求于物外,不汲汲于名利,而吾骄矜之气为之油然而冰释矣。至于析疑问难,故事遗闻,遂问遂答,迎刃而解,吾之不知者而进于知矣。自幸以垂老之年尚能锲而不舍,以萤尖之光或有寸进之明。偶与之论辩,乃知先生之学,高深精粹,与年俱进,顷尚不能窥其涯涘。又以行年长大,所更非一,涉身处世,善感多情,自以为有体于物,有会于心,既倾积愫,则觉先生心如止水,有灼见之明,则先生之长正所以医吾之短,相反者正所以相成也。乙巳九秋为盼遂学长七十悬弧之辰,桢既小集同人而为之祝,时则天朗气清,丹桂送馥,黄菊敷荣,共解衷肠,各有醉意,以祝盼老之耄年,德与寿而俱进。苦以桢拙于韵语,欲成芜句,而有间也。录之过月,至于岁首休沐之暇,爰成七律一首,以当雅颂云尔。

　　　　与子同窗四十年,每逢菊酒倍欣然。

　　　　不因疏懒难称祝,却为寻诗到岁边。

　　　　菲才早已输尹敏,博学原能胜孟坚。

　　　　疑义新和相与析,松贞鹤茂到莱颠。[1]

11 月 23 日（十一月朔）,为所藏《海樵子》《阴符经》《老子》《庄子》（四书合订为一册,民国七年上海扫叶山房石印《三十六子全书》本）作装池,题书名并记曰:

　　一九六五年十一月朔,盼翁手装即题。

是年,应张钫之邀,准备为张氏所藏《千唐志斋藏志》全部拓片录文作考证,终未竟。

<hr>

[1] 谢小彬、杨璐主编:《谢国桢全集》第 9 册《悔余诗存》,北京:北京出版社,2015 年,第 754—757 页。

丙午（1966）　先生七十一岁

在北京师范大学中文系任教授。

春，老友张钫之子张广武从陕西赴京，路遇先生。张广武回忆道：

> 我由陕北赴京探望父亲，当时家已搬至和平里十一区二十二楼，董寿平应父亲邀也搬到和平里十一区，家中俩（两）室住不下，我暂住董先生画室里。隔日，董先生要请萧劳先生写幅东西。……出来走到西单十字路口，迎面就看见了刘盼老。打完招呼各行不远，总感觉他面如死灰，神情枯槁，不大对劲，董先生就让我又返回去对他说句话，到跟前我附耳对他说："刘老！董先生特意让我告诉您，生死亦大矣！"他说了声"谢谢"就继续朝前走了。①

4月25日，谢国桢招饮，并赠先生《常熟县万恶元凶贪秽兽官钱谦益瞿式耜实迹》抄本。先生于该书末页记曰：

> 一九六六、四、廿五，承谢国桢邀饮兼贶此奇书。刘盼遂记于保安寺居之安。

5月25日，张钫病逝。先生到医院送别老友。陈子坚《回忆张

_____

① 此据张柱先生提供的张广武回忆录原文。

伯英先生》一文记道:

> 到一九六五年,他感觉肠胃系统有病,经中西医诊治,未见大
> 效。于冬季入北京协和医院(即现首都医院)住院诊治,最后查出
> 系十二指肠癌,终于治疗无效,一九六六年五月二十五日,这位中原
> 一代豪英与世长辞。他住院期间,我和民革中央楚溪春每一两天必
> 到医院看望他,他仍思想清楚,言语明白,喜欢谈论旧事,还嘱咐家
> 属把千唐志斋全部拓片送全国政协转献国家。火葬之日,家属之
> 外,邵力子、楚溪春、董寿平、刘盼遂及很多生前好友都去医院与张
> 先生遗体告别,并都亲送灵车到东郊火化场。①

“文化大革命”初,北师大教学陷入瘫痪,先生仍秉承一贯作
风,开会少发言。

8月21日,谢国桢访先生,并邀先生到其家中看蕙兰。 谢国桢
《记清华四同学》记道:

> 六六年秋“文化大革命”开始,余于八月二十一日晨,访君于其
> 保安寺寓庐,时夜雨初过,君院中所植盆荷正开,荷叶迎风,花红映
> 日,晨露如珠,挂花及叶上,红艳欲滴;而余家中陈翔鹤君所赠蕙兰,
> 含苞待放,清香扑鼻,乃邀君至余家看兰花,酌以清酒,君饱餐而归。
> 当时余有句云:“朝看芙蕖映朝霞,暮看兰蕙苗新葩。握手言欢自此
> 去,建国门外即天涯。”②

8月22日,参加北师大中文系全体教职工大会。 当天聂石樵、邓

---

① 陈子坚:《回忆张伯英先生》,《河南文史资料》第18辑,1986年,第63页。
② 谢国桢:《记清华四同学》,《瓜蒂庵文集》,沈阳:辽宁教育出版社,1996年,第279页。

魁英夫妇均在场，他们事后回忆道：

　　记得"文化大革命"开始后，中文系在西饭厅开全系大会，说是要揪"牛鬼蛇神"，说中文系的特务很多。教师们都带着小板凳坐在后边。刘先生来得很晚，我们把小板凳让给他坐，到外边工地上找块木板自己坐下。在那紧张的气氛中，我们之间未多讲什么话。但看到刘先生的精神还好，他可能是认为自己既非"牛鬼蛇神"，更非特务，不在被揪之列吧？不久，噩耗传来，据说在全系大会的第二天刘先生就被街道"红卫兵"关了起来，最后被拷打致死。那一次见面竟成永别，这是我们万没有料到的。我们常悔恨，当时如果有所察觉，能把刘先生藏在学校里，也可以免于一死，或者当时能和他多谈几句话也好！刘先生一生小心谨慎，朴讷忠厚，没有任何反动历史，勤勤恳恳为人民的教育事业努力工作，积仁洁行如此，而竟遭惨死，岂不可悲！①

　　8月23日，街道有人举报先生为"反革命"，遂引来保安寺附近两个学校的"红卫兵"前来抄家、批斗。刘小堰在《我的祖父刘盼遂》一文中记道：

　　之所以将"8月23日"记得清楚，是因为当天民盟紧急召集开会，民盟的同志打电话到我家所在街道，而街道接电话的回复道："刘盼遂已经被抄家。"民盟的同志也不敢多问了。抄家期间的前两三天还算文明，算是"文斗"。第一批来的"红卫兵"只是把家里所有值钱的东西，包括现金、存折等抄缴而去；接着撕下挂在厅堂的

_____

　　① 聂石樵、邓魁英:《怀念刘盼遂先生》，中华书局编:《学林漫录》(八集)，北京:中华书局，1983年，第85、86页。

条幅、字画——梁启超、王国维、章太炎题字被撤下扔到地下，撕碎后，付之一炬；再就是祖父的一些藏品，基本都是用来搞学术研究用的，如民国时出于河南嵩县唐墓的唐铜尺、历代碑刻拓片、印信等，全部收缴，名曰"破四旧"。这些藏品并没有列查抄清单，日后也就不知所终。

过了几天来了第二批"红卫兵"，他们挨个屋子搜索隐藏的"罪证"，但屋子里除了书就是书，并没有什么发现。后来在一间小屋的窗户上发现用来补破碎窗棂的报纸，报纸上原本有"林副统帅"的照片，贴上去时将照片贴歪了，"红卫兵"顿时欣喜若狂，把祖父母绑缚而来，指着照片说我祖父母是反革命，有反革命的用心，罪证就是处心积虑地侮辱"林副统帅"。祖父母想解释下，但"红卫兵"根本不听，反而抬手就是一通鞭打，打人的工具是铜头皮带。

当时除祖父母外，还有我的父亲刘立三和姑姑刘立嬿在家。姑姑是当时因为怀孕，在娘家休养。"红卫兵"把祖父母、父亲和姑姑绑在院中的树上，一个头目问祖父说你们家中应该有金条和银子吧？祖父说有，但是已经被你们的同学找到并拿走了，现在应该没有了。那个头目说你们家不会就隐藏了这么一点儿，肯定还有，老实交代，藏在哪儿了。祖父说你们都把我的家翻遍了，我一个教书的哪有那么多啊。那个头目听祖父这么说，抬手就是一顿鞭打。祖父已经是个七十挂零的老人，哪里抵得住如此鞭打，他不断呻吟，并一再说确实没有了，那个头目直到打累了，方才罢手。"红卫兵"又继续翻找金银，他们把祖父装书的十间房子翻了个遍，各种线装书堆在一起，如同小山，有看不顺眼的就干脆撕掉。祖父见他一生的心血落得如此地步，老泪纵横。

被抄家前，恰巧我的外婆家有事，母亲带着我去外婆家暂住。几天后母亲回家，一只脚刚跨进院门，便看到祖父被绑在冲着门口的大树上。母亲不知道发生了什么事情，一时愣住。祖父看到母亲,他身体不能动弹,又不能大喊"快跑",怕"红卫兵"听到,便赶紧睁大了眼睛,直直地望着母亲,暗示她赶紧带着我离开,母亲吓坏了,但马上明白过来是怎么回事。这时一个"红卫兵"看到了母亲,叱问道:"你是干什么的?是这家子的?"母亲赶紧说:"路过的,听到有声音进来瞅瞅。"便赶紧快步离开。"红卫兵"以为不过是一个看热闹的,便没再追赶——我也就这样随着母亲躲过一劫,如果没有祖父和母亲当时的机智,恐怕母亲和我也难逃这场劫难。母亲后来对我说,她永远忘不了当时祖父的那双眼睛,每说到此,她就不住流泪。

连日的殴打让祖父已满身伤痕。面对"红卫兵"的反复训问,他已无力回答。"红卫兵"恼羞成怒,把皮水管的一头接在自来水龙头上,而另一头直接往祖父母的嘴里塞,然后打开水阀硬往祖父母的肚子里灌水,直到他们的肚子被撑大到无法承受昏死过去才住手。

我的父亲和姑姑也同样遭到殴打,姑姑为此流产,她后来被所在单位的同事领走,捡了一条性命。捆绑父亲的绳索不太结实,父亲趁"红卫兵"没注意,扯断绳索逃出门,钻进胡同,甩开"红卫兵"的追赶,直奔北师大。待到了北师大校部,他请求学校派人去家中说明祖父不是"地富反坏"分子,这样"红卫兵"就可能释放祖父母。但当时北师大之前领导都已经被"打倒",建立的新的权力机构,他们并未理睬父亲的苦苦哀求,一直没派人去搭救祖父。为此,父亲对北师大一直有微词。

编者按:童庆炳先生2014年对编者说:"我当时并不知道刘盼遂先生被抄家毒打,也没有遇见刘立三先生,如果知道,那就把刘先生保护在校内了。"

8月30日,在遭数日殴打之后,先生夫人梁秋色与先生,先后去世。

"红卫兵"有所忌惮，将先生头颅浸到养荷花之泥盆中，伪造成投水自杀现场。当天先生夫妇尸体被拉到火葬场火化。因被诬为"反动分子"，骨灰未留存。

编者按：对于先生被迫害致死一事，谢国桢另有说法，而对先生的清华同学和邻居侯堮颇有微词，见其《悔余诗存》之中。今节录如下：

> 侯堮字芸圻，无为人，亦余之清华同学。少能诗，曾治三《礼》，然务外不肯学，以依附权门自活。盼遂之殁，堮居毗邻，堮本攀附三家村吴晗得进入北京市文物工作队，反诬盼遂与吴晗有关，强为作证，又不与盼遂之子女即时向师范大学汇报，邻里不察，激起义愤，致加猝击。侯堮卖友求荣，盼遂之卒，实为蜚人含沙射影，中祸之因。此信传来，余未之信。盼遂殁后，旋来就余。余以同学故，亦时与之往还，不久又来相绝。时余正在待罪之中，宜清界限，亦未之奇。比有人揭发余与某玄学鬼有关，当某在蒋帮炙手可热之际，余正在伪北大教书之时，正风马牛不相及，而侯堮在城固时正寅缘张某以进，幸因宣传队明察，即时昭雪，然出此恶言者必其人也，亦渐知其伎俩矣。七二年五月，余游沪上，访王蘧常兄，始知侯堮逼死结发之妻，坠桥投水自杀，旋与北京达磨厂富豪韩氏之女结婚。在抗战时期勾结中统特务陈立夫得见蒋光头，向蒋该死磕头。余闻之，不觉谔然。幸侯氏夫妇前数年间均抱病而卒，不然将更增加其罪状矣。则堮之卖友求荣，恶毒中人，固其宜也。[①]

编者按：先生之子刘立三夫妇生前从未对家人说过先生之死与侯堮有关。谢氏说法尚待考证。

[①] 谢小彬、杨璐主编：《谢国桢全集》第9册《悔余诗存》，北京：北京出版社，2015年，第597—600页。

　　8月31日，先生的藏书被抄走。"文化大革命"后，这些藏书辗转收藏于北师大图书馆、北京市文物局图书资料中心和国家图书馆。

　　编者按：宗慧先生和笔者都曾对先生藏书的下落做过考察并有专文。据笔者考察，先生逝世后其藏书多放在文管会，而部分善本被康生取走。仅《历代珍稀版本经眼录》《书林掇英：魏隐儒古籍版本知见录》《北京师范大学图书馆古籍善本书目》三书记载的先生旧藏而被康生盖上"大公无私""戊戌人"等私印的就有明版13种、清三代刻本3种。另据《北京师范大学图书馆古籍善本目录》，被江青拿走的，有清嘉庆十四年孙星衍重刊宋淳熙本《古文苑》(九卷)。

　　粉碎"四人帮"后的1979年，康生所掠夺的古籍善本被收集在故宫，搞了一个内部展览，当时中纪委派著名版本学家魏隐儒整理这些古籍善本。魏隐儒与先生本就相熟，他后来在《书林掇英：魏隐儒古籍版本知见录》中介绍先生藏书《东坡后集》时，记述了先生的生平。魏隐儒整理这些古籍后，这批藏书按道理应发还给原主。先生之子刘立三领回其中一部分。后先生在北师大的学生与立三先生又获得一批发还藏书，合在一起，1980年经立三先生同意，这部分藏书被北师大中文系古典文学教研室接收保管，1999年6月转由北师大图书馆保管。据北师大图书馆古籍部肖亚男女士统计，北师大图书馆今存先生旧日藏书共341种4559册。先生弟子、当代著名文艺理论家童庆炳先生生前曾对笔者和先生后人言，他希望在有生之年整理先生在北师大图书馆的这批藏书，将其中先生的题跋、批语录出，集结成专书，但此后不久童先生就病逝了。在朱小健先生和北师大图书馆王琼馆长的支持下，北师大图书馆古籍部的杨健、肖亚男和笔者所在单位力图在近年将这批藏书中的题跋、批语整理出来，汇成一书，暂定名为"百鹤楼旧藏古籍善本题跋批校辑录"。

　　北京市文物局另有一批当年从先生家抄来之书。1979年秋，北京市文物局让先生之子立三先生去查看抄家物资，并于当年10月8日出示了两份"退还查收文物图书登记表"，其一编号为0010946，上有"名称:宋版十三经;数量:106;单位:册";另一编号为0010947,上有"名称:古书;数量:4710;单位:册"。当时文物局的同志对立三先生说:"这些书籍属文物,私家不宜收藏,还是交给我们为好。"后来北京市文物局将这批书收归该局,保管在该局下属的图书资料中心。这批藏书以善本居多。

国家图书馆亦有先生旧藏善本,亦当是抄家一批,同事李丽所查见者即有36种,皆为元、明版,具体来源不明。

另今散见于国内其他图书馆、拍卖会、旧书网及私人手中的先生旧日藏书,不可胜数。

先生夫妇去世后,居之安即被街道上其他人占领,先生家人被勒令离开。 先生之子立三觅得张自忠路3号(即民国段祺瑞执政府所在大院、"三一八"惨案发生地)小红楼上一屋,一家三口此后居于此。立三夫妇心理受到了很大伤害,以致无法照料尚年幼的小堃,便把他先寄养在一位好心的李姓奶奶家。 小堃曾回忆道:

> 我的父母似乎把寄养在别人家的我忘记了,直到几年后才想起有我这样一个儿子,赶紧到李奶奶家把我接回来。现在想起来这些事,我并不怪我的父母,他们也是无可奈何,毕竟他们承受的是不同寻常的痛苦啊。

刘铭恕先生回忆道:

> 家兄去世时,予在河南,不能以身相代为憾。后来每到京,必先到其旧居凭吊。物是人非,只见我兄手植海棠一株,掩映于门墙之

内，依依招提。①

居之安在 20 世纪末、本世纪初西单地区改造时被拆除。 未拆除前，小堽曾随立三先生去居之安查看，他回忆道：

> 我读书的时候，还曾经和父亲一起"偷偷地"回过"居之安"，父亲走到门口便停下脚步，沉默了一会儿，慢慢地对我说："还是你一个人进去看看吧。"我便独自一人大跨步走进院落，一进门是棵枣树，似比当年更加粗壮了。庭院里已与过去截然不同，临（时）建（筑）盖了不少。吵架声、切菜声、洗衣声、孩子的哭声融为一块儿，嘈杂得很。花木皆已不再，只有一堆堆杂草，少有人收拾，纷纷乱乱。里面的居民看见我，只当是一个串门的，不理不睬。我的眼里噙着泪水，心里不住地念叨着：这就是我的出生地居之安，这就是我幼年居住的院落，这也就是我的祖父母去世的地方。我默默地看了一会儿，又默默地离开。离开的时候我又特意仔细地看看门楣，那上面的"居之安"三个字影影绰绰，似乎尚在。

编者按：本世纪初保安寺胡同整体被拆除后，原街名已不复存在。北京市在原地建成北京招商国际金融中心，即今西城区复兴门内大街 156 号大楼。

---

① 刘铭恕：《家兄刘盼遂先生遗事》，《河南文史资料》1994 年第 4 辑（总第 52 辑），第 76 页。

附录一　刘盼遂先生著述编年

编者按：此处只录目前所知的先生著作和诗文，不录题词、题跋。先生生前已刊著述按发表时间排序，生前未刊著述按笔者考证之撰成时间排序。

生前已刊著述

1925 年

《唐写本〈世说新书〉跋尾》，《清华学报》第 2 卷第 2 期。

1926 年

《释工》，《学衡》第 49 期。

《春秋名字解诂补正》，《实学》第 1 期。

《庄子天下篇校释》，《清华周刊·十五周年纪念增刊》。

《反切不始于孙叔然辨证》，《清华周刊·十五周年纪念增刊》，又《实学》第 6 期。

《荀子正名篇札记》（丙寅三月十四日作），《清华周刊》第 25 卷第 10 号。

《尔雅草木鸟兽虫鱼释例补》，《实学》第 2 期。

诗《中原一首赠张皑》，《实学》第 2 期。

《春秋名字解诂补正》（续），《实学》第 3 期。

《上秦宥衡先生书》，《实学》第 3 期。

《跋梁任公师〈汉志诸子略各书存佚真伪表〉》,《实学》第 3 期,又《古史辨》第 4 册。

《广韵序录校笺》,《实学》第 4 期。

《与李冠千书》,《实学》第 4 期。

诗《甲子杂咏》(抄五首),《实学》第 4 期。

《广韵序录校笺》(续),《实学》第 5 期。

《鄅王刘厉学叙齿引》,《实学》第 5 期。

《〈说文〉之形声字》(笔录黄侃讲义),《弘毅》第 1 卷第 5 期。

《跋唐人写韵书二残笺》,《实学》第 6 期。

《秦宥衡先生诔》,《孤兴》第 10 期,又《实学》第 6 期。

《重九后一日正阳关驿旅题壁》,《实学》第 6 期。

《西吴徐氏印谱序跋》,《实学》第 6 期。

1927 年

《黄氏古音廿八部商兑》,《实学》第 7 期。

诗《枫树》《缄札》,《实学》第 7 期。

《淮南子许注汉语疏》,《国学论丛》创刊号。

《吴其昌小传》,《清华学校研究院同学录》。

《王竞小传》,《清华学校研究院同学录》。

《说文汉语疏》,《国学论丛》第 1 卷第 2 号。

《说文声谱自序》,《国学论丛》第 1 卷第 2 号。

1928 年

《申郭象注〈庄子〉不盗向秀义》,《文字同盟》第 10 号。

诗《效李义山中元之作》二首,《文字同盟》第 10 号。

《世说新语校笺叙》,《文字同盟》第 11 号。

《观堂学礼记》(笔录王国维讲授),《国学论丛》第 1 卷第 3 号

《王静安先生纪念号》。

《世说新语校笺凡例》，《文字同盟》第 13 号。

《由〈天问〉证〈竹书纪年〉益干启位启杀益事》，《国立中山大学语言历史学研究所周刊》第 3 集第 32 期。

《上黄季刚师论重文中段借书》，《燕大月刊·周年纪念刊》。

《〈诗·蟏蛸〉篇韵述》，《燕大月刊》第 2 卷第 3、4 期合刊。

《落花感王静安先师练日作》，《学衡》第 64 期。

《观堂学礼记》（再刊），《史学与地学》第 3 期。

《〈文选〉篇题考误》（依《四部丛刊》景宋刻六臣注本），《国学论丛》第 1 卷第 4 号。

《世说新语校笺》（依明袁氏嘉趣堂本），《国学论丛》第 1 卷第 4 号。

《董彦堂母太君寿叙》，河南中山大学《励学》第 2 期。

《百鹤楼诗存》，河南中山大学《励学》第 2 期。

1929 年

《论衡注要删》，《国立北平图书馆月刊》第 3 卷第 4 号。

《梁任公先生传》，《图书馆学季刊》第 3 卷第 1、2 期合刊。

《释因茵等十四文》，河南中山大学《励学》第 3 期。

《跋王贯山〈说文部首表〉》，河南中山大学《励学》第 3 期。

《与琴依书》，河南中山大学《励学》第 3 期。

《天问校笺》，《国学论丛》第 2 卷第 1 号。

《后汉书校笺》，《国学论丛》第 2 卷第 1 号。

1930 年

《高邮王氏父子著述考》，《河南中山大学文科季刊》第 1 期，又《国立北平图书馆月刊》第 4 卷第 1 期。

《甲骨中殷商庙制征》，《女师大学术季刊》第 1 卷第 1 期。

《古小学书辑佚表》，《北大图书部月刊》第 1 卷第 1、2 期合刊。

《颜氏家训校笺》（据抱经堂补注本），《女师大学术季刊》第 1 卷第 2 期。

《长葛县志》，开封新时代印书局。

《王石渠先生年谱（附〈伯申先生年谱〉）》，《女师大学术季刊》第 1 卷第 3 期。

《释匕》，燕京大学《睿湖》第 2 期。

《嫦娥考》，《学文》杂志创刊号。

《说文重文疏序》，《学文》杂志创刊号。

《〈穆天子传〉古文考》，《学文》杂志创刊号。

《释九锡》，《国学论丛》第 2 卷第 2 号。

《观堂学书记》，《国学论丛》第 2 卷第 2 号。

《说文练习笔记》（笔录王国维讲授），《国学论丛》第 2 卷第 2 号。

《李唐为蕃姓考》，《女师大学术季刊》第 1 卷第 4 期。

《唐代白氏为蕃姓之史料二事》，《女师大学术季刊》第 1 卷第 4 期。

1931 年

《六书转注甄微》，《学文》第 1 卷第 2 期。

《由〈埤雅〉右文证假借古义》，《学文》第 1 卷第 2 期。

《三家补严氏〈全上古三代秦汉三国晋南北朝文〉辑目》，《国立北平图书馆馆刊》第 5 卷第 1 号。

《颜氏家训校笺补正》，《女师大学术季刊》第 2 卷第 1 期。

《李唐为蕃姓考（续）》，《女师大学术季刊》第 2 卷第 1 期。

《致浦江清函》，《通讯：关于左芬墓志铭的讨论》，《清华中国文学会月刊》第 1 卷第 4 期。

《中国古代父子祖孙同名考》，中国大学《国学丛编》第 1 期第 1 册。

《冀州即中原说》，中国大学《国学丛编》第 1 期第 2 册。

《补齐书宗室世系表》，《学文》第 1 卷第 3 号。

《释因茵等十四文》（修订再刊），中国大学《国学丛编》第 1 期第 3 册。

《上黄季刚师论〈说文〉重文书》（再刊），《学文》第 1 卷第 4 期。

1932 年

《跋隋渡辽将军上柱国普安公司兵参军事杨畅墓志铭》，《国立北平图书馆馆刊》第 6 卷第 2 号。

《跋大同前承务郎行赵州赞皇县主簿刘含故李夫人墓志铭》，《国立北平图书馆馆刊》第 6 卷第 2 号。

《王充〈论衡〉篇数残佚考》，《学文》第 1 卷第 5 期。

《评〈女师大学术季刊〉二卷二期》，《大公报·文学副刊》第 228 期，1932 年 5 月 16 日。

《段玉裁先生年谱》，《清华学报》第 7 卷第 2 期。

《〈诗·螮蝀〉篇"远兄弟父母"韵说》，中国大学《国学丛编》第 2 期第 1 册。

《中国文法复词中偏义例续举》，《燕京学报》第 12 期。

《读陈寅恪师和平伯先生之作枨然有感勉赋五章以见步趋之意云尔》（诗五首），《大公报·文学副刊》第 257 期，1932 年 12 月 5 日。

1933 年

《太康县志》，铅印本。

《论衡集解自序》，《国立北平图书馆馆刊》第 7 卷第 1 号。 又《古史辨》第 4 册，朴社，1933 年。

1934 年

《六朝唐代反语考》，《清华学报》第 9 卷第 2 期。

《齐州即中国解》，《禹贡》第 1 卷第 5 期。

《李唐为蕃姓三考》，《燕京学报》第 15 期。

《中国金石之厄运》，《清华学报》第 9 卷第 3 期。

《六朝称扬州（今之南京）为神州考》，《禹贡》第 1 卷第 9 期。

《论衡校笺》，《国立北平图书馆馆刊》第 8 卷第 5、第 6 号。

《送陆东南归有序》，《河南大学校刊》第 59 期。

诗二首：《暮春西郊道上》《三贝子花园有怀》，《河南教育月刊》第 5 卷第 2 期。

《郾城县赵母谷孺人节孝碑文》，《河南大学校刊》第 62 期。

1935 年

《重九后一日正阳关驿旅题壁》（再刊），《正中》半月刊第 1 卷第 3 期《雅音集》。

《中州民国四先生传略》，《河南大学校刊》第 64 期。

《说文师说》，《北强月刊》第 2 卷第 2 期。

《孙氏古文声系序》，《大公报·图书副刊》第 70 期，1935 年 3 月 14 日。

《文字音韵学论丛》，北平人文书店。

《文选校笺》，《文哲月刊》第 1 卷第 1、第 3 期。

《评日本大宫权平著〈河南省历史地图〉》，《禹贡》第 4 卷第 4 期。

《赤子解》，《文哲月刊》第 1 卷第 2 期。

1936 年

《新书简讯：庄子今笺》，《大公报·图书副刊》第 121 期，1936 年 3 月 12 日。

《补后汉书张仲景传》，《文学年报》第 2 期。

《段王学五种》，来薰阁书店。

《汉魏六朝韵谱序》，见于安澜《汉魏六朝韵谱》前，中华印书局。

《汲县新志序》，《国立北平图书馆馆刊》第 10 卷第 4 号。

《由周迄清父子之伦未全确定论》，《燕京学报》第 20 期。

《张介侯先生年谱序》，见冯国瑞《张介侯先生年谱》前，《慰景庐丛刻》本。

1937 年

《〈论衡校笺〉之"短书"》，《大公报·图书副刊》第 170 期，1937 年 2 月 25 日。

《中华人种西来新证》，《越风》第 2 卷第 4 期。

《李义山〈锦瑟〉诗定诂》，《文学年报》第 3 期。

1938 年

《墨子是蒙古人》（讲演），《燕京新闻》第 5 卷第 11 期。

1939 年

《百鹤楼读书札记》，燕京大学《文学年报》第 5 期。

1941 年

《谈倒用印与篆籀之关系》，《辅仁大学语文学会讲演集》第 2

辑。

诗《贺傅增湘七十寿》，《雅言》卷十《藏园老人七秩寿言专刊》。

1946 年

《"北碚"音义说》，天津《民国日报》副刊《史地》，1946 年 4 月 23 日。

《中国书中不规则记数法举例》，北平《文艺与生活》第 2 卷第 1 期。

1947 年

诗《咏海棠》五首，《经世日报·储皖峰教授纪念专号》，1947 年 2 月 6 日。

《毛子晋与绿君亭》，北平图书馆《图书季刊》新第 8 卷第 1、2 期合刊。　又北平《经世日报·文献周刊》第 13 期。

1951 年

《同情民间疾苦的杜甫》，《爱国主义与文学》，北京师范大学出版部。

1957 年

《论衡集解》，古籍出版社。

《十月革命四十周年纪念赋诗志喜》，《师大教学》第 203 期，1957 年 11 月 5 日。

1959 年

诗一首（和平优势万方同），《师大教学》第 320 期，1959 年 1 月

1 日。

《〈胡笳十八拍〉非蔡文姬所作》，《〈胡笳十八拍〉讨论集》，中华书局。

1961 年

《〈永乐大典〉漫谈》（辛志贤整理），《光明日报》副刊《文学遗产》，1961 年 5 月 14 日。

《李义山的〈齐宫词〉及其他》（与聂石樵合著），《人民日报》1961 年 7 月 14 日。

《读岳飞的诗》（与聂石樵合著），《人民日报》1961 年 8 月 22 日。

《李义山诗札记——读〈回中牡丹为雨所败〉二首之一》（与聂石樵合著），《光明日报》副刊《文学遗产》，1961 年 11 月 26 日。

《〈永乐大典〉正本运存南京的问题》，《北京师范大学学报》1961 年第 4 期。

1962 年

《李义山诗说》（与聂石樵合著），《光明日报》副刊《文学遗产》第 435、436 期，1962 年 10 月 7 日、14 日。

《辛稼轩词集中的语病》，《北京师范大学学报》1962 年第 4 期。

生前未刊著述

约 1921 年

《光州方言征故》

《古今称谓字通考》

以上两篇篇名见《上秦宥衡先生书》。 今佚。

1925 年之前

《声谱》

《尔雅训诂定说》

以上两篇篇名见《鄜王刘厉学叙齿引》。 今佚。

《光州先贤传》

篇名见《上秦宥衡先生书》。 今佚。

约 1925 至 1926 年

《反切原名》

《敦煌本〈切韵〉残卷字数考》

以上两篇篇名见《广韵叙录校笺》。 今佚。

1926 年

《说文重文疏》，稿本。 今佚。

1927 年

《说文声谱》三十六卷，稿本。 今佚。

约 1927 至 1928 年

《水经注校》

《日本唐才子传校》

二文题见《励学》第 2 期《刘盼遂先生著稿目录》。 今佚。

《小学钩沉三编》，稿本。 今佚。

1932 年

《汉魏石经残字辑释》

《碑别字补》

二书 1932 年已基本完成，见 1932 年《国立北平师范大学研究所纂辑工作一览表》。 今佚。

约 1932 年至 1933 年

《三礼研究》讲义，石印本

《尚书》讲义（王国维讲，刘盼遂记），铅印本

上两种讲义北京大学中国考古学研究中心原有藏，今只见函套未见原书。

1933 年

《张胪卿先生教泽碑记》，原碑今在河南省修武县张延陵村，今已据原碑及拓片整理出原文，收入《刘盼遂著述集》第五卷《笔记诗文及其他》。

约 1934 年

《〈老子〉用韵考》，冯友兰《读〈评论近人考据老子年代的方法〉答胡适之先生》一文提及。 今佚。

1935 年

《汲县新志》，稿本，今河南省新乡图书馆有残卷，未整理。

1936 年

《河南通志·宗教卷》，稿本，或言河南省档案馆有稿本，待考。

《李商隐诗与杜甫诗比较研究举例》（讲演），稿本。 今佚。

1939 年

《长葛张公墓表》，原碑今在河南长葛市大周镇梁庄，今已据原碑整理出原文，收入《刘盼遂著述集》第五卷《笔记诗文及其他》。

约 1941 年

《甲骨文》讲义，中国大学铅印本，主要以容庚《卜辞研究》为底本。今存。

《说蚬》，辅仁大学讲演稿。今佚。

约 1942 至 1943 年

《经学通论》讲义，稿本。今佚。有辅仁大学学生刘在昭女士课堂笔记。

《汉书、后汉书》讲义，稿本。今佚。

约 1945—1950 年

《荀子校笺》，稿本。今残存部分已整理编入《刘盼遂著述集》。

1948 年

《孔子之文字学》（论文）。今佚。

1949 年

《百鹤楼诗词集》，稿本。今佚。

1956 年

《史记讲义》（与沈藻翔合编），油印本。北师大图书馆有藏本。

1957 年

《世说新语选注》，白话稿本。 其中一部分由其弟子辛志贤整理，刊入《文教资料》1986 年第 3 期。

《世说新语校注》，稿本，1957 年成初稿，后又多次修改。 今佚。 另有清样残页十余枚，2022 年夏曾拍卖。

1958 年

《历代民间歌谣选注》（参与选注），此为北师大中文系项目，先生用白话选注了一部分，但最后未被采用。 后其中魏晋南北朝歌谣选注的一部分，由其弟子辛志贤整理，刊入《文教资料》1986 年第 3 期。

1959 年

《颜氏家训校注》，稿本。 原在中华书局，今不明。

约 1962—1963 年

《左传释文序录疏证》，北师大油印本，为研究生上课的讲义。今存。

1966 年

《中国历代散文选》（与郭预衡共同主编），1966 年已将定稿送审，1978 年由郭预衡主持修改，1980 年由北京出版社出版。

附录二　哀挽追念诗文录

编者按：此只录已知悼词、悼念活动相关报道、先生同辈友朋唁电及追悼诗文。

中共北师大委员会关于为刘盼遂教授平反昭雪的决定

刘盼遂教授，又名铭志，男，河南淮滨人，生于一八九六年，家庭出身地主，本人成分教员。

刘盼遂先生一九二八年于清华大学研究院毕业后，曾在中州大学、清华大学、燕京大学等学校教书。解放后一直在北京师范大学中文系任教，为二级教授、三届人大列席代表。

刘先生历史清白，热爱祖国。日寇占据北京时期，学校停课，刘先生生活艰难。这时，日本帝国主义举办的"东方文化事业委员会"编纂《续四库全书提要》，多次邀刘先生参加，刘先生严词拒绝为日本帝国主义服务，表现了高尚的民族气节。解放后刘先生拥护共产党，拥护社会主义，热爱毛主席，忠诚党的教育事业。十七年来积极参加教学、科学研究和培养青年教师的工作，有显著的成绩。刘先生几十年如一日，刻苦攻读，勤奋治学，致力于祖国的教育和科学研究事业，在古典文学特别是在中国古文字学、音韵学方面，造诣较深。著有《段王学五种》《文字音韵学论丛》《论衡集解》《长葛县志》《太康县志》等，在国内外享有较高的声誉，为继承和发展祖国的科学文化，作出了有益的贡献。

刘先生一生艰苦朴素，大部分收入用于购书，在他所藏的大量书籍中有各代善本多种,其中《宋版十三经》是我国仅存的善本书。"文化大革命"前,刘先生曾表示逝世后将全部藏书捐献给国家。

一九六六年"文化大革命"初期,刘盼遂先生遭受林彪、"四人帮"反革命修正主义路线的残酷迫害,被扣上"地主分子"的帽子,所有家产被抄走,房屋被没收,子女及其家属五人全被驱赶出门。不仅如此,刘先生及其夫人、子女,还遭到残酷拷打和百般折磨,直至八月三十日,刘盼遂先生及其夫人被残害致死。

刘先生无辜惨死,是林彪、"四人帮"欠下的又一笔血债。党委决定为刘盼遂教授平反昭雪,恢复名誉。

中共北京师范大学委员会(印鉴)

一九七八年九月十九日

刘盼遂先生追悼会签名簿(1979 年 1 月 13 日)

签到人:

王麦初、吴世雄、陆宗达、王悦、李步云、胡俊华、张云芳、史树青、傅振伦、陈连庆、程金造、李兆淇、沈藻翔、高向夫、倪荣如、辛志贤、杨庆蕙、郭预衡、蒋南翔、萧璋、葛信益、杨敏如、黄智显、傅本良、李文保、张殿选、聂石樵、周纪彬、史锡尧、谢辰生、朱金顺、钟子翱、张鸿苓、何秀琴、张刚、郭玉秀、张俊、刘锡庆、方铭、孙敬同、闫贵臣、汪毓馥、王宏铭、徐文、刘芳泉、吴新秋、关婉福、启功、傅书琴、张洪琴、宋彦、周川春、聂菊荪。[1]

---

[1] 以上据追悼会签名簿上手写签名,实际参加悼念者较此为多,如先生之弟刘铭恕亦从郑州赶来。赵万里先生因病未能参加,托北师大中文系工作人员送了花圈。

蒋天枢唁电：

盼遂兄惨遭害死，久切痛愤。兹追悼会举行，不克亲临。谨驰电悼念，并请代做花圈献灵前。

上海复旦蒋天枢一月十日①

徐中舒唁电：

盼遂兄逝世已逾一纪。今当四化伊始，万象昭苏。英灵如在，亦当含笑九泉。谨唁。

四川大学徐中舒

谢国桢唁函：

立三老弟：

好久不见。近想你好。

我在上海，听说令尊盼遂先生开追悼会，未能参加，甚觉抱歉。在英明华主席领导下，凡受林、陈及"四人帮"迫害，不白之冤，得以昭雪，庶可以大平公愤，然凶手必须追查。吾弟望为努力。我近在上海师大参加学术讨论会并临时上课，业已结束，春节即回北京，仍住原处，甚盼过我一谈。

此致

敬礼。

谢国桢
79.1.8

我曾写过一篇《评价玉溪生诗意》纪念盼翁论义山之诗，在香

---

① "文化大革命"之前，蒋天枢曾与先生相约，同作《〈后汉书·王逸传〉考释》一文（具体时间不知，故暂未收录年谱）。蒋先生后于1968年撰成该文，并在文末记曰："一九六八年八月，修改旧稿讫。余昔与老友刘盼遂约：为此文。不谓文成时盼遂已遭难死，伤哉！"见蒋天枢：《楚辞论文集》，西安：陕西人民出版社，1982年，第212页。

港《大公报·艺林旬刊》发表,惜手间无报纸,我仍将修改在国内发表,以慰知友于地下。

北京师范大学中文系教授刘盼遂先生追悼会和骨灰安放仪式在京举行

本刊讯　我校中文系教授刘盼遂先生,在林彪、"四人帮"反革命修正主义路线的残酷迫害下,于一九六六年八月不幸逝世,终年七十岁。

刘盼遂先生追悼会和骨灰安放仪式,于一九七九年一月十三日在八宝山革命公墓礼堂举行。

蒋南翔、杨秀峰、马建民,北京师范大学党委及有关部门送了花圈。蒋南翔、马建民、聂菊荪等同志,我校师生员工代表和刘先生生前友好及其子女,参加了追悼会。

追悼会由谢芳春同志主持,张刚同志致悼词。

刘盼遂先生是河南省淮滨县人,中国民主同盟盟员。刘先生致力于教学和科研工作近四十年。他具有广博的文献知识、深湛的学术造诣和丰富的教学经验,尤其是在古文学、古音韵学方面有很高的成就,在国内外享有很好的声誉。刘先生治学态度踏实严谨。几十年如一日,手不释卷,刻苦攻读。他培养过的学生遍及国内,为我国教育事业的发展做出了自己的贡献。

刘先生的大半生是在旧社会度过的,但他历史清白,具有高尚的政治节操。抗战后期,他在辅仁大学任教时,日本帝国主义的文化侵略机关"东方文化事业委员会"发起编纂《续四库全书总目提要》,多次请刘先生参加,当时刘先生虽然生活十分困难,但他宁受饥寒,以致两个孩子患病因无钱就医而夭亡,始终没给他们写过一个字,表现了高尚的民族气节。

刘先生热爱党,热爱毛主席,热爱社会主义。他曾多次给青年教师讲述旧社会知识分子的悲惨境遇,也曾多次激动地谈起党和毛主席对知识分子的无比关怀。

刘先生作风正派,生活俭朴。他的工资和稿费大多用于买书。他的藏书很多,有不少善本和珍本。刘先生早就表示过:"这些书将来都捐献给国家。"

刘先生的逝世是我国文教事业的一个损失,是我校的一大损失。刘先生高尚的节操、刻苦严谨的治学态度,以及毕生献身教育事业的精神,值得我们很好学习。①

刘盼遂先生一百周年诞辰纪念会在京举行

今年是已故著名中国古文献学家刘盼遂先生诞辰 100 周年。为了缅怀刘先生的生平事迹,研究刘先生的治学方法,发扬刘先生的学术精神,北京师范大学中文系和河南大学中文系于 1996 年 12 月 7 日在北京联合召开刘盼遂先生 100 周年诞辰纪念会。出席纪念会的有著名学者启功教授、萧璋教授、郭预衡教授、聂石樵教授等。北师大副校长王英杰教授、河南大学文学院院长张生汉教授出席会议并作了讲话。著名学者钟敬文教授和白寿彝教授送来了贺联和贺信。

刘盼遂先生(1896—1966),名铭志,字盼遂,河南息县人。1925 年考入清华研究院,师从梁启超、王国维、陈寅恪等导师。1928 年毕业后,先后执教于河南中州大学、北京女子师范大学、清华大学、河南大学、燕京大学、辅仁大学和北京师范大学。

与会者认为:刘盼遂先生一生从事对古代文献典籍的整理和研究工作,在经学、小学、史学、文学、钟鼎、甲骨、校勘、目录等方面造

①《北京师范大学中文系教授刘盼遂先生追悼会和骨灰安放仪式在京举行》,《北京师大》1979 年 1 月 15 日,第 2 版。

诣精深。尤精于小学,即音韵、文字、训诂等学问,曾出版《文字音韵学论丛》《段王学五种》等著作,对古音分部和段王学的整理与研究,远迈前贤,达到新的领域。刘盼遂先生还善于将小学的学问运用于笺释、校勘、辨伪、辑佚、考古等方面,先后撰写《论衡集解》《颜氏家训集解》《世说新语集解》《天问校笺》等著作,以及《〈穆天子传〉古文考》《嫦娥考》等论文,在学术界产生广泛影响,成为人们研读、征引的重要根据。

与会者认为,刘盼遂先生学识渊博,成就卓异,实为近现代少有的古文献学家,他的治学方法和学术精神是一份十分珍贵的文化遗产。今天我们纪念刘盼遂先生,在目前弘扬传统文化、重视国学研究、提倡精神文明的形势下,有着重要的现实意义。①

五哀诗之哀刘盼遂

王　力

博学宏词属老成,

醇儒应与世无争。

孱躯底事遭鞭挞?

水瓮埋头竟丧生!②

忆刘盼遂(五首)

谢国桢

兴观群怨诗人事,

平生最喜义山诗。

赖有达诂君教我,

①《刘盼遂先生一百周年诞辰纪念会在京举行》,《师大周报》1996 年 12 月 13 日。
② 作于 1981 年。

春山秋恨有谁知？

忆某年春暮，余与盼遂出复兴门外散步护城河畔，时碧桃已谢，流水潺湲，盼遂为吾咏义山《独游曲江》"深知身在情长在，怅望江头江水声"之句，颇有风荷荣枯之感。义山诗意内言外，蕴藏甚深，盼遂为吾述义山《流莺》《回中牡丹为雨所败》诸作，颇有别解，启迪甚深。

淡于月白清风夜，

娓娓谈诗倍感亲。

羡君不为因人热，

愧我沿门乞火人。

余自津门返京华，与盼遂过从甚密，几每周必相聚，非吾至君家，即君至吾处，坐谈书史，兼及杜陵、义山之诗，娓娓动听。戒余矜躁，喜于奔竞，为吾讲《后汉书·梁鸿传》不因人热之事，至足深省。回首思之，余驰于外务，不知检束，实沿门乞火，至老无成之人也。

朝看芙蕖映朝霞，

暮看兰蕙茁新葩。

握手言欢从此去，

建国门外即天涯。

刘盼遂兄与余生同豫中，同学清华，又同客春明逾四十年。盼遂性情纯笃，学问渊博，记诵详核，言之有据，每相过从，获益良多。犹记一九六六年八月二十日之晨余访盼遂兄，见其小园中盆植荷花，纷红骇白，映以朝曦，鲜艳欲滴，晡间约盼遂兄至吾家赏兰花，佐以盘飧，晤谈至快，不觉夜阑，余送至门外，举手言别，再谋良晤。孰意未隔数日，君为"联动"所冲击，误伤自沉以没。所藏书籍，荡然无存。余闻耗潜至其地，则见君家双扉顿开，日影在墙而已。每一思之,有余痛焉。

安命何由观物化?

梁园小聚转成空。

我来君家君已逝,

褒信郊原听晚风。

1934 年间胡丈石青约余至大梁修《河南通志》,余与盼遂同居于河南大学,时主讲河大者有同学姜亮夫、高亨及友人李笠诸君,朝夕过从,时至味莼楼小聚,访书于大梁书社,回首散尘,犹如昨日。"文革"前夕,余偶读苏曼殊小说《绛纱》《焚剑》诸作,曾记庄湘博士博学多情,历观世变,寿命独长,曼殊上人谓之安命观化人也。余因想盼遂体健逾于余,步履轻捷,必可以安命得观新社会美好之无限远景矣。余举以语盼遂,而盼遂反若漠然无关者,余甚为诧异,未几而君卒矣。至六六年八月余来息县东岳公社,东岳毗邻褒信,君家也,使君若在,可以携手周游君之故里,话旧河梁,岂不快哉!而今则只有独坐郊原,耳听晚风,读顾宁人"夷门留得老侯嬴"之句。至为凄恻。

两手如锥但持螯,

老来忽漫习风骚。

若使刘郎今健在,

一日定当走千遭。①

余素不习诗,亦不知韵。盼遂每谓余有好句。七十以后,始学为诗,盼遂殁已十年,墓有宿草。遂欲呈教而亦无可与印证者矣。

---

① 谢国桢:《瓜蒂庵文集》,沈阳:辽宁教育出版社,1996 年,第 390、391 页。

为之慨然。①

续藏书纪事诗·孙人和、刘盼遂、龙木勋、赖肃

吴则虞

人生鞿鞅本堪伤，

悴叶轻凋十月霜。

万里朋俦尘一窟，

不须邻笛已凄凉。②

————————

①此诗跋《瓜蒂庵文集》失收，据谢国桢先生《忆盼遂》一诗补，见谢小彬、杨璐主编：《谢国桢全集》第10册《悔余丛稿》，北京：北京出版社，2015年，第139页。

②吴则虞：《续藏书纪事诗》，北京：国家图书馆出版社，2016年，第460页。

跋

　　余搜集整理息县刘盼遂先生著述，至今十五年矣。 其缘起，当自拜读聂石樵先生辑校之《刘盼遂文集》时。 后朱玉麒先生《春山秋恨有谁知》一文出，发人深省，余心有所触，而欲知刘先生详细生平，乃刻意检索，草成《刘盼遂先生年谱简编》一文。 本愿非为示人，但供己身读书对照耳。 或以为有益于青年学人，公之于众，聂石樵先生、童庆炳先生、小堤先生因而知之。 实《简编》一文，粗疏过甚，亟待订正，此余深知也。 故暇时四处搜讨，广求材料，随见随补，然本职甚忙，未能毕力于此，亦无可奈何也。

　　童先生生前尝语余曰：汝当竭尽所能，广辑刘先生佚文，助小堤先生一臂之力，如能编成全集最宜。 又言将撰《刘盼遂传》一书。 聂先生欲增补《刘盼遂文集》时，童先生、小堤先生嘱余寄送材料，以备遴选。 后《刘盼遂文集》增订一事，历数年而未成，而童、聂二先生先后归道山，终未见刘先生著述重出。 呜呼！ 余每忆及此，皆哀恸不已。

　　又数年，小堤先生、那荣利先生及余商定编辑整理《刘盼遂著述集》一事，请许嘉璐、冯天瑜二位先生任顾问，请朱小健、周笃文二位先生主持，王京州先生、王师魁伟、王志勇先生、宫瑞龙先生等十余人整理点校，历四年乃成。 未敢言"全集"，盖沧海遗珠，刘先生文章之未寻得者不在少数，况其生前所编方志、讲义尚未列入也。

小堚先生与余，本欲以此年谱为附录，置诸《著述集》之末。熟料集腋成裘，新见材料层出不穷，不时扩充，已逾二十万字。同仁言，当以单行本行世为宜，以便当世学人了解刘先生生平。故为拈出，厘为三卷：上卷大致为先生少年至青年问学阶段；中卷为先生任教于民国各大上庠时期；下卷为新中国成立后先生之经历。如此划分，不过个人管见，未必妥帖。

兹谱编纂过程中，多赖前辈与友人助力，周笃文、冯天瑜、李修生、朱小健、汪少华、虞万里、张帆、朱玉麒、那荣利、苗怀明、刘强、踪训国、张宝山、张宝平、张郑芳、吴晓枫、赵林涛、荣宏君、武黎嵩、王京州、朱昌元、蔡渊迪、宋健、王志勇、宫瑞龙、汪煜、毕红刚、章增安、王春翔、李丽、冯莹、王维、吕志学、盖新亮、王晓庆、常策、邹逸轩、李思怡、石勖言、元伟、范高强、赵晓云、赵成杰、高山、王心童、王保成、杨天亮、王鹏、胡大勇、张柱、杨峰、肖彤、刘帅、刘必、万晓磊、宋银羽、向辉、杨健、肖亚男、易骅、孙全义、徐明华、张彦林、马向阳、张玉亮、南江涛、张颖、李璜、蔡瑛、熊伟、毕义星、郑凌峰、刘长文、刘立金、刘立轩、刘升华、王乐祥、大风、董杰、张越等先生皆曾给予支持，尤其是冯天瑜先生、荣宏君先生、肖亚男女士和宋健先生，多次提供资料。深情厚谊，不能忘怀。

壬寅之春，大疫又起。余突遭隔离，仓促之间，未携片纸。唯此稿存于随身手机之内。因祸得福，竟得一月空闲，闭门不出，随时校改。数月后得许华伟先生、马达先生、刘晨芳女士首肯，定在盼遂先生梓乡书社出版，又蒙老友暨大王京州教授赐序，前辈学者北师大李修生教授多番教诲指点，甚为感激。

刘盼遂先生卒于"文化大革命"之初，其藏书被抄，家中其他文献资料亦荡然无存，故余搜集原始资料，至为艰难。小堚先生夫妇告，立三先生夫妇生前尝言先生轶事多则，如与鲁迅之交往等，以而今无从查证，暂付阙如。　余服膺刘先生为人学术，而自身学识浅薄，能力不足。　兹谱虽成，定有错讹，敬请学人指正。　征引当代学人著述，无法一一联络，尚祈原宥。　若蒙赐示刘先生佚文，以作补订，更当报答。

之远
癸卯夏于辽海愓堂

兹谱交稿后，责任编辑丁晓花女士不辞劳苦，摘谬指疵；赵建新先生提出数十条修改意见，理当拜谢。

癸卯冬之远又记